Building Environment

初学者の
建築講座 **建築環境工学**

（第三版）

倉渕 隆 著

市ケ谷出版社

「初学者の建築講座」改版にあたって

　日本の建築は，かつての木造を主体とした歴史を経て，明治時代以降，西欧の組積造・鉄骨造の技術導入にも積極的であった。結果として，地震・火災・風水害などが多発する災害国における建築的な弱点を克服する鉄筋（鉄骨）コンクリート構造や超高層建築の柔構造開発に成功を納めた。
　その建築レベルは，企画・計画・設計・積算・法令・施工・維持・管理・更新・解体・再生の各段階において，今や世界最高の水準にある。この発展を支えた重要な要素のひとつが国家資格である建築士試験である。

　「初学者の建築講座」シリーズは，大野隆司前編修委員長の刊行のことばにもある通り，もともと二級建築士の受験テキスト作成を契機として発足し，内容的には受験用として漏れがなく，かつ建築学の基礎的な教材となるものとして完成した。
　その後，シリーズは好評に版を重ねたため，さらに一層，教科書的色彩を濃くした刊行物として，建築士試験合格可能な内容を網羅しつつ，<u>大学・短期大学・専修学校のさまざまなカリキュラムにも対応でき，どんな教科の履修を経なくても，初学者が取り込める教材</u>という難しい目標を掲げて編修・執筆された。
　大学教科書の出版に実績の多い市ヶ谷出版社の刊行物と競合しないという条件から，版型を一回り大きくして見やすく，「読み物」としても面白い特徴を実現するために，頻繁で集中的な編修・執筆会議を経て完成したと聞いているが，今回もよき伝統を踏襲している。

　この度，既刊シリーズの初版から，かなりの期間が経ったこともあって，今回は現行法令への適合性や建築の各分野で発展を続ける学術・技術に適応すべく，各巻の見直しを全面的に行った。
　その結果，本教科書の共通の特徴を，既刊シリーズの特徴に改善点を含めて上書きすると以下のようになる。

1) 著者の専門に偏ることなく，<u>基礎的内容を網羅し，今日的な話題をコラム的に</u>表現すること
2) 的確な表現の図表や写真を多用し，<u>全ページで2色刷り</u>を使用すること
3) 学習の要点を再確認するために，<u>例題や確認問題</u>などをつけること
4) 本文は<u>読み物としても面白くしながらも，基礎的知見を盛り込む</u>こと
5) <u>重要な用語はゴシック</u>で示し，必要に応じて注で補うこと

　著者は既刊シリーズの担当者を原則としたが，内容に応じて一部交代をしている。いずれも研究者・実務者として第一線で活躍しており，教え上手な方々である。「初学者の建築講座」シリーズの教科書を通して，建築について多くの人々が関心を寄せ，建築への理解を深め，楽しむ仲間が増えることを，関係者一同大いに期待している次第である。

平成28年1月　　　　　　　　　　　　　　　　　　　　　　　　監修者　長澤　泰

「初学者の建築講座」発行にあたって（初版発行時）

　建築業界は長い不況から抜け出せないでいるが，建築を目指す若者は相変わらず多く，そして元気である。建設量が低迷しているといっても欧米諸国に較べれば，まだまだ多いし，その欧米にしても建築業界は新たな構想に基づく建築需要の喚起，わが国ではリフォームと一言で片づけられてしまうことも，renovation・refurbishment（改修）やconversion（用途転換）など，多様に展開して積極性を維持している。ただ，建築のあり方が転換期を迎えたことは確実なようで，新たな取り組みを必要とする時代とはいえそうである。

　どのような時代であれ，基礎知識はあらゆるもののベースである。本編修委員会の母体は，2級建築士の受験テキストの執筆依頼を契機に結成された。内容的には受験用として漏れが無く，それでいて建築学の基礎教材的な性格を持つテキストという，いわば二兎を追うものとして企画され，2年前に刊行された。

　幸いシリーズは好評で順調に版を重ねているが，その執筆が一段落を迎えたあたりから，誰言うともなく，さらに一層，教科書的な色彩を強めた本の作成希望が提案された。内容としては，建築士に合格する程度のものを網羅したうえで，大学・短期大学・専門学校において，どのようなカリキュラムにも対応できるよう，いずれの教科を経ることなく，初学者が取り組むことが可能な教材という位置付けである。

　市ヶ谷出版社には既に建築関係の大学教科書について，実績のあるものが多く，それとバッティングをしないという条件もあり，判型は一回り大きくして見やすくし，いわゆる読み物としても面白いもの，などを目標に企画をまとめ執筆に入った。編修会議は各巻，毎月約1回，約1年半，延べ数十回に及んだが，これまでに無い教科書をという関係者の熱意のもと，さまざまな工夫を試み調整を重ねた。

　その結果，本教科書シリーズは以下のような共通の特徴を持つものとなった。
1) 著者の専門に偏ることなく，**基礎的な内容は網羅すること**
2) 的確な図を新たに作成するとともに，**写真を多用すること**
3) 学習の要点を再確認するために，**例題などをつけること**
4) **読み物としても面白く**，参考となる知見を盛り込むこと
5) **重要な用語はゴシックで示し**，必要に応じて注で補うこと

　執筆者はいずれも研究者・実務者として有能な方々ですが，同時に教え上手としても定評のある方々です。初学者の建築講座の教科書を通して，建築についての理解が深められ，さらに建築を楽しむ人，志す仲間の増えることを，関係者一同，大いに期待しているところです。

平成18年9月　　　　　　　　　　　　　　　　　　　　　編修委員長　大野　隆司

「建築環境工学（第三版）」執筆にあたって

　平成18年に本書「初学者の建築講座　建築環境工学」を発刊してから9年余りが経過した。建築環境工学を学ぶうえでの重要事項を厳選し，イラストや図表を多く用いて分かりやすく解説するという本書のコンセプトは幸いに好評で，大学，専門学校等の授業はもとより，資格試験対策としても広く活用されていることは著者にとって大きな喜びである。

　この間に制度の変更や技術の進歩があり，また，平成23年（2011年）3月11日に発生した東日本大震災は，地震や津波の被害もさることながら，原子力発電所事故に伴うエネルギー供給の問題を日本に投げかけた。
　建築環境工学に対する社会の見方もそれ以前とは大きく変化し，建築環境工学の技術を最大限活用し，大幅な省エネルギーを達成すると同時に，建物自体で太陽光発電などによる創エネを実施し，エネルギー消費量を正味ゼロにするゼロ・エネルギー・ハウス（ZEH）の普及などが時代の要請として注目を集めるようになってきている。
　本書は平成23年に改定二版を発行したが，このたび市ヶ谷出版社より，記載内容の一部更新と，最新の状況に合わせて記述を追加した改定三版発行のお話を頂いた。
　内容全体の見直しを行うとともに，建築環境工学の位置づけに関する解説を追加したのは第二版と同様であるが，さらに，カラーページ以外のページも二色刷りとして見やすいレイアウトとなるよう工夫した。
　改定二版で取り入れた序章（カラーページ）に関し，序・1はいわば建築環境工学概論に相当し，序・2は建築環境工学とその背景にあるエネルギー問題を含めた社会環境，地球環境との関係を解説したものである。省エネルギー法については平成25年に改正された新基準の内容を取り入れている。
　これらの内容を通して建築環境工学を学ぶことの意味，意義に関する認識を深めて頂きたいと希望している。

　最後に，本書の監修者であった大野隆司先生が鬼籍に入られ，代わって長澤泰先生に監修をお引き受け頂いた。安孫子義彦様にはこれまで同様，監修をお願いした。懇切丁寧なご助言は，内容の改善にあたって大いに参考となりました。改めて謝意を表したいと思います。

平成28年1月　　　　　　　　　　　　　　　　　　　　　　　　　　　倉渕　隆

「建築環境工学」執筆にあたって（初版発行時）

「建築環境工学」の目的は，望ましい室内環境を形成するための物理的・生理的・心理的な知見を整理・統合し，建築計画に役立てることにある。最近では，建築が都市や地球環境に及ぼす影響が注目され，ヒートアイランドや地球温暖化対策としての建築のあり方にも大きな関心がもたれている。このように，適切な建築計画を行う上で重要な「建築環境工学」であるが，学生諸君の意識は概して低く，「内容が相互に関連なく，分量が多すぎて消化しきれない」，「原理の説明ばかりで，どのように建築に役立つのかわからない」，「複雑な数式がたくさん出てきて，とにかく難解」といった感想がよく聞かれる。

この原因を教科書に求めるならば，光・空気・熱・音といった各分野の専門の研究者により分担執筆される例が多いため，記述に一貫性が乏しく，また，取り上げるべき内容が多すぎて説明が不足しがちなことが挙げられる。一方，建築士試験対策などに特化した参考書では，建築環境工学がいかに建築計画に生かされているか，といった視点での説明がないため，その有効性が伝わらず興味がわかない，などの問題があるように思う。

本書は，以上を踏まえ，初めて「建築環境工学」を学ぶ学生諸君を対象とし，以下の点に留意して執筆した。

（1）内容をなるべくコンパクトに

目標レベルは2級建築士＋αとし，取り上げるべき内容を監修者・編修者と協議して厳選した。全9章構成とし，各章は演習問題を含めて平均20ページ程度にとどめたが，重要原理の説明には紙数を割いてじっくり説明する方針とした。

（2）概念の説明には数式を少なめに，図表を多めに

建築を志す学生諸君の中には，数式に苦手意識をもつ者も少なくない。このために，かなりの図表を新たに作成し，図表を中心に説明するよう心がけた。

（3）理解すべき内容の序列を明確に

2級建築士を目指す学生諸君は，まずは本文中にゴシックで示した重要用語を中心に学習を進めていただきたい。また，やや厳密な式の展開や説明，英語の省略形などは脚注に回したので，必要に応じて参照していただきたい。

（4）関連する具体的な事例を

建築環境工学が実際に建築に生かされている事例を要所で紹介し，実務との関係が把握できるよう配慮した。

（5）最近の話題はコラムで

シックハウス問題，次世代省エネルギー基準，京都議定書など，将来建築に取り組む学生諸君に是非知っておいてもらいたい建築環境工学に関連したトピックスを紹介した。

各章末の演習問題は2級建築士の過去問題を中心としているので，目標レベル到達の確認に活用していただきたい。

本書が，建築を志す方々の建築環境工学に対する理解の一助となり，一人でも多くの方々に興味をもっていただくきっかけとなることを願う次第である。

平成18年9月 　　　　　　　　　　　　　　　　　　　　　　　　　倉渕　　隆

建築環境工学（第三版）

目次

序章　建築環境工学の役割

- 序・1　建築環境工学の目的と要素 ─── 3
- 序・2　建築環境工学の新しい領域と課題 ─── 8

第1章　日照・日射環境

- 1・1　太陽位置 ─── 18
  - ・1　太陽の運行 ─── 18
  - ・2　時刻の表し方 ─── 19
  - ・3　太陽の位置 ─── 19
- 1・2　日照と日影 ─── 22
  - ・1　日照の確保 ─── 22
  - ・2　日影曲線を用いた日照条件の検討 ─── 23
  - ・3　日ざし曲線を用いた日照条件の検討 ─── 27
- 1・3　日射 ─── 30
  - ・1　直達日射と天空日射 ─── 30
  - ・2　方位による日射特性 ─── 31
  - ・3　日射の調節 ─── 32

  コラム1　太陽光発電と太陽熱利用 ─── 35

- 第1章　演習問題 ─── 35

第2章　光環境

- 2・1　測光量 ─── 38
  - ・1　視覚 ─── 38
  - ・2　測光量 ─── 38
  - ・3　照明計算の基礎 ─── 40
- 2・2　明視環境の確保 ─── 42
  - ・1　明視条件 ─── 42
  - ・2　グレア ─── 43
  - ・3　照度の基準 ─── 44
- 2・3　採光 ─── 46
  - ・1　全天空照度 ─── 46
  - ・2　昼光率 ─── 46
  - ・3　採光計画 ─── 52

| コラム2 | 光ダクトシステム | 55 |

2・4 人工照明 ──── 56
　・1　人工光源 ──── 56
　・2　照明計画 ──── 59
　・3　照明計算 ──── 60

| コラム3 | 高効率照明 | 63 |

第2章 演習問題 ──── 63

第3章　色彩環境

3・1 色彩の表し方 ──── 66
　・1　色の属性 ──── 66
　・2　表色系 ──── 67
3・2 色彩計画 ──── 70
　・1　色彩の効果 ──── 70
　・2　色彩計画 ──── 72

| コラム4 | 色票を用いた表面色の測定方法 | 74 |

第3章 演習問題 ──── 75

第4章　空気環境

4・1 室内空気環境 ──── 78
　・1　換気の目的 ──── 78
　・2　許容濃度 ──── 79
　・3　必要換気量 ──── 80
　・4　人体からの発生汚染物質と必要換気量 ──── 81
　・5　燃焼器具使用時の必要換気量 ──── 83
　・6　シックハウス対策としての必要換気量 ──── 85
4・2 自然換気の力学 ──── 87
　・1　換気量と αA ──── 87
　・2　風力換気 ──── 89
　・3　温度差換気（重力換気） ──── 91
4・3 機械換気の計画 ──── 94
　・1　機械換気方式 ──── 94
　・2　換気の計画 ──── 97

| コラム5 | 置換換気システム | 98 |

第4章 演習問題 ──── 99

第5章　熱環境

5・1　熱の流れの基礎 ——————— 102
- ・1　熱貫流の概念 ——————— 102
- ・2　熱伝導 ——————— 103
- ・3　熱伝達 ——————— 105
- ・4　中空層の熱伝達 ——————— 107

5・2　熱貫流と日射 ——————— 108
- ・1　熱貫流率 ——————— 108
- ・2　日射の取り扱い ——————— 111

コラム6　low-E複層ガラス ——————— 114

5・3　建物全体の熱特性 ——————— 115
- ・1　外皮平均熱貫流率，総合熱貫流率と熱損失係数 ——————— 115
- ・2　自然室温と暖冷房負荷 ——————— 116
- ・3　住宅の省エネルギー基準 ——————— 118
- ・4　非定常伝熱 ——————— 118

コラム7　ベンチレーション窓 ——————— 120

第5章　演習問題 ——————— 121

第6章　湿気環境

6・1　湿り空気と露点温度 ——————— 124
- ・1　湿度の表し方 ——————— 124
- ・2　露点温度と空気線図 ——————— 126

6・2　結　露 ——————— 130
- ・1　表面結露の判定法 ——————— 130
- ・2　表面結露の防止対策 ——————— 132
- ・3　内部結露の防止対策 ——————— 134

コラム8　デシカント空調機 ——————— 135

第6章　演習問題 ——————— 136

第7章　温熱環境

7・1　人体周りの熱収支 ——————— 140
- ・1　温熱環境6要素 ——————— 140
- ・2　環境温度 ——————— 143

7・2　温熱感覚指標 ——————— 144
- ・1　有効温度と修正有効温度 ——————— 144
- ・2　新有効温度と標準新有効温度 ——————— 145
- ・3　予測平均温冷感申告 PMV ——————— 147

・4　局所不快感の評価 ——————————————————— 147

　　コラム 9　サーマルマネキン ——————————————— 148

第 7 章　演習問題 ———————————————————————— 148

第 8 章　都市・地球環境

8・1　外界気象 ——————————————————————————— 150
　・1　気温の変動 ————————————————————————— 150
　・2　相対湿度の変動 —————————————————————— 151
　・3　クリモグラフとデグリーデー（度日）———————————— 152
　・4　外部風 ——————————————————————————— 153
　・5　雨と雪 ——————————————————————————— 155

8・2　都市環境と地球環境 ————————————————————— 156
　・1　都市環境 —————————————————————————— 156

　　コラム 10　サーモグラフィ ——————————————— 158

　・2　地球環境 —————————————————————————— 159

第 8 章　演習問題 ———————————————————————— 162

第 9 章　音環境

9・1　音の性質 ——————————————————————————— 164
　・1　音の性質 —————————————————————————— 164
　・2　音の単位 —————————————————————————— 165
　・3　聴　感 ——————————————————————————— 169

9・2　騒音評価と遮音効果 ————————————————————— 172
　・1　騒音の評価法 ———————————————————————— 172
　・2　遮　音 ——————————————————————————— 175

　　コラム 11　床の遮音性能の測定 ————————————— 178

9・3　音響計画 ——————————————————————————— 179
　・1　吸　音 ——————————————————————————— 179
　・2　残響時間 —————————————————————————— 181
　・3　室内音響計画 ———————————————————————— 182

第 9 章　演習問題 ———————————————————————— 185

演習問題解答・解説 ————————————————————————— 187

索　　引 ———————————————————————————————— 191

序章

建築環境工学の役割

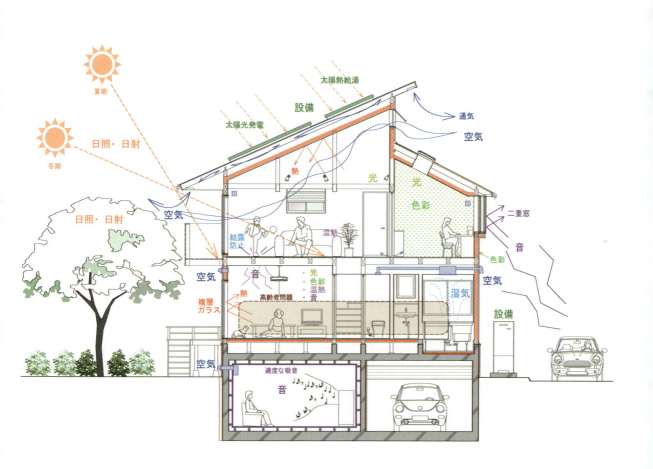

| 初めの問題 | 夏に涼しい家はどれでしょう？ |

あなたは建築家で，知人から住宅設計を依頼されているとします。知人は，エアコンを好まないので，夏期になるべくエアコンを使わないですむ涼しい住宅を希望しています。このとき，あなたは以下の①〜③の中で，どの形態が最も知人の希望に適していると思いますか？

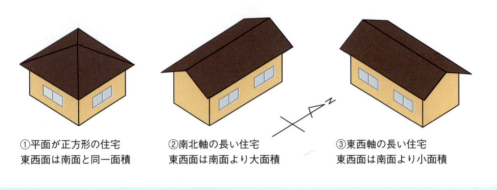

①平面が正方形の住宅
東西面は南面と同一面積

②南北軸の長い住宅
東西面は南面より大面積

③東西軸の長い住宅
東西面は南面より小面積

　この問題を通して，建築環境工学がどのように建築計画，建築設計に活かされているか理解を深めよう。

　まず，夏期に涼しい住宅を実現するには，通風性能や日射遮蔽性能などが重要であるが，ここでは建物の形態を問題にしているので，各壁面の日射量（単位面積当たりの入射太陽放射エネルギー）の相違に着目して検討する。

　図序・1に示すように，面に対する太陽光の入射角が大きくなればなるほど日射量は減少し，入射角が60°の場合は0°の場合の半分となる。

　これを踏まえて，夏期の代表としてp.31の図1・29に示す夏至の太陽軌道を見てみよう。夏至の日の出は，真東より約30°北寄りとなる。従って，日の出後しばらくの間，東面に対する太陽光の入射角は小さく，午前中に大きな日射量を受ける。日没前の日射を受ける西面についても同様のことが言え，午後の日射量は大きい。

　これに対し，南面では太陽光が正面となる南中時には太陽高度は78°と高いため，入射角は大きく，一日を通して日射量は小さい。日射量が小さい方が日射熱の侵入が少なく，日射量の大きい東西面を小さくすることが防暑計画上有効である。

　よって③が正解。

　なお，南面は日当たりがよいはずだから，②が妥当と考えるのは誤り。南面の日射量が大きいのは，冬期の場合であって，4月の下旬から8月の下旬にかけて東西面の方が南面より日射量は大きくなる。このように，各壁面の日射量の大小関係は季節によって変化する。また，夏期の南面では南中付近での太陽高度が高いので，この時期の南面への日射は，庇を用いて容易に遮ることができる。

　これらについては第1章で詳しく学ぶ。

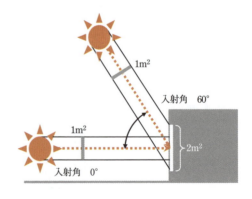

図序・1　入射角と日射受熱

序・1　建築環境工学の目的と要素

序・1・1　建築環境工学とは

　建築環境工学は，先の問題のように気象などの建築を取り巻く外界条件と建築との相互作用を分析し，建築の日射熱取得性能，通風，採光，保温性能などを調整することにより，居住者にとって快適な物理的・心理的環境を実現するための工学である。これは，機械力や電気力を活用することによって，積極的に建築室内環境を調整していく**建築設備工学**の基礎をなすものともなっている。

　建築環境工学と**建築設備工学**による建築室内環境の調整の概念を図序・2に示す。過酷な外界条件に対して，**建築環境工学**では建築的工夫を用いてその変動を緩和する。これは主として機械力によらないパッシブな環境調整手法となるが，夏冬のピーク条件で室内環境を快適範囲に制御することは難しい。この落差を埋めるのが**建築設備工学**に基づく機械力を用いたアクティブな環境調整手法である。現代の建築では，状況に応じてパッシブ的，アクティブ的な環境調整手法を使い分けるのが一般的である。

　一方，建築への全般的な要求や条件を整理し，建築の基本方針を設定する**建築計画**や，実際に建築の形態とディテールを決定する**建築設計**に対し，**建築環境工学**は室内環境計画への裏付けと，合理的な設計を行うための技術的基盤を与えるものとなっている。

　このように大切な役割があるものの，バブル期など建築の運用に関わるエネルギーコストが重視されなかった時期には，**建築環境工学・建築設備工学**による検討は**建築計画・建築設計**と別に行い，機械力を用いて出来上がった建築の室内環境を制御すればよいとする風潮があった。

　その後，エネルギー調達に大きなコストが必要となる時代を迎えると，建築環境工学的な視点を計画の初期段階から盛り込むことの重要性が再認識され始めた。さらに地球温暖化問題により，エネルギー消費が環境破壊につながる事実に直面することとなり，コスト問題を超えた環境問題として省エネルギーへの取り組みが要求されることとなった。

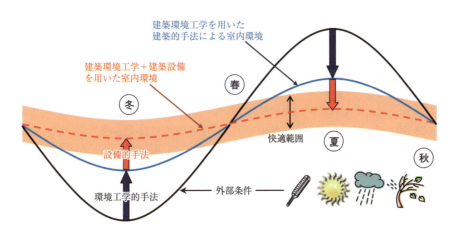

図序・2　建築環境工学と建築設備の調整範囲

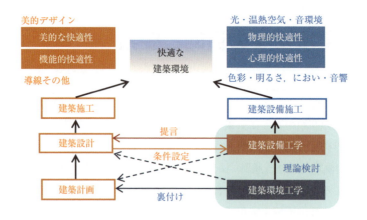

図序・3 建築環境工学と建築計画，建築設備工学の関係

このような事情により，現状では**建築環境工学，建築設備工学，建築計画，建築設計**は，図序・3に示すように計画の初期段階から連携して検討する事例が増えている。

序・1・2　建築環境工学の要素と建築計画

以下では次章以降で取り扱う建築環境工学の各要素が，具体的にどのように建築計画に活かされているか，図序・4に示す地上二階地下一階建ての住宅を例に見ていこう。不明な用語については対応する章の解説を参照されたい。

● 日照・日射環境－第1章

日照とは太陽放射の光の側面，日射とは熱の側面に注目した用語である。日照・日射環境では，これらに関わりの深い太陽の季節による運行の違いを学んだ後に，建物によって生じる日影の検討方法について学習する。

一方，日射調節は建物の快適性や冷暖房エネルギーに関わる要素である。一般に，冬期に日射をなるべく建物に取り入れ，夏期に遮蔽する方針で計画する。図の二階居間のように南面における日射調整には庇が有効であり，冬の日射を室内に取り込み，夏の日射を室内に入れない効果がある。また，南西方向の建物から離れた位置に落葉樹を植え，夏の昼過ぎに建物に影を落として日射遮蔽するが，冬は落葉して日射による熱取得を妨げない計画としている。居間の西向きの窓にはブラインドを設置し，夏の日没前の西日を遮蔽する工夫を行っている。

● 光環境－第2章

光環境では，照明設計や目で見た明るさの表現に用いられる照度や輝度などの意味，相互関係，適切な照明環境であることの判断基準について学んだ後，具体的に採光と人工照明によって，光環境を計画する方法を検討する。

各種人工照明器具の特性に関し，最近は照明エネルギーの削減に社会的な関心が集まってきており，これに関連するのは照明の効率である。二階の居間には白熱電球用の器具が設置されているが，これに取り付けることのできる電球型の蛍光灯やLED電球（コラム3参照）などがあり，これらに交換するだけで大きな省エネ効果が期待できる。

一方，採光とは空の明るさを取り入れて室内の明るさを確保することをいう。重要なポイントは，同じ大きさの窓でも室内の位置によって効果は変わることにある。図の二階子供室には天窓が用いられているが，このような高所窓には，優れた採光性能のあることが知られている。

図序・5に高所に窓を設けて採光性能を高め

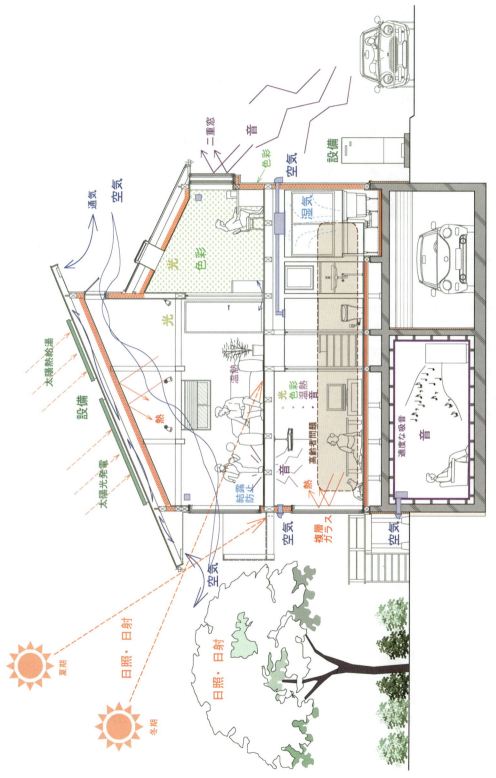

図序・4　建築環境工学計画（作画　鈴木洋子）

図序・5 天窓・頂側窓のある住宅の例

た住宅の居間の例を示す。

●色彩環境－第3章

色を客観的に表現する方法を表色系という。色の基本特性や代表的な表色系と色彩のもたらす心理的な効果について学ぶ。

二階子供室の壁紙を例に取ると、小さな見本の場合と実際に壁に施工された場合では印象が変わり、これを面積効果という。従って、見本を用いて選ぶ際には、やや明度・彩度が低めのものを選ぶのが適当である。

また、建物の内外装色を決定する際には、色彩の調和を考慮して検討するのがよい。

●空気環境－第4章

空気環境では換気と通風の問題を取り扱う。室内では居住者、燃焼器具や建材などから様々な汚染物質が発生しており、換気によって室内の空気環境を良好な状態に保つ必要がある。建築基準法では住宅等の居室に対し、シックハウス対策を目的として機械換気設備による常時換気対策を講じることを義務づけている。図序・4の住宅では一階の浴室天井に排気扇を設備し、浴室とトイレの空気を排気している。一方、各居室には給気口が設けられ、外気が導入できるようになっている。地下のリスニングルームは音漏れ防止のため単独給排気となっている。この住宅の換気システムを模式的に図序・6に示す。居室を仕切るドアにアンダーカットなどの意図的な隙間を設けて空気の流通経路を確保すれば、全体を一室とみなした対応が可能である。A～C室をC室に設置された排気扇で換気、A、B室には給気口から給気する計画となっており、D室は別途給排気扇で対応している。

また、二階の居間には第8章で学ぶ住宅建設地域の風向きを考慮して、夏の昼の卓越風向である南側にテラス窓を、反対側に頂側窓を設けており、夏の室内環境の改善に通風を有効に活用する計画となっている。

●熱環境－第5章

建物の保温性は壁や天井、床の断熱性能や熱容量が関係する。特に十分な断熱を行うことにより、室内温熱環境の快適性向上と冷暖房エネルギーの削減を図ることができる。

面積が大きく室内環境への影響の大きい屋根・天井面の断熱はしっかり行う必要があり、図序・7にコンクリート住宅天井面の天窓付近を硬質ウレタンフォーム吹き付けにより断熱施工した例を示す。また、窓部分も熱的な弱点になりやすく、内外温度差が同じ条件では、普通

透明ガラスの場合の窓からの熱損失を1とすると，普通複層ガラスを用いた場合は0.6程度に，low-Eガラス（コラム6参照）を用いた高断熱複層ガラスとすると0.4程度となる。これら，断熱性の優れた窓により建物の保温性を向上させることができる。

また，建物のどの部分で断熱するかも重要であり，図の住宅では地下の駐車場が外気に曝されるので，内壁と天井部分を断熱することにより，隣接するリスニングルームや浴室からの熱損失を防ぐ計画としている。

● 湿気環境－第6章

湿気環境では湿度の表わし方，結露発生のメカニズムとその防止法を学習する。湿気の元は水蒸気であり，水蒸気が窓や壁表面，壁内部で凝縮して水になることが結露である。建物内壁表面で生じる表面結露は，カビの原因となり空気汚染を引き起こす。壁体内部で発生する内部結露は断熱材の性能低下や寒冷地では凍害などによる構造体の破壊につながる。結露を防止するためには，室内における水蒸気拡散を抑制する必要がある。図の住宅では浴室のため常時換気によって湿気の他の部屋への拡散を抑制しており，台所などでも同様の排気対策が有効である。

次に温度が露点以下にならないような適切な断熱対策を行う。窓の室内表面温度を下げないためには断熱性能の優れた窓を用いることが望ましい。また，内部結露が懸念される場合には，断熱材の室内側に防湿層を施工して，壁の低温部分に湿気が浸透しない対策を講じるのがよい。

● 温熱環境－第7章

温熱環境とは居住者の暖かさ，寒さを表わす感覚であり，これには空気温度，湿度，放射温度，気流速度と着衣量，代謝量が関係している。これらに基づいて温熱感覚を表わす代表的な温熱感覚指標にはPMVやSET*などがあり，これらについて学習する。また，上下温度差や気流

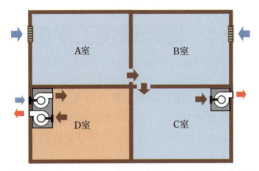

図序・6 シックハウス対策における換気対策の考え方

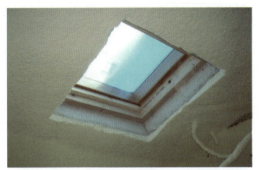

図序・7 コンクリート住宅天窓付近の断熱の例

などの不快の原因となる条件についても学ぶ。

● 音環境－第9章

音環境では音響工学の基本や人の聴感特性について学んだ後，遮音と吸音の問題を検討する。遮音では外部からの不快な音をいかに遮断するかを検討し，吸音では内部で発生する音をいかに心地よく聞くかの問題を取り扱う。

二階子供室は道路に面しているので，道路騒音が問題となる。この場合，遮音性能を上げるために窓に複層ガラスを用いてもほとんど効果はなく，二重窓にするなどの対策を講じなければならない。熱と音の遮断は同一の対策が有効とは限らない。また，二階居間で子供がとび跳ねた場合，階下の和室に床衝撃音が伝搬する可能性を考慮する必要がある。

地下のリスニングルームは音を楽しむ場である。このためには，聞きたい音にふさわしい残響時間が必要となり，内装材の吸音性能を変えることにより調整する。

序・2　建築環境工学の新しい領域と課題[1]

序・2・1　建築環境工学の対象領域

建築環境工学は，図序・8(a)**室内環境**に示す建築の内部環境を居住者にとって都合のよいものとすることを目的としている。このためには，建築を取り巻く自然環境や都市環境などの外部環境が建築に及ぼす影響を分析し，適切に制御することが必要となる。建築環境工学はこのような問題を取り扱うが，近年その対象領域が建築内部から次第に外部に広がってきている。

都市部では建物が近接して建てられる場合が多く，ビル風など建物がその周囲に及ぼす図序・8(b)**建物周辺環境**が問題となる。また，建築の集合体である都市では，建物の多くがコンクリートなど重く吸水性に乏しい材料で構成されているため，熱を蓄えやすく水の蒸発による冷却作用が小さい。これに加えて，建物の冷暖房に伴い外部に熱を放出することが，図序・8(c)**都市環境**の高温化，いわゆるヒートアイランド現象の原因の一つとなっている。さらに，建物の建設や運用時に使用されるエネルギーは二酸化炭素の排出を伴う。これら温室効果ガスの濃度増加が，図序・8(d)**地球環境**の温度を上昇させる地球温暖化の要因になっている。

このように，これまでは与えられた外部環境条件に対する建築室内環境のみを検討対象としてきたが，最近は建築が外部環境に及ぼす影響の重要性が広く認識されるようになってきた。従って，快適な建築の室内環境の形成と同時に，外部環境に対する環境負荷低減策についても合わせて検討することが大切である。

本書では，建築の室内環境の調整に関する基

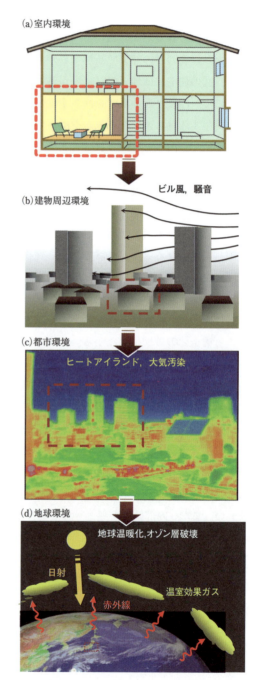

図序・8　建築環境工学の対象領域

---

[1] 序・2は建築環境工学が，現在，我が国と世界が直面している環境問題，社会問題とどのように関係し，今後どのような展開が予想されるかを示している。やや難しいと感じた読者は，次章以降を通読して建築環境工学の全体像を把握した後に再読し，理解を深めて欲しい。

本原理を習得することを第一の目的に置くが，最近の建築環境工学の直面している外部環境の問題についても**都市・地球環境－第8章**にて取り上げていく。

序・2・2　エネルギー消費の実情

図序・9に国連の気候変動に関する政府間パネル（IPCC）による今世紀末までの世界の気温上昇の予測結果を示す。今後の経済発展の想定によって差はあるが，21世紀末までに1990年に比べて2～3.5℃程度の温度上昇が見込まれている。このために，氷河の融解による海面の上昇や予期せぬ災害の多発が懸念されている。

このような地球温暖化の原因は，第8章で述べるように，エネルギー消費に伴って発生する温室効果ガスの大気への放出にある。

建築に関連の深い家庭部門や事務所ビルなどの業務部門における日本のエネルギー消費量の1990年から2008年までの推移を，産業，運輸部門とともに図序・10に示す。1990年基準で家庭部門は1.24倍，業務部門は1.15倍となっており，産業部門が0.99倍に留まったのと比べて増加している。

特に伸びの大きい家庭部門における変化を図序・11に示す。暖房が減少する一方で，照明・家電・その他が増加し，世帯当たりのエネルギー消費量は1割程度増加しているが，この間の世帯数の大幅な増加が家庭部門のエネルギー消費を押し上げていることが分かる。

序・2・3　エネルギー基本計画の見直し

地球温暖化対策として，2010年に策定されたエネルギー基本計画では，ゼロ・エミッション電源比率を増加させることによって温室効果ガスの排出削減と，利用できるエネルギー確保の両立を狙っていた。

ゼロ・エミッション電源とは図序・12に示

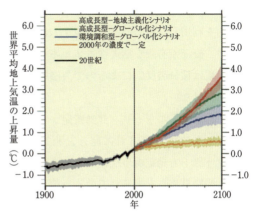

図序・9　さまざまなシナリオに基づく地球温暖化の予測結果

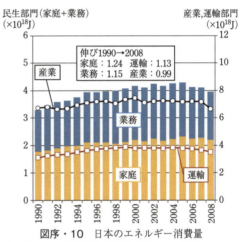

図序・10　日本のエネルギー消費量
日本エネルギー経済研究所計量分析ユニット編「EDMC/エネルギー・経済統計要覧（2010年版）」による

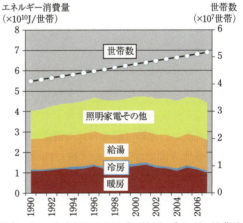

図序・11　家庭部門における用途別エネルギー消費量
住環境計画研究所編「家庭用エネルギーハンドブック（2009年版）」による

すように，太陽光などの再生可能エネルギーと原子力を利用した電力である。原子力は化石燃料同様，資源が有限な枯渇性エネルギーであるが，発電は核分裂反応によるので，温室効果ガスの排出はない。

しかし，エネルギー基本計画策定からわずか1年足らずの2011年3月に起きた東日本大震災に伴う原子力発電所事故により，このシナリオは大幅な見直しを迫られている。原子力によるエネルギー確保が，少なくとも当面は目論見通り進まなくなった以上，その分を一層の再生可能エネルギーの開発と省エネルギー化によって埋めていかなければならない。

住宅における大幅な省エネルギー策として期待されているのが，図序・13に示すZEH（ゼロ・エネルギー・ハウス）の普及である。住宅の保温性の向上と，太陽熱や自然換気などの自然エネルギーの活用を進めるとともに，高効率機器を導入してエネルギー消費量を徹底的に削減する。こうした上で必要なエネルギーを太陽光発電などの再生可能エネルギーによってまかなうことにより，エネルギー消費量をトータルでゼロとする住宅である。

図序・4に示した住宅でも，南側屋根面を利用した太陽熱給湯システムの利用と太陽光発電による創エネルギーを行っており，このような住宅の普及が期待されている。パッシブなデザインを十分深めることによって，設備への依存度をなるべく少なくしていき，さらには創エネルギーによってエネルギー消費量をゼロとする建物の普及が，今後に課せられた課題となる。

現在世界各国ではZEHの実現に向けた研究開発が進められている。英国では2016年までにすべての新築住宅をZEHにするとしている。

図序・14はこのようなZEHのプロトタイプ住宅である。

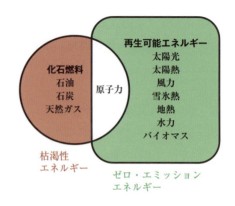

図序・12　各種電源の分類

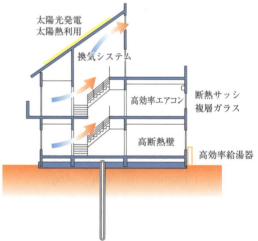

図序・13　ZEHのイメージ

図序・14　英国におけるZEHの事例

序・2・4　省エネルギー法の強化

1980年（昭和55年）に制定され，強化されてきた省エネルギー法は，住宅におけるエネルギー消費量削減を目的の一つとしており，従来，保温性能に影響する断熱性能の基準が中心であった。しかし，一層のエネルギー消費量削減のためには，暖冷房設備や給湯設備等の性能に踏み込む必要がある。

このため，2013年（平成25年）に改正された省エネルギー法では，図序・15に示すように床面積等の共通条件のもとで，実際の設計仕様に基づき算定した設計一次エネルギー消費量[1]が，基準となる断熱性能（平成11年基準相当）と標準的な設備で算定された基準一次エネルギー消費量以下となることを求めている。

また，太陽光発電などのエネルギー利用効率化設備によるエネルギー創出分は，エネルギー削減量として差し引くことができる。今回の基準改正により，設備性能を含めた総合的な住宅の省エネルギー性能を評価することが可能になったといえる。

序・2・5　高齢者問題

次に，今後重要になると予想される高齢者問題について，図序・16より見ていこう。図は我が国のこれまでの人口構造の実績と将来予測を示したものである。我が国は2004年頃に人口のピークを迎え，現状では減少段階に入っているが，今後少子化の影響を受けて65歳以上の高齢者比率は急速に増加すると見込まれている。2000年に65歳人口比率は17.3％であったが2050年には倍以上の35.7％に達し，その後2100年まで大きく変化しないとみられている。このような高齢者比率の増加は，室内環境水準の目標として，従来に増して高齢者に配慮することの重要性を示唆している。

高齢者にとって望ましい室内環境とはいかに

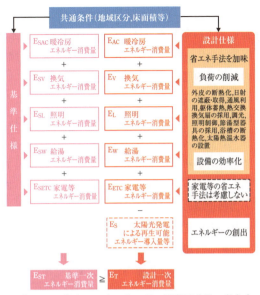

図序・15　住宅の一次エネルギー消費量基準の考え方

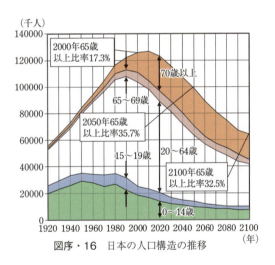

図序・16　日本の人口構造の推移

あるべきか。図序・17に示す年代別不慮の事故死亡者数の統計資料を通して見ていこう。図では，各10歳刻みの年齢層10万人に対する平

---

[1] 都市ガスの原料である天然ガスをエネルギー転換なしに用いる場合，損失はないので最終的に使用したエネルギーと原料エネルギーである一次エネルギーは等しくなる。一方，電力では発電に伴う損失があるため，最終エネルギーは原料エネルギーより小さい。この損失分を含めて原料エネルギーに遡ったエネルギーを一次エネルギーという。

成20年の死亡者数を示している。図より、高齢者の不慮の事故リスクの高い現象は、窒息、転落・転倒、溺死であって、これらの死亡者数の合計は50歳以上で交通事故を抜いている。

窒息とは食物をのどに詰まらせることによる事故、溺死の大半は図序・18に示す入浴中の心臓発作による事故である。溺死は寒い脱衣室、浴室と暑い風呂によるヒートショックに起因することから、これらの室と廊下、居間などの間の温熱環境のバリアフリー化によって解決すべき課題といえる。

高齢者は環境に対する感受性が若年者に比して鈍く、生理的に危険な状況にあることの自己認識が弱いといわれている。従って、高齢者を想定した室内環境水準は、このような感覚を理解して設定することが必要である。

以下では図序・4に示した住宅を一部用いて、高齢化によって変化する感覚と建築環境工学上の対策について概説する。

● 光環境

高齢化による視機能の低下は避けられない自然現象であるが、室内が隅々まで知覚され、細かい視作業に支障がないことが望ましい。この点では照度レベルの向上が基本的な対策となる。具体的には通常の計画で必要とされる照度の1.5〜2.0倍の照度を確保することが望ましい。

● 色彩環境

高齢化は眼球中の水晶体の黄変化を招き、これは可視光線の中の、青系の短波長成分の感度低下を招く。一方、緑系の中波長成分、赤系の長波長成分は変性が少ない。従って、青色の感度が低くなり、黄色と白色の区別が難しくなる。色の見え方も濃い紫が暗い灰色に見えるなど変わってくるので、高齢者の色の見え方に対応した配色の検討が必要である。

● 温熱環境

高齢者が快適と感じる温熱環境条件は基本的

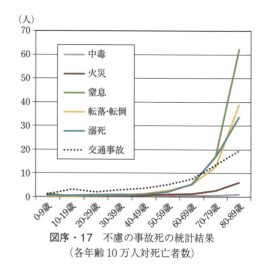

図序・17 不慮の事故死の統計結果
（各年齢10万人対死亡者数）

図序・18 脱衣室、浴室の温熱環境に起因する事故

には若年者と変わらないといわれているが、快適からはずれた環境条件に暴露された場合の不快の訴えが少ないと言われている。すなわち急激な温度変化への感受性が鈍くなる。

従来の日本の住宅では、図序・4の2階にある居室に比べて1階のトイレ、浴室の環境水準が著しく劣る問題があった。トイレ、浴室の断熱強化や適切な暖房により、環境水準を向上させ、安全な住環境を確保することが大切である。

● 音環境

高齢化によって2kHz以上の高音に対する感度が低下する。相対的に低音域の感受性は高齢化による影響が少ないので、低周波騒音をできるだけ少なくする配慮が必要となる。図序・4の例では床衝撃音対策が重要となる。

第２章　光環境

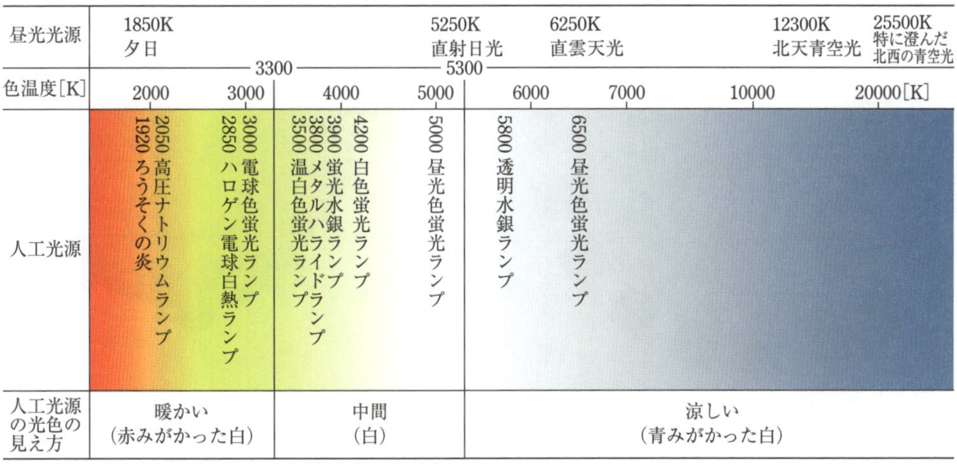

昼光光源
1850K 夕日
5250K 直射日光
6250K 直雲天光
12300K 北天青空光
25500K 特に澄んだ北西の青空光
3300
5300
色温度[K]
2000
3000
4000
5000
6000
7000
10000
20000[K]
人工光源
1920 ろうそくの炎
2050 高圧ナトリウムランプ
2850 ハロゲン電球白熱ランプ
3000 電球色蛍光ランプ
3500 温白色蛍光ランプ
3800 メタルハライドランプ
3900 蛍光水銀ランプ
4200 白色蛍光ランプ
5000 昼光色蛍光ランプ
5800 透明水銀ランプ
6500 昼光色蛍光ランプ
人工光源の光色の見え方
暖かい（赤みがかった白）
中間（白）
涼しい（青みがかった白）

口絵①　色温度

光色をそれに近似する光を発する黒体の絶対温度で表したものを色温度という。色温度の上昇に伴い，赤→黄→白→青と変化する。

第３章　色彩環境

緑
青
赤

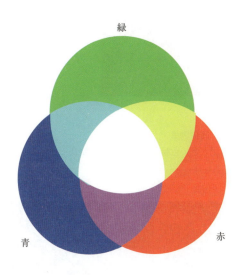

口絵②　加法混色

加法混色の三原色は赤，緑，青であり，三原色を混色すると白となる。カラーテレビでの色の再現に応用されている。

マゼンタ（緑を吸収）
イエロー（青を吸収）
シアン（赤を吸収）

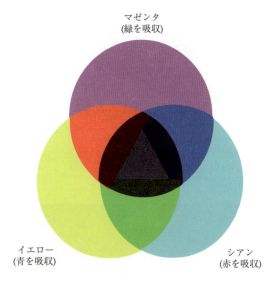

口絵③　減法混色

減法混色の三原色はシアン，マゼンタ，イエローであり，三原色を混色すると黒となる。カラープリンタでの色の再現に応用されている。

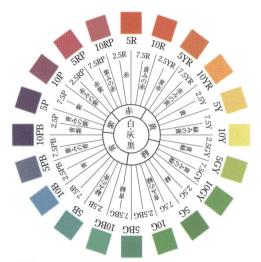

口絵④　マンセル色相環
　マンセル表色系では 40 ヒューによる表示が一般的である。

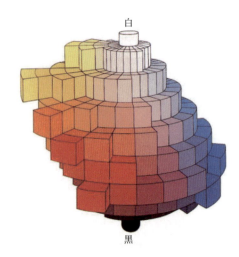

口絵⑤　マンセル色立体
　垂直軸にバリューが，円周方向にヒューが，軸から遠ざかる方向にクロマを配置されている。

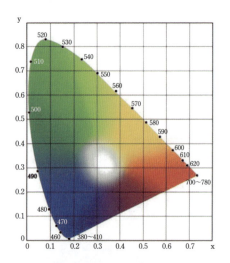

口絵⑥　xy 色度図
　xy 色度図では x の数値が大きいほど赤の成分が，y が大きいほど緑の成分が強くなる。

口絵⑦　面積効果
　面積が大きい色ほど，明度，彩度が高く感じる。

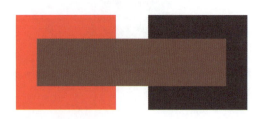

口絵⑧　彩度対比
　背景色の彩度が高いと彩度は低く，背景色の彩度が低いと彩度は高く感じる。

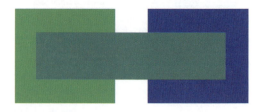

口絵⑨　色相対比
　青緑は背景色が緑では青みがかって，背景色が青では緑がかって見える。

口絵 15

口絵⑩ 視認性
遠くからはっきり見えるかどうかの性質を視認性といい，黒字に黄色が最大となる。

口絵⑪ 誘目性
色が目立つかどうかの性質を誘目性といい，赤が最大でついで青，緑が最も低い。

口絵⑫ 戸建色住宅における配色の例
基調色，配合色，アクセント色を使い分ける。

16 序章　建築環境工学の役割

第8章　都市・地球環境

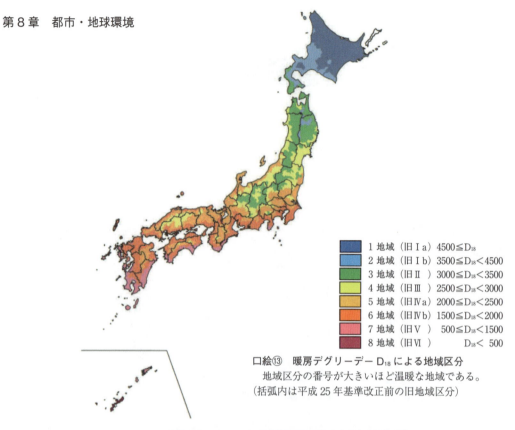

口絵⑬　暖房デグリーデー D_{18} による地域区分
地域区分の番号が大きいほど温暖な地域である。
（括弧内は平成25年基準改正前の旧地域区分）

1 地域（旧Ⅰa）　$4500 \leq D_{18}$
2 地域（旧Ⅰb）　$3500 \leq D_{18} < 4500$
3 地域（旧Ⅱ　）　$3000 \leq D_{18} < 3500$
4 地域（旧Ⅲ　）　$2500 \leq D_{18} < 3000$
5 地域（旧Ⅳa）　$2000 \leq D_{18} < 2500$
6 地域（旧Ⅳb）　$1500 \leq D_{18} < 2000$
7 地域（旧Ⅴ　）　 $500 \leq D_{18} < 1500$
8 地域（旧Ⅵ　）　　　　$D_{18} < 500$

口絵⑭　サーモグラフィによる熱画像
　物体表面から放射される赤外線の強さから表面温度を推定し，色の違いで表わしている。日射を浴びる建物表面温度が高く，樹木では低いことが分かる

第1章
日照・日射環境

1・1　太陽位置 ──────── 18
1・2　日照と日影 ──────── 22
1・3　日　　射 ──────── 30

1・1 太陽位置

1・1・1 太陽の運行

(1) 地球と太陽の運行

図1・1(a)に示すように，地球は太陽の周りを1年周期で円に近い楕円軌道を描きながら公転している。公転軌道面に対し垂直方向の軸を公転軸という。また，地球自身は1日周期で自転しており，北極と南極を結んだ軸を自転軸という。公転軸と自転軸は一致せず，23° 27′ の傾斜角度がついている。自転軸の北極側が最も太陽に近い方向を向いたときを**夏至**，南極側が向いたときを**冬至**，自転軸が太陽と直角方向となるときを**春分**，**秋分**という。

このように太陽は，例えば夏至のときは図に示すように，地球から見て最も北極側に位置しており，地球からは自転軸周りで自転と逆方向に1日周期で円運動するように見える。

地球から見た太陽の位置は，公転運動により変化するので，図(b)に示すように1日周期で円運動しながら，その回転中心が1年周期で北極側（夏至の場合）から南極側（冬至の場合）の間を移動する。一方，地球上のある地点に立って太陽の動きを見ると，地平面より上半分しか見ることができない。したがって，北極に立つと春分から夏至を経て，秋分までの半年間が昼で，残りの半年が夜になる。

(2) 天球

図1・2に示すように，地球上のある地点から見た，太陽を含む天体の動きを球面上に表し

(a) 地球の運行

(b) 地球からみた太陽の運行

図1・1 地球と太陽の運行

(a) 天 球

P_N：天球の北極

P_S：天球の南極

(b) 天球の断面図

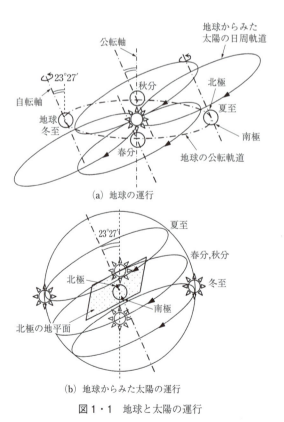

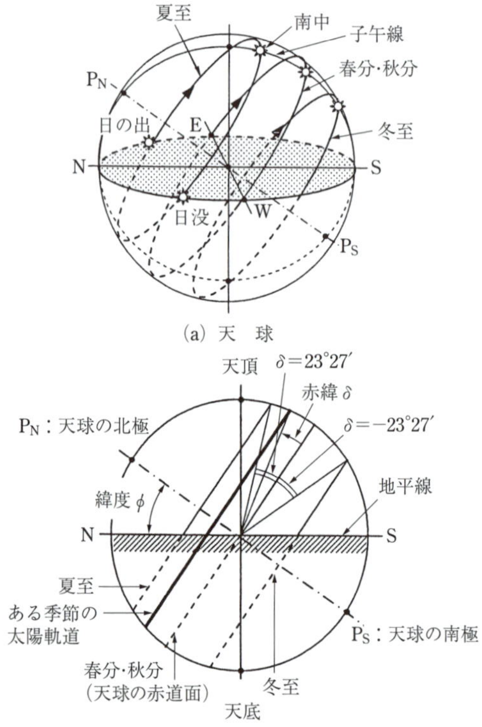

図1・2 天球上の太陽の運行

たものを**天球**と呼ぶ。天球は，緯度 ϕ（ファイ）によって変化し，日本各地の緯度は，およそ札幌：43°，東京：35°，那覇：26°である。

天球上の春分・秋分の太陽軌道を天球の赤道と呼び，天球の赤道面に対して各季節における太陽の1日の軌道面のなす角度を**赤緯** δ（デルタ）で表す。夏至では $\delta = 23°27'$，冬至では $\delta = -23°27'$，春分・秋分では $\delta = 0°$ となる。太陽が真南に位置する時点を**南中**と呼ぶ。南中のときの太陽位置を結んだ天球上の円を子午線という。

1・1・2 時刻の表し方

ある地点での南中時刻を正午 12：00 とし，次の南中までの間を1日24時間として表した時刻を**真太陽時**という。真太陽時で表した1日の長さは，地球の公転軌道が完全な円ではないので，季節によって変化する[1]。そこで，真太陽時を年間平均して表した時刻を**平均太陽時**という。真太陽時と平均太陽時の時差を**均時差**という。均時差は図1・3に示すように，年間4回0となり，最大15分程度となる。

一方，太陽は24時間で天球を一周するので，経度が15°ずれると1時間時刻がずれる（360÷24＝15）。日本では国内時刻の統一のために，経度の点で日本のほぼ中央に位置する東経135°の明石の平均太陽時を**中央標準時**として用いている。これらより，真太陽時，平均太陽時，中央標準時の関係は表1・1で表される。

建物の日照・日射環境などを検討する場合には，太陽位置が大切であるが，真太陽時は南中時点を基準にしているので，一般に真太陽時が用いられる。したがって，中央標準時とは時間差があることに注意しなければならない。

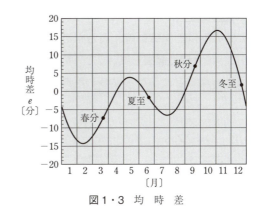

図1・3 均時差

表1・1 真太陽時と中央標準時

計　算　式	備　　考
$T - T_m = e$ $T_m = T_s + (L - 135)/15$ $T = T_s + (L - 135)/15 + e$	T：真太陽時〔h〕 T_m：平均太陽時〔h〕 e：均時差〔h〕 T_s：中央標準時〔h〕 L：経度〔°〕

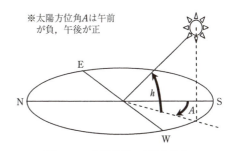

図1・4 太陽高度，太陽方位角

1・1・3 太陽の位置

(1) 太陽高度 h と太陽方位角 A

太陽の位置は，図1・4に示すように，地平面から計った**太陽高度** h と，太陽を地平面に射影した方向を，真南を基準として計った**太陽方位角** A を用いて表される。太陽方位角 A は午前を負，午後を正として表す決まりとなっている。太陽位置は，緯度，季節，時刻（真太陽時）が決まれば決定される。

---

[1] 地球の自転速度は一定だが，公転軌道は正確な円ではない。このため，右図のように地球上のある地点が太陽の方向を向いてから，翌日に太陽の方向を向く一自転に要する時間（ABとA' B'で1日に相当する）は季節によって変化する。

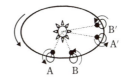

(2) 太陽位置図

太陽の位置を簡単に読み取るためには，図1·5に示す**太陽位置図**を用いるとよい。太陽位置図は緯度ごとに異なるものが用意されており，図は北緯35°の地点の太陽位置検討用のものである。太陽位置図は，季節と時刻（真太陽時）を決めると点が定まり，図面の中心からの半径で太陽高度 h が，円周上の方向で太陽方

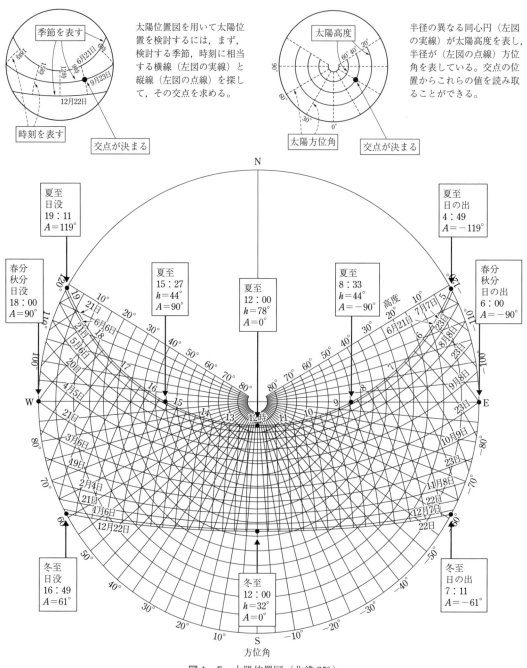

図1·5　太陽位置図（北緯35°）

位角 A が読み取れるようになっている。図中には各季節で重要なポイントを示している。

① **春分・秋分** 太陽は 6:00 に真東 ($A = -90°$) から日の出を, 18:00 に真西 ($A = 90°$) に日没を迎える。昼夜の時間がちょうど 12 時間ずつとなる。南中時の太陽高度は図 1・2 (b) より $90° - 35°$ (緯度) $= 55°$ であり, 夏至と冬至の南中高度の中間となる。

② **冬至** 日の出は 7:11, 日没は 16:49 と, それぞれ 1 時間 10 分程度昼が短くなる方向にずれ, 日の出, 日没の方位角は 30° ほど南にずれる。南中時の太陽高度はおよそ 32° となる。

③ **夏至** 日の出は 4:49, 日没は 19:11 と, それぞれ 1 時間 10 分程度昼が長くなる方向にずれ, 日の出, 日没の方位角は 30° ほど北にずれる。また, 太陽方位角が真東, 真西に位置するのは, それぞれ 8:30, 15:30 頃であり, このときの太陽高度はおよそ 45° となる。南中時の太陽高度はおよそ 78° となる。

例題 1

10 月 9 日の均時差 e は 12 分 40 秒であるとする。北緯 35°, 東経 140° の地点で正午の時報が鳴った時の平均太陽時 T_m, 真太陽時 T を求めなさい。また, 同じ時刻の太陽高度 h, 太陽方位角 A を求めなさい。

【例題解説】

表 1・1 より $T_m = T_s + (L - 135)/15$ となる。$T_s = 12$ 時, $L = 140°$ とすると, $T_m = 12$ 時 $+ (140 - 135)/15$ 時 $= 12$ 時 $+ 1/3$ 時 $= 12$ 時 20 分となる。また, $T = T_m + e$ より, $T = 12$ 時 20 分 $+ 12$ 分 40 秒 $= 12$ 時 32 分 40 秒となる。

次に, 北緯 35° であるから, 図 1・5 で 10 月 9 日, 真太陽時 12 時 32 分 40 秒の点を探し, 太陽位置を読みとれば, $h = 48°$, $A = 11°$ となる(1° 程度の誤差は読みとり誤差として許容する)。

1・2 日照と日影

1・2・1 日照の確保
(1) 日照時間
　直射日光を受けられることを**日照**があるといい，日照が建物などによって妨げられる状況を**日影**という。気象の分野では，日の出から日没までの時間を**可照時間**，天候などが影響して実際に日照のあった時間を**日照時間**という。また，日照時間の可照時間に対する比を％表示した値，すなわち**日照時間/可照時間×100〔％〕**を**日照率**という。

　一方，建築環境工学の分野では日照時間は，上記の可照時間から周囲の建物の影響で日照が遮られる日影時間を差し引いた値を意味する。つまり，建築環境工学における日照時間は天候によらないことに注意が必要である。

(2) 壁面の方位と可照時間
　太陽位置から，建物各方位の壁面の可照時間を求めると表1・2となり，これらの一部は図1・5から求めることができる。南面の可照時間は，春・秋分と冬至では太陽方位角は東西軸から南よりとなるので，日の出から日没までの時間に等しく，それぞれ**12時間，9時間38分**となる。夏至では，図1・6に示すように，日の出，日没が北よりとなるため可照時間は**6時間54分**と冬至より短い。夏至の北面では南面で日照が得られない日の出後と日没前に日照が得られるため，**7時間28分（3時44分×2）**と南面よりも可照時間は長くなる。

(3) 隣棟間隔と日照時間
　集合住宅などでは隣棟間隔が日照時間に影響を与える。図1・7は東西に長い集合住宅で，日照時間2，4，6時間確保に必要な隣棟間隔を**隣棟間隔係数＝隣棟間隔d/建物高さh**を用い

表1・2　各方位の壁面と可照時間（北緯35°の場合）

壁面方位	夏　至	春分・秋分	冬　至
南　面	6時間54分	12時間0分	9時間38分
東西面	7時間11分	6時間0分	4時間49分
北　面	7時間28分	0時間0分	0時間0分
南東・南西面	8時間4分	8時間0分	8時間6分
北東・北西面	6時間24分	4時間0分	1時間26分

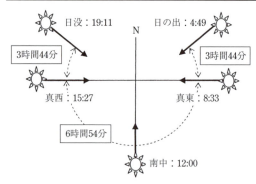

図1・6　夏至の太陽軌道（方位角）

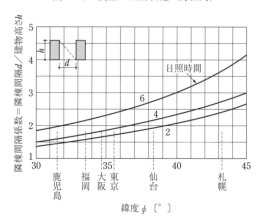

図1・7　南北隣棟間隔と冬至の日照時間

て緯度ごとに表したものである。東京で4時間日照を確保するにはこの値が2程度であることが必要となるが，札幌では2.8程度が必要となる。つまり，同じ日照時間を確保するためには，緯度が高くなると隣棟間隔を大きく取らなければならない。

1・2・2 日影曲線を用いた日照条件の検討
(1) 日 影 曲 線

建物によってできる日影の形状を示す**日影図**を用いて，建物が周囲の日照条件に及ぼす影響を検討する。

日影図は**日影曲線**を用いて作成できる。日影曲線は，図1・8に示すように，検討対象地点に立てられた基準長さ1の棒が，地平面に落とす影の先端部の1日の軌跡を示したものである。日影曲線は季節によって変化するが，日照条件の検討には条件の厳しい冬至の場合を基準とするのが一般的である。

図1・9は，建物の隅角部(AA′)を棒にみたて，建物高さが棒の長さと一致するように縮尺を調整して建物平面図を日影曲線の上に重ねて描いたものである。冬至の14:00（真太陽時）の検討を行うとすると，冬至の日影曲線上の14:00の点が建物隅角部屋上地点(A′)の影の位置となり，他の点の影は，その点を平行移動させて決定できる。

図1・8には，図1・9と対応する建物配置，影の状況が示されている。日影曲線には時刻に加えて，影の長さ，太陽高度，太陽方位角の目盛がつけられている。図の例では，影の方向から太陽方位角が30°であり，日影曲線上の点(A″)を通る同心円をたどれば，影の長さが2.2，太陽高度が25°となることが読み取れる。

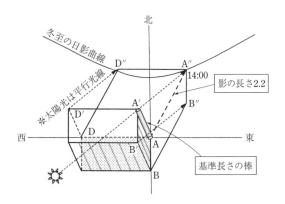

図1・8 日影曲線の作成と日影図との関係

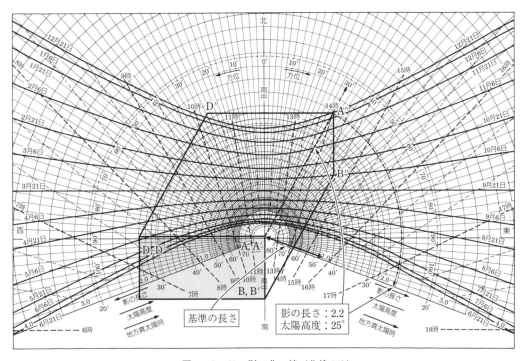

図1・9 日 影 曲 線（北緯35°）

(2) 等時間日影線と日影時間図

図1・10に示すように，一定時間ごとの日影図を作成し，例えば，1時間ごとの日影図の交点（例えば8：00と9：00の日影図の交点である点 P_1，9：00と10：00の日影図の交点である点 P_2）は1日のうちでちょうど日影時間が1時間となる地点を示しているので，これらの点を結ぶと，**等時間日影線**が作成できる。特に検討時間を8：00～16：00とした場合の4時間日影線は，8：00と12：00の日影図の交点（S_1），12：00と16：00の日影図の交点（S_5）を含んでいる。両方とも12：00の日影図が問題となることから，12：00の日影図の稜線とその内部からなっている。

一定時間ごとの等時間日影線を重ねて作図した図1・11を**日影時間図**（図は冬至の場合）と呼び，建物によって日照が阻害される領域，日照の阻害される時間の判断に利用できる。

図1・10より，日の出直後の影と日没直前の影の交点より建物側（図のハッチ部分）は1日のうちで日照が得られない部分を示しており，これを**終日日影**という。季節による終日日影となる領域の変化を図1・12に示す。

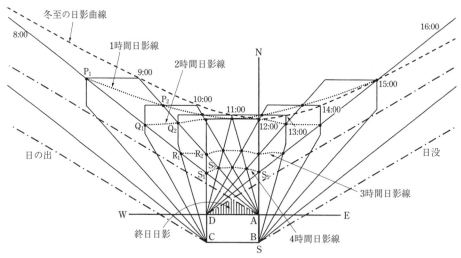

図1・10 日影図と等時間日影線

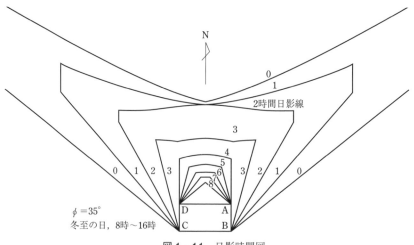

$\phi = 35°$
冬至の日，8時～16時

図1・11 日影時間図

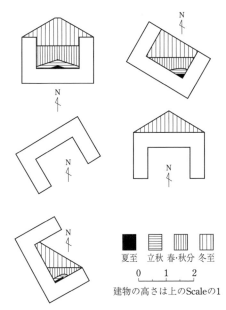

図1・12 建物形態と終日日影

冬至の日の出，日没の太陽方位角は真東，真西より約30°南よりになる。したがって，終日日影は東西に長い建物では建物の北側にでき，マンションなどの北側に雪が降り積もるとなかなか溶けないことはよく知られている。終日日影となる領域は，冬至の場合に最も広く，ついで春分・秋分，立秋，夏至となる。夏至に終日日影となる領域は1年を通じて日照が得られないので，**永久日影**という。図1・6に示したように，夏至の日の出，日没の太陽方位角は真東，真西より約30°北よりになる。したがって，北側に凹部のある建物では，その内部に永久日影となる部分ができる。

図1・13に，建物の高さを同一としたさまざまな形態の建物の日影時間図を示す。4時間日影など，建物によって長時間日照が遮られる領域は，図(a)の正方形の建物に比較して，図(b)のように東西の幅が長い建物では大きく広がる。また，建物高さが一定以上では，建物高さにほとんど関係しなくなる。建物が円形の図(c)の場合の長時間日影となる領域は，図(a)とほとんど差がない。このように，日影時間図

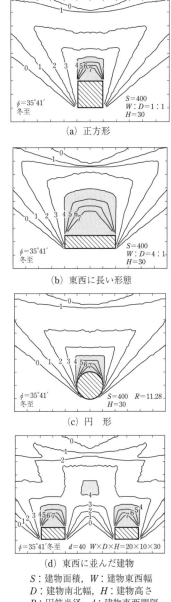

(a) 正方形

(b) 東西に長い形態

(c) 円　形

(d) 東西に並んだ建物

S：建物面積，W：建物東西幅
D：建物南北幅，H：建物高さ
R：円筒半径，d：建物東西間隔

図1・13 建物形態と日影時間図

には建物平面形が直接現れるわけではない。一方，図(d)のように東西に接近して建物が並んでいる場合，建物と建物の間の北側に，長時間日影となる領域が生じる。このような領域を**島日影**と呼ぶ。東西の建物によって午前中と午後の日照が遮られる結果，合計すると日影時間が長くなるためである。

> **例題2**
> 図1・15に示す高さ24mの建物が，図中のP点に及ぼす冬至の日影時間を求めなさい。ただし，建物建設地の冬至の日影曲線は図1・14とする。

【例題解説】

日影曲線を用いて，日影の検討を行うためには，太陽方位角，時刻，影の長さに関する検討が必要であるが，これを効率的に行うために，項目に分けて検討するのがよい。

① 太陽方位角に関する検討

冬至日には図1・5に示すように，日の出の太陽方位角$A = -61°$となるが，図1・16より日の出直後は日照が遮られることはない。日照が遮られる可能性が生じるのは，太陽方位角$A = -45°$になって以降であり，$A = 0°$の南中までこの状態が持続する。

② 時刻に関する検討

南中時の真太陽時が12:00となることは問題ないとして，太陽方位角$A = -45°$となる時刻が問題となる。これを求めるために，図1・17に示すように，日影曲線上の太陽方位角$A = -45°$の補助線を引いて，日影曲線との交点を求め，時刻を読み取ると，$A = -45°$は8:50となる。

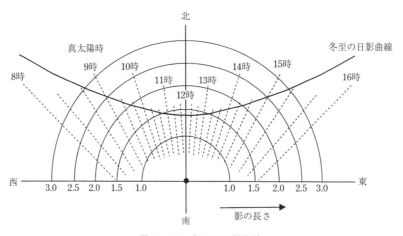

図1・14 冬至の日影曲線

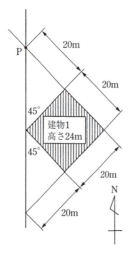

図1・15 検討対象建物

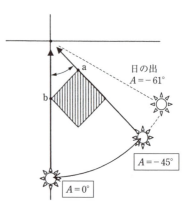

図1・16 方位角の検討

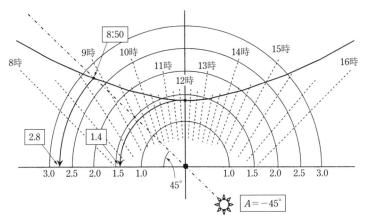

図1・17 時刻，影の長さの検討

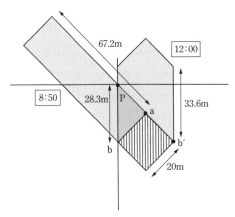

図1・18 建物1の日影図

③ 影の長さに関する検討

次に，P点に影が落ちるかどうかを影の長さによって検討する。

図1・17より，8:50の影の長さは2.8，12:00の影の長さは1.4と読み取ることができる。それぞれの時刻の基準の影の長さに建物高さ24 mを乗じて，実際の影の長さはそれぞれ24×2.8 = 67.2 m，24×1.4 = 33.6 mとなる。影の長さを書き込む基点が時刻によって点a，bと変化することに注意して，それぞれの時刻の日影図を書くと図1・18となる。図より8:50～12:00の間は，P点は日照が全く得られないことがわかる。したがって日影時間は3時間10分となる。

1・2・3 日ざし曲線を用いた日照条件の検討

(1) 日ざし曲線

日影曲線は，ある建物が建物周辺領域にどの程度の日照障害を及ぼすかを検討するのに適している。これに対し，**日ざし曲線**は，地平面上の固定点が周囲建物によってどのような日照障害を受けるかを検討するのに便利である。

ひざし曲線とは，図1・19に示すように，原点O上に高さhの水平面を考え，太陽と原点Oを結んだ線が，その水平面と交わる点の一日の軌跡を描いたものである。次に原点Oよりhだけ下方のO'点を地平面上の点と考え，この上に高さhの棒が立っている場合の日影曲線を考える。図より，日ざし曲線と日影曲線は，原点Oについて点対称となることがわかる。

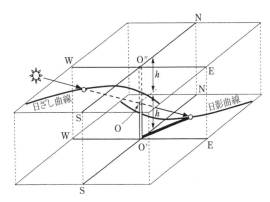

図1・19 ひざし曲線と日影曲線の関係

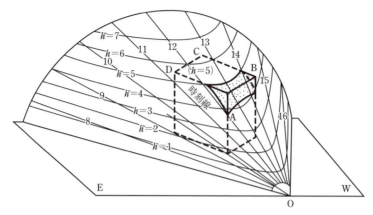

図1・20　日ざしすい面

(2) 日照図表を用いた日照の検討

原点Oからみた太陽の一日の軌道を追跡していくと，図1・20に示すように，点Oを頂点とする円すい面となり，これを**日ざしすい面**という。日ざしすい面を高さhの地平面と平行な平面で切り取った曲線が日ざし曲線であり，高さhをさまざまに変えて描くと図1・20のようになる。このようにして得られた多数の日ざし曲線を，地平面上に投影すると図1・22となり，これを**日照図表**と呼ぶ。日照図表の原点を検討点とし，縮尺に合わせて建物を書き込むと，検討点が建物によってどのような日照障害を受けるか検討することができる。

> **例題3**
> 図1・21に示す検討点の南にある高さ20mの建物が，検討点にどのような日照障害を与えるか日照図表を用いて検討しなさい。

【例題解説】

日照図表中に縮尺を合わせて建物を書き込んだ結果を図1・22に示す。

高さ20mの日ざし曲線と建物の交点は図の点B，Cとなるが，点Bと検討点Oを結んだ線分上には建物の外壁面上の点B'がある。点Bで高さが20mであるから，それより検討点側に近い点B'は20mより低いので，検討点Oからは点Bは見えない。検討点から日ざし曲線上の点が見えないということは，日照が遮られていることを意味するため，点Bではすでに日照は得られない。日照が得られる限界は建物の北東の角である点A'の延長上の点Aに太陽が差しかかった時点となる。したがって，日照が遮られるのは点Aの9:20から点Cの12:10までである。

このように，日照が得られる条件は，日ざ

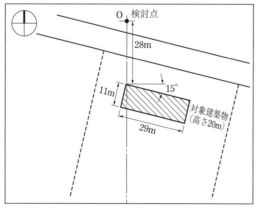

図1・21　ひざし曲線による検討対象

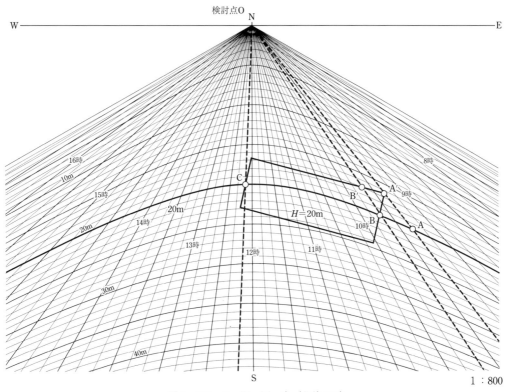

図1・22 日照図表（北緯35°）

し曲線上の点と検討点を結んだ線分上に日照を遮る建物などの障害物がないこととなる。図1・22では線分OBの検討点側に建物上の点B'があるので日照は得られない。一方，点Aより時刻が早いか，点Cより遅ければ，検討点側に建物がないので日照が得られる。これらの状況は図1・23に立体的に示されている。わかりにくい場合は本書を上下逆にして，北を手前に建物を通して太陽を（つまり日ざし曲線を）見上げるつもりで図を見ると理解しやすい。

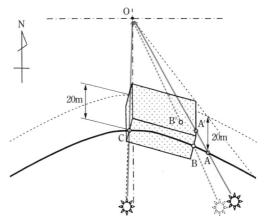

図1・23 日ざしと建物の関係

1・3 日　　射

1・3・1　直達日射と天空日射
(1) 太陽からの放射

太陽からの放射エネルギーを波長別に図1・24に示す。これらは，**紫外線**，**可視光線**，**赤外線**に分類され，それぞれ以下の特徴がある。

① **紫外線**：波長 $0.38\,\mu m$ 以下（μm（マイクロメートル）＝ $10^{-6}m$）

生育・殺菌作用が強く，化学線と呼ばれる。

② **可視光線**：波長 $0.38\,\mu m \sim 0.78\,\mu m$

光として感じる放射で，昼光の光源となる。

③ **赤外線**：波長 $0.78\,\mu m$ 以上

熱作用が主体で，熱線と呼ばれる。

大気圏外の太陽放射は，地表面を覆っている大気によって散乱・吸収され，$0.3 \sim 2.5\,\mu m$ の範囲のみが地表面に到達する。

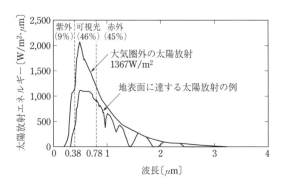

図1・24　太陽放射のエネルギー分布

(2) さまざまな日射

図1・25に示すように，太陽放射は大気中で一部が散乱・吸収され，残りが**直達日射**として地表面に到達する。散乱は大気により太陽放射が乱反射される現象で，青空や雲からの反射日射として地表面に到達し，**天空日射**と呼ばれる。直達日射量と天空日射量の和を**全天日射量**という。吸収は大気中の水蒸気や二酸化炭素によって行われ，温度上昇した大気からは**大気放射**（赤外線）が地表面に送られる。地表面は，直達日射，天空日射，大気放射を受けるが，天空に対してはその温度に応じた**地表面放射**（赤外線）を放出している。地表面放射から大気放射を差し引いた値を**夜間放射**と呼ぶ。

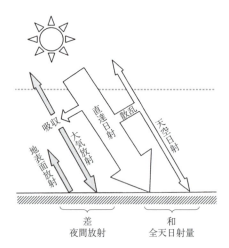

図1・25　さまざまな日射

(3) 太陽定数と大気透過率

大気圏外での太陽放射を，太陽光線に垂直な面で受けた場合の日射量の年間平均値を**太陽定数**と呼び，その値は $J_0 = 1367\,W/m^2$ となる。

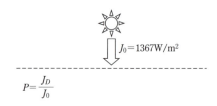
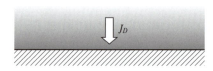

図1・26　太陽定数と大気透過率

地表面で太陽放射を太陽光線に垂直な面で受けた日射量を**法線面直達日射量**というが，特に太陽が天頂にあるときの値 J_D の太陽定数に対する比（$P = J_D/J_0$）を**大気透過率**という（図1・26）。大気透過率が大きいほど，直達日射が強く，逆に天空日射が弱くなる。天空日射の光源は，日射の大気による散乱であるので，散乱が小さいほど天空日射の光源が小さくなるためである。大気透過率は大気の透明度を表す指標で，夏より冬が，都市部より郊外が大きい値となる。

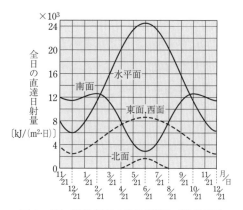

図1・27 建物各面の終日日射量（北緯35°）

1・3・2 方位による日射特性
(1) 水平面，鉛直面の直達日射量

北緯35°の地点の終日日射量の季節による変化を図1・27に示す。南面は日射を多く取り入れたい冬期に大きく（水平面より大きい），遮蔽したい夏至のときに最小となって都合がよい。南向きの建物や室が好まれる理由がここにある。

次に，建物各面の受ける直達日射量の時刻の変化を北緯35°の地点の夏至について，図1・28に示す。夏至の南向き鉛直面は東西を向いた鉛直面よりも日射量が少ない（以下，南向き鉛直面を単に南面という）。北面では日の出直後と日没直前に日射が得られる。南面の日射は太陽高度が高いので庇などにより容易に遮蔽可能である。しかし，東西面の日射は日の出，日没付近の，太陽高度の低い状況に対応しているので，日射の調整には庇以外のブラインドなどが必要となる。

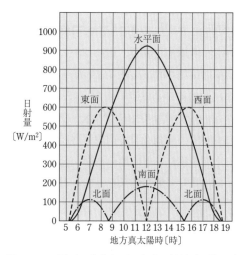

図1・28 夏至の建物各面の直達日射量（北緯35°）

(2) 夏至における日射量と太陽軌道

夏至の南面日射量が東西面より少ない理由を，夏至の太陽軌道を描いた図1・29に基づいて検討する。東面では4：49の日の出から南中まで日射が得られるが，方位が真東となる8：33の段階で太陽高度は44°と低い。したがって，東面は日の出からしばらくの間，ほぼ真正

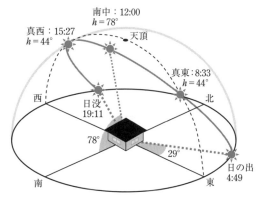

図1・29 夏至の太陽軌道と各面の関係（北緯35°）

面から日射を受けるので日射量が大きくなる。西面では南中を境に対称となるので，日没直前に大きな日射量を受ける。一方，南面は，太陽方位が真東から真西に至る 8:33 ～ 15:27 の間に日射が得られる。ただし，太陽方位が真東，真西に近いとき，および太陽高度が 78°となる南中時，いずれの場合も入射角は大きく，面に対して平行に近い角度で日射が差し込むため，日射量は小さくなる。

1・3・3 日射の調節
(1) 日射調節の基本計画

日射は夏になるべく遮蔽し，冬になるべく室内に取り込むことが快適な室内環境の形成に役立つ。その観点からは，図1・28 に示したように，南面は理想的であり，建物の主要開口部を南面に設けることは理にかなっている。一方，東西面の日射量は冬至に少なく，夏至に多い。したがって，敷地条件が許せば図1・30 に示すように東西に長い平面形の建物が都合がよい。

また，建物外壁や屋根の色は日射の吸収特性に影響を与える。白やオフホワイトなどの明るい色の外壁は，**日射吸収率**が小さいため，黒や暗褐色に比べて壁が吸収する**日射熱取得**を削減することができる。建物の地域特性に応じて，冬期の日射吸収と夏期の日射反射のどちらを優先すべきか検討する必要がある。特に，日射反射性の優れた外装材の多くは，汚損による性能劣化が無視できないため，メンテナンスに十分配慮する必要がある。

建物周囲に植栽を行うことは，景観の向上以外にも，防犯，プライバシーの保護，防音・防風，空気浄化効果などが期待されるほか，建物への日射調整作用の点で重要である。冬期に日射を遮らず，夏期に遮光できるような計画が望ましく，この目的には図1・31 に示すように落葉樹が適当である。暖房期に落葉して日射を透

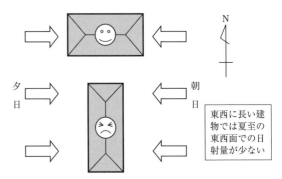

図1・30 防暑に優れた平面形

図1・31 植栽による日射調節

過し，冷房期に繁茂して日射を遮るものを選定するとよい。

ただし，落葉樹を植える位置は，建物の南側は避け，東，南東，南西，西側とするのが適当である。これらの方位では，夏期に樹木の影が建物への日射を遮蔽するほど長くなる。一方，夏至の南中高度は図1・29 に示したように 78°と高いので，南側では建物直近の樹木でなけれ

ば，その影は建物への日射を遮ることはない。夏期における南面の日射遮蔽は，庇などの建築側の要素によって遮光するのが適当である。

(2) 日よけの影響

南面の日射は，図1・32に示すように，**庇**を用いて容易に調節することができる。図では南中時の冬至の日射を全て室内に取り込み，夏至の日射を完全に遮蔽する庇を示している。

同様の効果は，図1・33に示す**水平ルーバー**や**水平フィン**を用いても得られる。図では，日射の遮蔽効果を表す保護角 δ（デルタ）の庇と，同じ効果のあるルーバーとフィンを示している。フィンはルーバーの板の少ないものをいう。

庇は南面では有効であるが，太陽高度の低い東西面では効果が少ない。このように日よけは，その形状により有効な方位が限られており，その関係を図1・35に示す。

オーニングは，図1・34に示すヨーロッパでよく用いられている布生地で作られた可動窓覆いである。サンスクリーン・すだれ同様，東西面の日射遮蔽に適しているが，いずれも強度に難点があり，オーニングはメンテナンスに注意が必要である。

ベネシャンブラインドは，金属を明色仕上げしたものが一般的であるが，羽板の角度調整によって全方位の日射調整が可能である。日射遮蔽効果は外付けのブラインドが最良だが，清掃やメンテナンスに難がある。

スウェディッシュウィンドウは二重窓の間にブラインドを収めたもので，高価だが汚損は少ない。最も一般的な室内ブラインドは，日射熱の遮蔽効果はこれらよりも劣る。

垂直ルーバーや**縦型ブラインド**は角度調整を行わない場合は，東西面などほぼ正面からの日射を遮蔽できないが，これを可動とすることで対応可能となる。

格子ルーバーは庇と垂直ルーバーを組み合わ

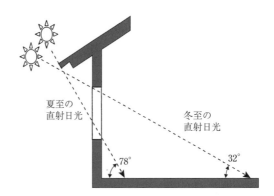

図1・32 南面における庇の効果（北緯35°）

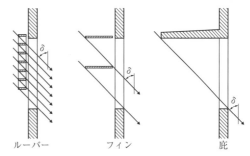

図1・33 ルーバー，フィン，庇

図1・34 オーニングの設置された集合住宅（バルセロナ）

せたものである。日射遮蔽効果も両者の効果を組み合わせたものとなる。壁厚の大きい窓枠やガラスブロックなども，同様の効果が期待できる。

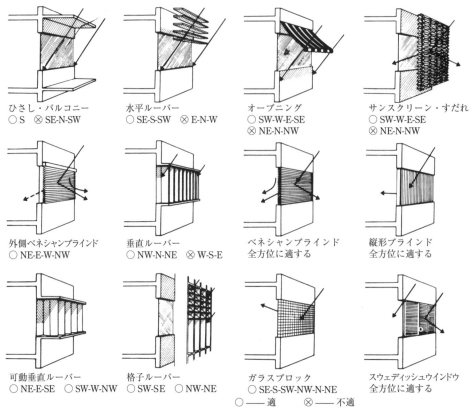

図1・35 日よけの形状と有効な方位

コラム1　太陽光発電と太陽熱利用

最近，住宅用の自然エネルギー活用方法として注目されている技術に太陽光発電がある。屋根面に太陽光パネルを設置して発電し，自家使用するとともに余剰電力は電力会社に買い取ってもらうシステムである。太陽光の利用効率は発電パネルの方位や屋根勾配の影響を受ける。

図1のような，寄せ棟屋根の南面に設置した場合の利用効率を100%とすると，屋根勾配が一般的な4寸勾配(22°)の条件では，東西で80%，北で50%となる。同じ南面で屋根勾配の変化による影響については，30°の場合に最も効率がよく，これを100%とおくと，20°で98%，水平で88%となる(図2)。したがって，パネルの設置に当たっては，角度よりも方位に注意すべきである。

また，太陽熱を利用した給湯・暖房などを行うための集熱器を屋根面に設ける場合もある。この場合も，年間の集熱効率は傾斜角30°程度が最もよいが，熱需要の多い冬期を主体とする場合は45°〜50°(緯度+15°)程度の大きな傾斜角がよいとされている。

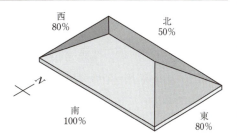

図1　設置方位と太陽光利用効率

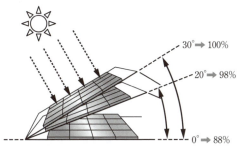

図2　屋根勾配と太陽光利用効率

(図版：国土交通省国土技術政策総合研究所，独立行政法人建築研究所「自立循環住宅への設計ガイドライン　エネルギー消費50%削減を目指す住宅設計」(財)建築環境・省エネルギー機構による)

第1章 演習問題

【問題1】日照・日射・日影に関する次の記述のうち，最も不適当なものはどれか。

(1) 日照率とは，可照時間（日の出から日没までの時間）に対する日照時間の割合である。
(2) 曇天時における日射はほとんどが天空日射である。
(3) 建築物の日影の検討は冬至を基準にして行う。
(4) 南面平行配置の場合，同じ日照時間を確保するためには緯度が低い地域ほど隣棟間隔係数を小さくすることができる。
(5) 南向きの鉛直面が受ける1日当たりの直達日射量は冬期よりも夏期のほうが多い。

第1章 演習問題

【問題2】 日照・日射・日影に関する次の記述のうち，最も不適当なものはどれか。
(1) 天空日射量は，大気透過率が低くなるほど増加する。
(2) 北向きの鉛直壁面には，約6か月間，日照がある。
(3) 夏至には，南向き鉛直壁面が受ける直達日射量は，東向き鉛直壁面が受ける直達日射量に比べて大きくなる。
(4) 日照率とは，可照時間に対する日照時間の割合である。
(5) 大気中の微粒子により散乱されて地上に達する日射を，天空日射という。

【問題3】 図は，東京の夏至（晴天日）における建築物の東，西，南，北鉛直壁面および水平面が受ける日射量の時刻変動を示したグラフである。図中のイ～ヘに関する次の記述のうち，最も不適当なものはどれか。ただし，図中の破線は半天空からの天空日射量を示している。

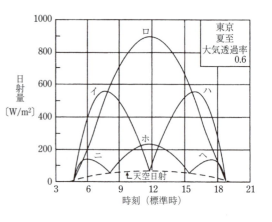

(1) イは，東鉛直壁面が受ける日射量である。
(2) 直達日射のない場合は天空日射だけになる。
(3) ロは，南鉛直壁面が受ける日射量である。
(4) ニとヘは，北鉛直壁面が受ける日射量である。
(5) ホとヘの交点の時刻は太陽が真西に位置するときである。

【問題4】 日照・日射・日影に関する次の記述のうち，最も不適当なものはどれか。ただし，観測地点は，北緯35度（東京）とする。
(1) 南向き鉛直壁面の日照時間は，春分の日および秋分の日が最も長くなる。
(2) 太陽の位置が高度60度，方位角が南から30度西の場合に，鉛直に立てた長さ1mの棒の影の長さは約0.6mになる。
(3) 冬至の日の正午における直達日射量は，水平面より南向き鉛直壁面のほうが小さい。
(4) 北向き鉛直壁面には，秋分の日から春分の日までの期間は，直達日射が当たらない。
(5) 晴天日の夏至の日の1日に受ける直達日射量は，南向き鉛直壁面より東向き鉛直壁面のほうが大きい。

第2章

光　環　境

2・1　測　光　量 ——————38
2・2　明視環境の確保 ——————42
2・3　採　　　光 ——————46
2・4　人工照明 ——————56

2・1 測 光 量

2・1・1 視 覚
(1) 眼の構造
　眼球は，図2・1に示すように，カメラと似た構造をしており，網膜に結んだ焦点の像に視細胞が反応して物を見ている。視細胞には明所に対応する**錐状体**と暗所に対応する**杆状体**がある。錐状体は色が判別可能で解像度が高く，中心窩に密集して視力，色覚を担っているが，杆状体は明暗のみが判別可能で解像度も低く，網膜上を広く分布して暗所視をつかさどっている。

(2) 比視感度
　可視光は 380 ～ 780 nm（ナノメートル，nm = 10^{-9} m）の波長の光である。ただし，目で見た光の強さの感じは波長によって一様ではなく，**明所視**では 555 nm 付近，**暗所視**ではこれより波長の短い光を最も強く感じる。これは，錐状体と杆状体の波長別感度に差があるためである。

　最大視感度を基準として，各波長の光に対する相対的な感度を示した図2・2を**比視感度曲線**と呼ぶ。図によれば，暗所では明所に比べて赤い光を暗く，青い光を明るく感じ，これを**プルキンエ現象**という。明るい環境，暗い環境に視細胞が慣れる現象を**順応**というが，**明順応**は数分で終了するのに対し，**暗順応**には30分程度を要する。

2・1・2 測 光 量
(1) 点光源と光束
　ランプに電力を供給するとランプから放射エネルギーが射出される。射出される放射エネルギーを波長別に，図2・2に示す比視感度を乗じたものを加えると，目で見た明るさに換算する

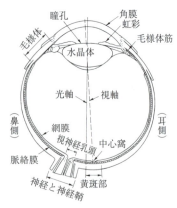

図2・1　眼球の構造

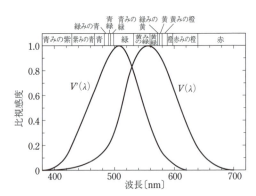

$V(\lambda)$：明所視［最大視感度555nm］
$V'(\lambda)$：暗所視［最大視感度507nm］
図2・2　比視感度曲線

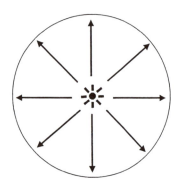

図2・3　点光源から射出される光束

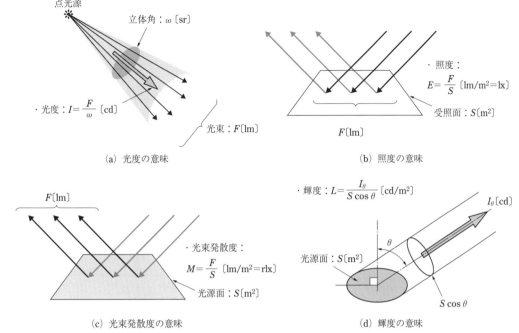

図2・4 さまざまな測光量

ことができる。放射エネルギーの単位がW(ワット)であるのに対して、このように換算した明るさの量を**光束**と呼び、単位はlm(ルーメン)である。例えば、100 Wの白熱電球からは1600 lm程度の光束が射出される。点光源で各方向に一様に光を発する場合は、光束が一様な密度で射出されている。このときの状況は図2・3のように、各方向に均等な本数の光の矢(すなわち光束)が射出されていると考えると理解しやすい。

(2) 光　　度

図2・4(a)に示すように、光源の光の強さには**光度**を用いる。光度は、光源から射出される単位立体角[1]当たりの光束であり、単位はcd(カンデラ)である。

(3) 照　　度

受照面に対する光束の入射面積密度を**照度**という。図2・4(b)に示す受照面 S に F の光束が入射する場合の受照面の照度 E は、式(2・1)で表され、単位はlx(ルクス)である。lxはlm/m²と表すことができる。

$$E = \frac{F}{S} \quad\quad\quad\quad\quad\quad (2 \cdot 1)$$

(4) 光束発散度

光源面、光の反射面、透過面からの光束の射出面積密度を**光束発散度**という。単位はrlx(ラドルクス)である。rlxもlxと同様lm/m²と表すことができる。

(5) 輝　　度

光源面、反射面、透過面等の面光源を、ある角度から見たときの光度の、面光源のみかけの面積に対する面積密度を**輝度**といい、面の輝きを表す。単位はcd/m²である。

---

1) 立体角 ω は、図に示すように、ある点を中心とした半径 r [m]の球面を考え、その一部の面積を S [m²]とした場合に、$\omega = S / r^2$ で表される。立体角の単位はsr(ステラジアン)であり、球面全体の立体角は 4π [sr]、半球では 2π [sr]となる。これより、光度の単位cdはlm/srと表すことができる。

立体角 ω [sr]

(6) 測光量の相互関係

測光量の相互関係を図 2・5 に示す。点光源があると，光源の性質として光度が決まる。光が面に入射する場合，受照面に対する照度を求めることができるが，照度は受照面の照明環境を表している。受照面はその反射率に応じて入射光束を反射し，発光面の性質として光束発散度が決まる。発光面をある方向から見ると，その発光面をその角度から見た輝度が決まり，発光面を目で見た輝きを表している。

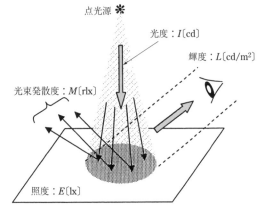

図 2・5 測光量の相互関係

2・1・3 照明計算の基礎

(1) 照度の逆二乗則

光度 I の点光源から距離 r 離れた光源直下の点の照度 E_n は式 (2・2) で表され，r の二乗に反比例して減衰する。

$$E_n = \frac{I}{r^2} \quad \cdots\cdots\cdots\cdots\cdots\cdots\cdots (2・2)$$

これは，光源直下の方向に立体角 ω（オメガ）を考えると，この方向に射出される光束（$F = I\omega$）は光源からの距離が変わっても変化しないが，受照面の面積（$S = \omega r^2$）は，図 2・6 に示すように，距離が 2 倍になると 4 倍となるためである。これを**照度の逆二乗則**という。

(2) 照度の余弦則

図 2・7 に示すように，光源の直下に対し角度 θ（シータ）だけ傾いた方向の水平面上の点における水平面照度 E_θ は，式 (2・3) で表される。

$$E_\theta = \frac{I}{r^2} \cos\theta \quad \cdots\cdots\cdots\cdots (2・3)$$

光源に対して法線面照度 E_n は式 (2・2) で表されるが，傾斜角度がついているので，その余弦成分によって，$E_\theta = E_n \cos\theta$ となるためであり，**照度の余弦則**という。受照点との距離 r と角度 θ の取り方に注意しなければならない。

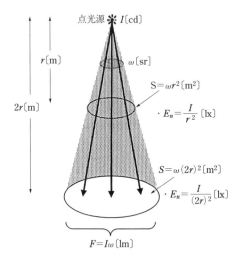

図 2・6 照度の逆二乗則

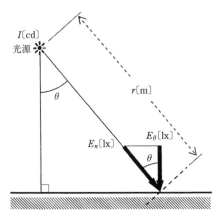

図 2・7 照度の余弦則

(3) 反射率と透過率

図2・8に示すように，面に光束が入射すると，面の特性に応じて一部の光束は反射し，二次発光面となる。入射光束に対する反射光束の比を**反射率**という。壁面に用いる仕上材料の反射率の高い場合と低い場合では，同じ光源を用いても部屋の明るさが変わる。これは，二次発光面から射出される光束の量が，反射率によって変わるためである。透過についても同様で，入射光束に対する透過光束の比を**透過率**という。

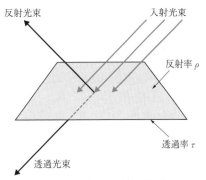

図2・8 光束の反射と透過

(4) 均等拡散面

発光面や反射面の輝度は，一般に面を見る方向によって異なるが，どの方向から見ても輝度が一様となる面を**均等拡散面**[1]という。均等拡散面をある角度から見た光度は，図2・9に示すように，面から垂直方向で最も大きく，角度がつくほど小さくなる。蛍光ランプや光沢のない壁面などは，均等拡散面と見なすことができる。

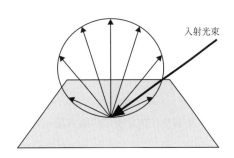

図2・9 均等拡散面

---

1) 受照面が均等拡散面となる場合の輝度の計算法

照度 E[lx]を受ける受照面の反射率が ρ であったとき，その面の反射光束による光束発散度 M[rlx]は次のように表される。

$$M = \rho E$$

また，この面が均等拡散面であった場合に，その面の輝度 L[Cd/m^2]は次のように表される。

$$L = \frac{M}{\pi}$$

これより，図2・7に示す点光源直下に対し角度 θ だけ傾いた方向の水平面の照度は式(2・3)で表されることから，この面の反射率が ρ であったとすると，その光束発散度は次のように表される。

$$M = \rho E = \rho \cdot \frac{I}{r^2} \cos\theta$$

したがって，この点の輝度は次のようになる。

$$L = \frac{M}{\pi} = \frac{\rho}{\pi} \cdot \frac{I}{r^2} \cos\theta$$

このように，均等拡散面の場合の測光量の相互関係は，右図のように表される。

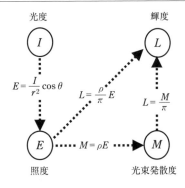

2・2 明視環境の確保

2・2・1 明視条件
(1) 明視の4条件

物体や文字などが見やすいことを明視という。明視のためには,「大きさ」,「明るさ」,「対比」,「時間」が重要といわれている。

(a) 大きさ

視対象の大きさは視角で表すことができ,視角が大きいほど見やすい。近距離の明視距離を25 cmと置けば,活字の大きさは3～4 mmが読みやすいといわれている。ワープロなどに用いられるポイントは,文字サイズを文字の高さを用いて表したものであり,1ポイント＝約0.35 mmである。標準的な10.5ポイントは,高さ3.675 mmの文字サイズとなる。

(b) 明るさ

視対象の輝度のことをいう。視対象の輝度が大きいほど視力が向上し,見やすくなるが,これには限界があり,一定以上の輝度になると,むしろまぶしさを感じて見やすさを損なう。視対象に入射する照度が大きいほど輝度は大きくなるので,照度によって輝度を適切にコントロールする。

(c) 対　比

視対象と背景の輝度差の比を**輝度対比**[1]という。白い背景に黒い文字のほうが,灰色の背景の場合よりも見やすいように,輝度対比はある程度あったほうが見やすいが,大きすぎるとまぶしくて見えにくくなる。

(d) 時　間

視対象を見る時間を指し,明るくて動き

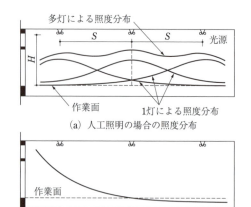

図2・10 室内照度分布の例

が少ないものほど見やすい。

(2) 照度分布と均せい度

事務室や教室など,室全体で同一の視作業を行う空間では,できるだけ均一な照度分布を確保することが望ましい。式(2・4)に示すように,作業面の最低照度の最高照度に対する比を**均せい度**[2]という。均せい度は,照度分布の一様性を表す指標として用いられる。

$$均せい度 = \frac{作業面の最低照度}{作業面の最高照度} \quad (2・4)$$

作業面とは机上面に相当する床上70～80 cmの位置であり,周壁から1 m以内の領域は除いて考える。人工照明による全般照明を行う場合は,1/3以上とする。このために,図2・10(a)の例では,光源の間隔Sを照明と机上面距離Hの1.3～1.4倍程度にとるとよい。昼光照明で片側採光の場合,一応1/10以上あればよいとされるが,図(b)のように均一な照度分布の確保は困難である。机や黒板など同一作業範囲

---

[1] 視対象と背景の輝度で明るいほうをL_A,暗いほうをL_Bとすると,輝度対比Cは$C = (L_A - L_B)/L_A$と定義される。

[2] 分母に平均照度を用いる場合もある。

の均せい度は1/1.5以上あれば十分である。

(3) モデリング

立体物の見え方は，照明の質や方向が影響を与え，印象や立体感が大きく変化する。したがって，立体物が適切に見えるように照明を調整する必要があり，この調整を**モデリング**という。拡散性の高い照明で照らされている場合などでは影ができにくいため，立体感が乏しくなる。方向性のある強い光で照らされると立体感が強調され，極端な場合はどぎつい印象を与える。図2・11にモデリングの悪い例とその改善例を示す。

図2・11 モデリングの悪い例(左)と改善例(右)

2・2・2 グ レ ア

視野内の高輝度部分の存在や輝度対比によって生じる視力低下や疲労，不快などの障害を**グレア**という。高輝度の物体が視野内にある場合を直接グレア，反射による場合を反射グレアと呼ぶ。

(1) 直接グレア

図2・12に示すように，前方視野角30°以内に高輝度の照明などが目に入って生じるまぶしさをいう。このような位置に高輝度光源を露出させないことが必要となる。

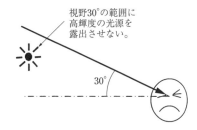

図2・12 直接グレア

(2) 反射グレア

図2・13に示すように，視対象そのものや視対象の方向のショーウィンドーなどに，輝度の高い部分が正反射して生じるグレアをいう。反射グレアの生じる方向への照明器具などの配置を避けるべきである。

図2・13 反射グレア

(3) 光 幕 反 射

机上面の書類などの光の反射によって，輝度対比が小さくなって読みにくくなるグレアを**光幕反射**という。西向き教室などで，日没直前に窓と反対側の前側の席で，黒板の字が読みにくいケースなども光幕反射による。図2・14のように，視線方向に反射する方向に光源を配置し

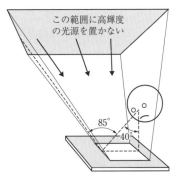

図2・14 光幕反射とその対策

ないことが大切である。

(4) シルエット現象

図2・15に示すように，見るべき対象物の背後に窓などがあると，逆光となるので対象物がシルエットに見える現象をいい，対象物がよく見えなくなる。室内から窓の方向の照明を強くするか，ブラインドなどで窓面の輝度を下げれば改善される。

図2・15 シルエット現象(左)とその改善例(右)

(5) VDT作業環境

最近の事務所ではパソコン作業で，VDT[1]を覗き込む作業が増えてきており，画面への写りこみ防止のため，図2・16に示す範囲については輝度制限（通常200 cd/m² 以下）を設ける。

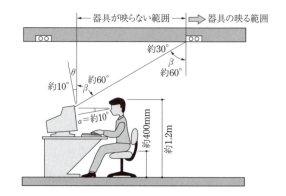

図2・16 VDT使用環境における輝度制限範囲

2・2・3 照度の基準

(1) 適正輝度比

明視を確保するには輝度比（単純な輝度の比をいう。輝度対比とは定義が異なる）が適当な範囲にあれば，まぶしさや疲労を感じることなく，視作業を能率的に行うことができる。表2・1に輝度比の推奨値を示す。

(2) 照度基準

通常の照度範囲では照度が大きいほど見やすくなるが，コストや使用頻度から作業別に推奨照度が決められている。CIE（国際照明委員会）では，水平面照度としてすべての室内で最低20 lx，連続作業を行う室では最低200 lx，視作業を行う室における適正照度として2000 lxなどを原則としている。日本では，日本工業規格（JIS）により，表2・2に示す照度基準が定められている。高齢者に対しては，一般より1.5～4倍高い照度レベルが必要であるが，経済性に配慮して，1.5～2倍とすることが推奨される。また，VDT作業では，キーボード照度として750～2000 lx が，VDTの表示面では100～500 lx が適当とされている。

表2・1 輝度比の推奨値

輝度比の種類	住　宅	事務所	工　場
作業対象と周囲との輝度比	3：1～1：1	3：1～1：1	3：1～1：3
作業対象とやや離れた面との輝度比	5：1～1：5	5：1～1：5	10：1～1：10
照明器具・窓とそれに隣接する面との輝度比	──	──	20：1～1：1

---

1) Visual Display Terminal：視覚表示装置，パソコン画面のこと

2・2 明視環境の確保

表 2・2 照度基準（JIS Z 9110-2010 及び追補 2011）より抜粋

推奨照度 (lx) (推奨照度範囲)	事務所	学校	保健医療施設	物品販売店	美術館、博物館	公共会館、劇場、コンサートホール	宿泊施設	住宅	共同住宅の共用部分
1000 以上 (750～1500)			手術部位：10000～100000lx 救急室，処置室，手術室	陳列の最重要部：1500～3000lx				手芸（居間），裁縫（居間，家事室），ミシン（家事室）	
750 (500～1000)	設計室，製図室，事務室，役員室，玄関ホール（昼）	製図室		重要陳列部，レジスタ，包装台	彫刻（石・金属），模型	支度室の鏡	事務室，フロント，帳場	勉強・読書	
500 (300～750)	会議室，応接室，電子計算機室，調理室，集中監視室，事務室	教職員室，電子計算機室，実験実習室，保健室，図書閲覧室，研究室，会議室	診察室，薬局，医局，検査室，生理検査室，X線室	エレベータホール，エスカレータ，店内全般（大形店），ファッション店，文化品店，生活品別専門店，スーパーマーケット	彫刻（プラスチック紙），洋画，ホール	出入り口，入場券売場，展示会場，大会議場	客室机，洗面鏡，調理室，厨房	読書・化粧（寝室），工作（家事室，作業室）	管理事務所
300 (200～500)	食堂，受付，エレベータホール，休憩室	食堂，教室，体育館，教職員室，事務室	食堂，X線室内視鏡検査室	アトリウム，モール，店内全般（高級専門店，趣味・レジャー店），日用品店）	教室，売店，食堂	練習場，光店，楽屋	食堂，車寄せ	調理台（台所），流し台（台所），食卓（食堂），洗面（洗面室，脱衣室，化粧室）	受付，集会室
200 (150～300)	便所，洗面所，電気室，機械室，更衣室	便所，洗面所，講堂，ロッカー室，書庫，集会室	便所，洗面所，待合室，病棟の廊下	便所，洗面所	便所，洗面所，絵画（ガラスカバー付），日本画，ラウンジ	便所，洗面所，観客席，客席，ロビー，ラウンジ，ホワイエ	便所，洗面所，宴会場，ロビー	団らん（居間），娯楽（居間），全般（子供室，勉強室）	ロビー，エレベータホール，エレベータ
150 (100～200)	階段	階段	階段	階段	階段	階段 搬入搬出口	階段		階段
100 (75～150)	廊下，エレベータ，倉庫，休憩室（夜），玄関ホール（夜）	廊下，倉庫，昇降口	玄関ホール一般照明；床面（照度）	廊下	廊下，入口ホール，ギャラリー，収蔵庫	便所，玄関 ，映写室	廊下，玄関，客室	全般（書斎，応接室，台所，浴室，脱衣室，廊下，玄関〔内側〕）	廊下，浴室，脱衣室，棟の出入り口
75 (50～100)		車庫	眼科暗室			映写室（上映中）：7～15lx，観客席（上映中）：2～5lx		全般（便所）	
50 (30～75) 50 以下	屋内非常階段	非常階段	深夜の病室及び廊下：3～7lx（足下灯などによる）		映像，光利用展示部：15～30lx		防犯：2～5lx	全般（居間，食堂，階段，廊下），全般（寝室）：15～30lx，深夜（寝室，階段，廊下），防犯（門，玄関〔外側〕，庭）：1.5～3lx	非常階段，車庫

補足：高齢者など視機能が劣る場合には、それを補うために少なくとも 1.5 倍設計照度を高くすることが望ましい。

注記1）2010 年に改正された照度基準総則では、推奨照度範囲を定めていた旧基準と異なり、推奨照度値一点のみを定めている。2011 年に発行された総則の追補では、推奨照度を中心とした上限と下限値による照度範囲が設定された。

2）新基準では照度が高く変更されたもの（a）：750～15000lx，事務室（b）：300～750lx）とされていたが、新基準では 200～500lx となり、推奨照度の上限値が引き下げられた。旧基準から変更されたものには事務室の事務所（a）と、これに該当しない事務室（b）について。推奨照度はこれらの区分をなくし、実質的に推奨照度の下限値が引き上げられた。また，学校の教室では、旧基準：200～750lx とされていたが、新基準では教室：500～1000lx となり、推奨照度の下限値が引き下げられた。

2・3 採　　光

2・3・1 全天空照度
(1) 採光の原則

採光とは，昼光を室内照明のための光源として用いることである。**昼光光源**には，太陽から地表面に直接到達する**直射日光**と太陽以外の天空からの光である**天空光**がある。直射日光による最高照度は 14 万 lx に達する極めて明るい光源であるが，変動が大きく，また光の方向性が強いためグレアの原因となりやすい。したがって，原則として，直射日光を遮った上で，天空光を活用することを考える。

(2) 全天空照度

天空の輝度分布は本来一様ではない。晴天空の輝度は，太陽との相対関係によって変化し，図 2・17 に示すように，太陽周辺部が最も高い。曇天では，空は雲に覆われているので，太陽位置が輝度分布に影響を与えることはないが，天頂に近づくほど，輝度は高くなる。

図 2・18 に示すように，天空光が遮蔽されることのない状況で，直射日光を遮り，天空のみによる水平面照度を**全天空照度** E_s といい，採光設計の基礎となる。全天空照度は，天候や時間により変動するため，精密な計算を行うことは少なく，一般には，表 2・3 の設計用全天空照度が用いられる。表に示されているように，全天空照度は直射日光を含まないので，散乱光の多い薄曇りの特に明るい日の方が快晴の青空より5倍も大きい。また，平均的な採光を検討する場合には，普通の日の 15000 lx が，受照点における最低照度を確保する意味では，暗い日の 5000 lx がよく用いられる。

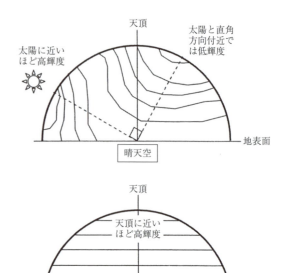

図 2・17　天空輝度分布

表 2・3　設計用全天空照度

条　　件	全天空照度 〔lx〕
特に明るい日（薄曇り，雲の多い晴天）	50 000
明るい日	30 000
普通の日（標準の状態）	15 000
暗い日（最低の状態）	5 000
非常に暗い日（雷雲，降雪中）	2 000
快晴の青空	10 000

2・3・2 昼　光　率
(1) 昼光率の定義

全天空照度は，図 2・18 に示すように，採光による受照点照度の最大値であるが，実際の受照点照度 E は，図 2・19 に示すように，建物自身の壁，天井面や，周囲の建物，樹木によって天空光が遮られるので，これよりも小さくなる。受照点照度は，天空が直接受照点を照らす**直接**

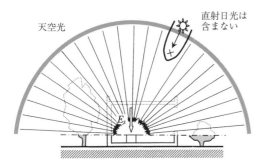

図2・18 全天空照度 E_s〔lx〕の定義

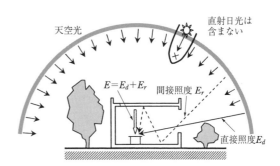

図2・19 受照点照度 E〔lx〕の定義

照度 E_d と他の部分での反射を繰り返して、最終的に受照点に入射する間接照度 E_r の和となる。

式(2・5)に示すように、**昼光率** D は、採光による受照点照度 E の全天空照度 E_s に対する比を%で表示した値である。

$$D = \frac{E}{E_s} \times 100 \,〔\%〕 \quad \cdots\cdots\cdots (2 \cdot 5)$$

昼光率が与えられれば、式(2・5)を式(2・6)に変形し、表2・3の全天空照度を用いてさまざまな天候条件の受照点照度を求めることができる。

$$E = E_s \times \frac{D}{100} \quad \cdots\cdots\cdots (2 \cdot 6)$$

直接照度と間接照度を区別して表す場合は、それぞれを式(2・7)、(2・8)によって**直接昼光率** D_d、**間接昼光率** D_r とする。この場合、$D = D_d + D_r$ となる。

$$D_d = \frac{E_d}{E_s} \times 100 \,〔\%〕 \quad \cdots\cdots\cdots (2 \cdot 7)$$

$$D_r = \frac{E_r}{E_s} \times 100 \,〔\%〕 \quad \cdots\cdots\cdots (2 \cdot 8)$$

昼光率 D に影響を与える要因を、表2・4にまとめて示す。①、②は、図2・19に示すように、受照点照度が建物自身の壁、天井面、建物周囲、窓の状況によって変化するためである。図2・17の曇天の場合を含む③の条件では、受照点照度が全天空照度に比例するので、式(2・5)から一定となる。一方、図2・17の晴天の場

表2・4 昼光率に及ぼす影響要因

① 建物自身の壁、天井や周囲の建物や樹木の影響を受ける。 ② 窓枠や窓の清掃状態の影響を受ける。 ③ 天空輝度分布が時間変化しない場合、全天空照度の影響を受けず一定となる。 ④ 天空輝度分布が時間によって変化する場合は、厳密には一定とはならない。 ⑤ 室内各部で一般に異なる値を取る。 ⑥ 室内各部の反射率の影響を受ける。

合を含む④の条件では、全天空照度が等しくても、天空輝度の高い部分が窓から見渡せる場合には、受照点照度は大きくなる。この場合、当然ながら昼光率も大きくなるので一定とはならない。⑤は定義より明らかである。⑥は、反射率が間接照度に影響を与えるので、この影響を受ける昼光率は変化する(ただし、直接昼光率は室内反射率の影響を受けない)。

(2) 基準昼光率

昼光率、全天空照度が与えられたときに、受照点照度を求める方法を学んだ。逆に、表2・2などから室用途別に必要照度を求め、想定した全天空照度で必要照度を満たすことのできる昼

光率を求めることができる。

全天空照度として表2・3の普通の日に相当する15000 lxを想定し，JISの照度基準（表2・2）を満たすように室用途別に求めた昼光率を**基準昼光率**[1]という。基準昼光率を表2・5に示す。

(3) 立体角投射率

図2・20に示すように，受照点を点Pとする。点Pを中心に半径 r の半球を描き，点Pを頂点とし，点Pを照らす面光源を底面とするすい体が半球を切り取る面積を S' とおく。さらに，点Pを含む水平面に S' を射影した面積を S'' とおく。このとき，**立体角投射率** U は式(2・9)によって与えられる。

$$U = \frac{S''}{\pi r^2} \times 100 \,[\%] \quad \cdots\cdots\cdots (2 \cdot 9)$$

立体角投射率は0％以上100％以下となり，点Pに対して全天の場合は100％となる。光源の輝度を一様で L とした場合，受照点の直接照度 E_d は式(2・10)で求められる。

$$E_d = \pi L \times \frac{U}{100} \quad \cdots\cdots\cdots (2 \cdot 10)$$

つまり，受照点照度は光源の輝度と立体角投射率のみによって決まる。したがって，輝度が同一の光源では，立体角投射率が等しい場合に

表2・5 基準昼光率

段階	基準昼光率〔％〕	視作業・行動のタイプ〔例〕	室空間の種別例	全天空照度が15000lxの場合の照度〔lx〕
1	5	長時間の精密な視作業（精密製図，精密工作）	設計・製図室（天窓，頂側光による場合）	750
2	3	精密な視作業（一般製図，タイプ）	公式競技用体育館　工場制御室	450
3	2	長時間の普通の視作業（読書，診察）	事務室一般　診察室，駅・空港コンコース	300
4	1.5	普通の視作業（板書，会議）	教室一般，学校体育館　病院検査室	230
5	1	短時間の普通の視作業または軽度の視作業（短時間の読書）	絵画展示美術館[1]　病院待合室　住宅の居間・台所[2]	150
6	0.75	短時間の軽度の視作業（包帯交換）	病院病室　事務所の廊下・階段	110
7	0.5	ごく短時間の軽度の視作業（接客，休憩，荷造り）	住宅の応接室・玄関・便所[2]　倉庫	75
8	0.3	短時間出入りする際の方向づけ（通常の歩行）	住宅の廊下・階段[2]　病棟廊下	45
9	0.2	停電の際などの非常用	体育館観客席　美術館収蔵庫	30

注1）展示された絵画面上　　2）室空間の中央床面上

---

[1] ここでの基準昼光率は，全天空照度15000 lxの条件で旧照度基準（JIS Z 9110-1979）における推奨照度の下限値 E_L が確保される値として定めたものである。室用途によっては新基準（表2・2，JIS Z9110-2010及び追補2011）が旧基準から変更されたものがあり，この場合は表2・2における推奨照度の下限値を用いて，$D = \frac{E_L}{15000} \times 100 \,[\%]$ から求めることができる。例えば，事務所の事務室の推奨照度の下限値は新基準では500 lxであるのに対し，旧基準では300 lxである。従って，普通の日に新基準の下限値を確保するために必要となる昼光率は，$D = \frac{500}{15000} \times 100 = 3\%$ となる。

受照点照度は等しい。これを図示すると図2・21となり，同一輝度の光源A，B，Cのそれぞれが受照点に及ぼす直接照度は等しくなる。

次に，天空輝度分布が一様でLであったとすると，全天空照度の場合では$U=100\%$となることから，$D_d=U$となる[2]。

つまり，開口部が天空光を完全に透過する場合の直接昼光率D_dは，受照点から天空を見た場合の立体角投射率Uに等しい。実際の開口部には窓等がつけられて，その清掃状況や窓枠の大きさが直接昼光率に影響を与える。そこで，ガラスの透過率をτ(タウ)，汚れの付着などによるガラスの透過率の劣化を保守率Mで表し，さらに，採光面積から窓枠などを除いた透明部の有効面積比率をRとおいて補正すると，直接昼光率は式(2・11)で求められる。

$$D_d = \tau MRU \quad \cdots\cdots\cdots\cdots\cdots (2\cdot11)$$

実際の窓における有効面積比率Rの例を図2・22に示す。

(4) 立体角投射率の決定法

立体角投射率を求めるために，さまざまな公式や図表が整備されているが，側窓がある教室，事務所などの昼光率の算出には，図2・23が利用できる。

図は長方形光源が受照面と離れた位置にあり，光源面と受照面の方向が直角となる場合に対応している。図は，受照面中心から光源面に下ろした垂線が，光源面の角部に一致する場合の図であるが，一致しない場合も，図に示された簡単な計算から求めることができる。例えば，高さ方向にも水平方向にも距離の離れた窓が机上面に及ぼす影響を検討する場合には，図2・24に示す計算で立体角投射率Uを求めることができる。

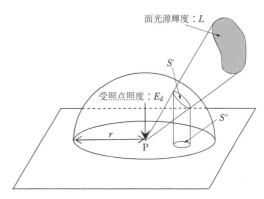

図2・20 立体角投射率

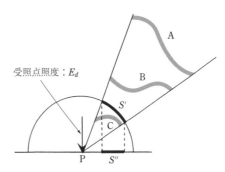

図2・21 光源の位置と受照点照度

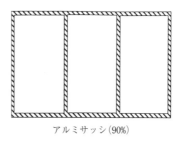

図2・22 窓の有効面積比率

---

[2] 輝度が一様な天空の全天空照度E_sは，式(2・10)で$U=100\%$として$E_s=\pi L$となる。これと式(2・10)を式(2・7)に代入すると，$D_d=U$となる。

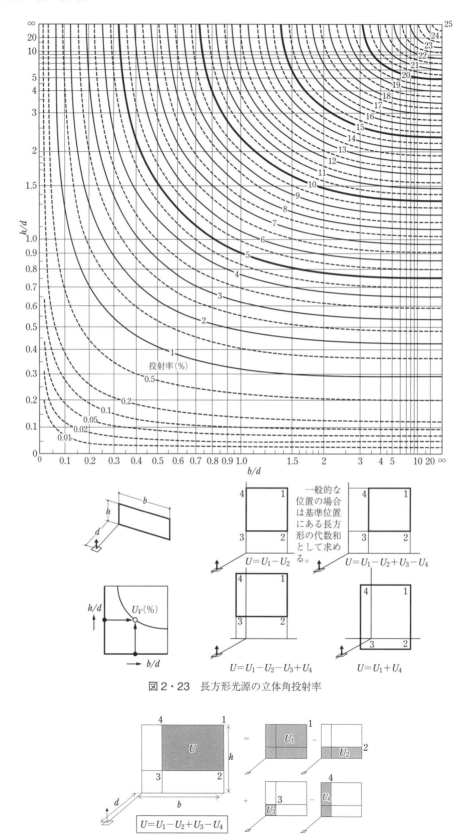

図2・23 長方形光源の立体角投射率

図2・24 長方形窓の立体角投射率の計算法

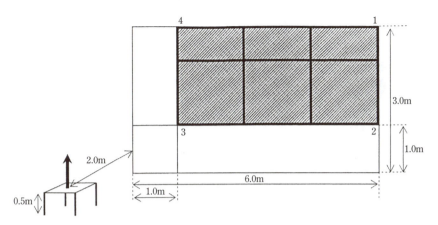

図2・25 直接照度の計算例

例題1

図2・25に示す，窓から2m離れた地点に設置された机上面の昼光による直接照度を求めなさい。

ただし，全天空照度は普通の日として15000 lx，窓外に天空を遮るものはなく，ガラスの透過率 $\tau = 0.95$，保守率 $M = 0.9$，木製サッシが用いられているとして有効面積比率を $R = 0.75$ とする。

【例題解説】

① 立体角投射率の決定

図2・25で机の高さを差し引くことに注意し，図2・26より窓の四隅の立体角投射率を求める。

$d = 2\,\text{m}$, $b = 6\,\text{m}$, $h = 2.5\,\text{m}$ より，

$b/d = 6/2 = 3$, $h/d = 2.5/2 = 1.25$

となる。

$U_1 = 9.1\,\%$ ($b/d = 3$, $h/d = 1.25$)
$U_2 = 0.7\,\%$ ($b/d = 3$, $h/d = 0.25$)
$U_3 = 0.4\,\%$ ($b/d = 0.5$, $h/d = 0.25$)
$U_4 = 4.4\,\%$ ($b/d = 0.5$, $h/d = 1.25$)

これより，$U = U_1 - U_2 + U_3 - U_4 = 9.1 - 0.7 + 0.4 - 4.4 = 4.4\,\%$

② 直接昼光率の決定

式(2・11)より，

$D_d = \tau MRU$
 $= 0.95 \times 0.9 \times 0.75 \times 4.4 = 2.8\,\%$

③ 直接照度の決定

全天空照度が15000 lxとすると，式(2・6)より，$E_d = 15000 \times 2.8/100 = 420\,\text{lx}$ となる。

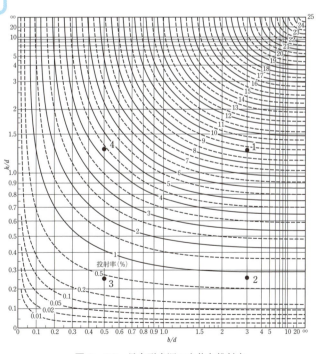

図2・26 長方形光源の立体角投射率

(a) 側窓W_1(低所設置)　　(b) 側窓W_2(高所設置)　　(c) 天窓W_3

図 2・27　窓高さと室内照度分布

2・3・3　採光計画
(1) 窓の設置位置の影響

図 2・27 により，同じ大きさの窓 W_1，W_2，W_3 が建物のさまざまな位置に設置された場合の室内照度とその分布に及ぼす影響を検討する。壁に取り付ける側窓の場合，低所設置の W_1 では，窓近傍の照度は高いが，室奥まで光が届かない。高所設置の W_2 のほうが床全体に光が届き，均せい度もよい。天井に窓を取り付けた天窓 W_3 ではさらに室内全体の照度が高くなる。

このように，窓の設置位置によって室内照度が変化するのは，立体角投射率が異なるためである。図 2・20 の方法に従い，図 2・27 の室内の床中央点について立体角投射率を求めるための作図を行った結果を図 2・28 に示す。立体角投射率は 49 ページに示した条件下では直接昼光率に一致する。したがって，立体角投射率の大きい窓では，受照点照度は大きくなり，図 2・28 より $S''_3 > S''_2 > S''_1$ の関係が得られる。

低所の窓は隣接建物などによって天空が遮られやすいこともあり，窓はなるべく高所に，特に天井面に窓を設けることが採光上有利となることがわかる。同一面積なら横長窓より縦長窓のほうが，室の奥まで光が届き，照度の均せい度もよくなる。ただし，窓の機能は採光だけではなく，通風，換気機能や，清掃，雨漏り対策などについても考慮しなければならない。

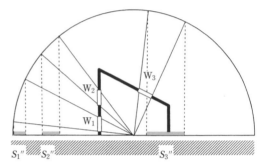

図 2・28　窓高さと立体角投射率

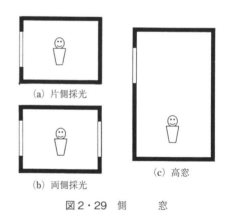

(a) 片側採光　　(b) 両側採光　　(c) 高窓

図 2・29　側　窓

(2) 各種採光方式とその特徴

図 2・29 に側窓の一般的な特徴を示す。

(a) 片側採光

長所……光線が一方向で斜め上から，または水平に進行するので，光幕反射が起こりにくく，比較的立体感を得やすい。

短所……照度が窓付近と室奥部分で大きく異なり，照度分布が不均一となる。

(b) 両側採光

長所……照度分布は良好となる。

短所……立体感が乏しくなる。

(c) 高窓

長所……照度分布がよく窓下部の使い勝手がよい。

短所……通風機能や，清掃などに問題がある。高窓は，住宅などでの使用はまれで，工場，美術館などで主に用いられる。

(d) 天窓

図2・27のW₃のように，屋根または天井面に設けられる窓を**天窓**また**頂光**と呼ぶ。

長所……窓の大きさのわりに高照度が得られる。

短所……天井面との輝度対比によるグレアを生じやすい，直射日光を遮蔽しにくい，通風・換気機能や，清掃や，雨漏り対策などの問題点がある。

図2・30に天窓の例を示す。図(a)のように天井面と採光光源面が離れた，井戸を下から見上げるような配置をとるものを**光井**と呼ぶ。このような場合には，光源と天井面の輝度差によるグレアが生じやすいため，図(b)では天井面を光を拡散する透過素材で作っており，天井全面が明るくなることから，**光天井**[1]と呼ばれる。図2・31に光天井の例を示す。

(e) 頂側窓

図2・32のような，高所にある垂直，斜め窓を**頂側窓**という。天窓と側窓の欠点を補うものとして，高窓同様，工場や美術館などで用いられ，図(a)の**越屋根**や，図(b)の**鋸屋根**として適用される。

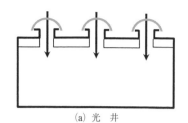

(a) 光井

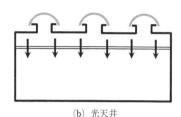

(b) 光天井

図2・30　天窓の変形と改善

図2・31　光天井の例

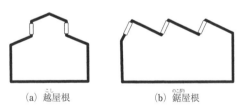

(a) 越屋根　　　　(b) 鋸屋根

図2・32　頂側窓

長所……天窓に比べて雨漏りの心配は少ない。採光を北側にとると，直射日光がほとんど入らず，安定した光環境が得られる。

短所……天窓と同様，清掃，保守がしにくい。

---

[1] 採光と人工照明の併用，または人工照明のみの場合も光天井という。

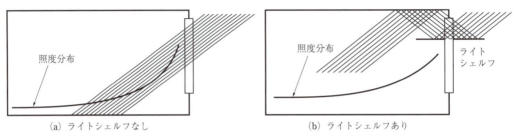

(a) ライトシェルフなし　　　　　(b) ライトシェルフあり

図2・33　ライトシェルフの有無による照度分布

(a) ライトシェルフなし　　　　　(b) ライトシェルフあり

天井付近の照度がライトシェルフによる反射光で明るくなっている。

図2・34　ライトシェルフの有無による採光環境

(3) 採光方式の改善

図2・33 (a) に示す片側採光における偏りのある照度分布は，図 (b) のライトシェルフを用いて改善できる。ライトシェルフは窓の内外に取り付ける水平材で，上面の日射反射率を高めることにより，直射日光を遮るのと同時に，天井面に反射光を導く装置である。窓付近の過剰な照度を下げて，室奥部の照度を上げることによって均せい度が改善される。室内側の水平材を省略する場合は，ライトシェルフ上部窓にベネシャンブラインドなどを用いる。この場合は，直射日光を遮り，屋外部ライトシェルフの反射光を通過させるように配置する必要がある。

図2・34にライトシェルフの設置の有無による，窓付近の採光環境変化の例を示す。

(4) 法規の要求する採光面積

住宅，学校，病院などの居室においては，地下室などのやむを得ない場合を除き，有効採光面積として，表2・6に示すように，室の用途に応じて居室の床面積の1/10，1/7，1/5以上を確保しなければならない。有効採光面積とは，単に居室の開口面積の合計ではなく，式 (2・12) に示すように，該当する居室の開口ごとにその面積 A と採光補正係数 k を乗じて得た面積を合計した値である。

$$\text{有効採光面積} = A_1 k_1 + A_2 k_2 + \cdots + A_N k_N \quad \cdots\cdots (2\cdot 12)$$

表2・6　採光に必要な開口部

居室の種類	有効採光面積／居室の床面積
・幼稚園，小学校，中学校，高等学校または中等教育学校の教室 ・保育所の保育室	1/5 以上
・住宅の居室 ・病院または診療所の病室 ・寄宿舎の寝室または下宿の宿泊室 ・児童福祉施設等の寝室 ・児童福祉施設等の居室のうち保育，訓練，サービス室	1/7 以上
・大学等の教室 ・病院，診療所および児童福祉事務所等の娯楽，談話室	1/10 以上

注．有効採光面積算定に用いる採光補正係数は，「天窓」の場合3.0，開口部外側に90 cm以上の縁がある場合，「縁側の室内側の採光補正係数」＝「縁側の外側の採光補正係数」×0.7，採光補正係数の上限は3.0，その他前面道路，離隔距離などの場合の取り決めがある。

採光補正係数 k は,図 2・35 に例示される開口部直上部分から隣地境界線までの水平距離を D,開口部中心までの垂直距離を H とおいた採光関係比率 $= D/H$ により,敷地の種類に応じて式 (2・13)～(2・15) によって決められる数値である。

採光補正係数が高い開口部ほど,その開口部の採光上の性能が優れていることを表す。

・住居系　$k = 6 \cdot \dfrac{D}{H} - 1.4$ ……(2・13)

・工業系　$k = 8 \cdot \dfrac{D}{H} - 1.0$ ……(2・14)

・商業系　$k = 10 \cdot \dfrac{D}{H} - 1.0$ ……(2・15)

ただし,天窓の場合は $k = 3$ とする,上限を 3 とするなどの例外規定がある。

図 2・35 に住宅を対象とした採光補正係数の算定例を示す。隣地境界線に近く,開口部直上部分から下部にある開口部ほど,採光補正係数は小さくなる。隣接建物による天空の遮蔽や,上部に位置する開口部の採光上の有効性を考慮して定められている。

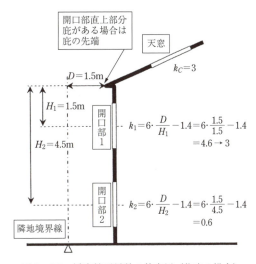

図 2・35　採光補正係数の算定例（住宅の場合）

コラム 2　光ダクトシステム

日照が得られない窓から離れた位置や,無窓室などに自然光を導入するシステムとして光ダクトシステムの開発が進められている。採光部から目的の部屋までを高反射率ミラーで構成された光ダクトでつなぎ,室内の放光部から日光を取り入れる。図 1 は集合住宅に導入した例であり,屋上に設置した採光部の反射ミラーで日光を光ダクトに取り込み,各階二住戸,8 層分の計 16 戸の浴室,洗面,トイレに放光部を設置して自然光を取り入れている。セキュリティ,プライバシーの保護,光の拡散などに留意して活用するのがよい。

（図版：日本建築学会編「シリーズ地球環境建築・専門編 2　資源エネルギーと建築」彰国社による）

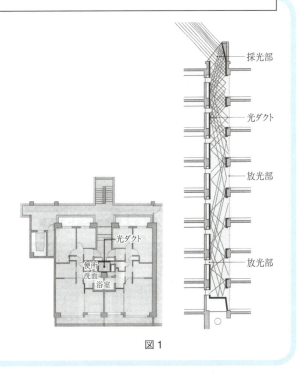

図 1

2・4 人工照明

2・4・1 人工光源
(1) 人工光源の特性
　人工光源は高温物体が温度に応じて光を放つ**温度放射**によるものと，温度放射以外の発光現象を総称する**ルミネセンス**によるものに大別される。

　人工光源の経済性は，単位消費電力当たりの光束数を表す**発光効率**で表され，単位はlm/Wである。**寿命**は初期の発散光束がランプの種類により一定値以下となるまでの時間で定義される。

　光源の光色を，それと近似する色度の光を放つ黒体[1]の絶対温度で表したものを**色温度**といい，単位はK（ケルビン）である。表2・7に昼光光源と各種光源の色温度を示す。色温度が高くなると，光色は赤→黄→白→青と変わる。

　また，色の見え方の性質を**演色性**という。演色性は**演色評価数**で表し，最高点が100で数値が大きいほど色の見え方に関する光源の特性が，自然光に近いことを表している。各種人工光源の特性をまとめて表2・8に示す。

(2) 白熱電球
　白熱電球はフィラメントの温度放射による光源であるため，電力の8割以上が熱に変わり，発光効率は15〜20 lm/Wと低い。寿命も1000〜2000時間と短いが，色温度が2850 Kと赤みがかった光色で，演色性がよいためさまざまな用途に用いられる。一般に白熱電球は定格よりも電圧を下げると効率は低下するが寿命は大きく向上する。

　ハロゲン電球はバルブ中にハロゲンを封入してフィラメントの長寿命化を狙ったもので，白熱電球に比べ効率も多少よく，小型で2倍長寿命である。展示・アクセント照明などにも適する。

(3) 蛍光ランプ
　電極間の放電により生じる紫外線が管内部の蛍光物質に当たって光を発する放射ルミネセンスによる。点灯回路と安定器が必要である。発光

表2・7　光源の色温度と光色（口絵①参照）

昼光光源	1850K 夕日					5250K 直射日光	6250K 直雲天光		12300K 北天青空光	25500K 特に澄んだ北西の青空光
色温度[K]	2000	3000 ──3300──	4000 ──5300──	5000		6000	7000	10000	20000[K]	
人工光源	2050 高圧ナトリウムランプ／1920 ろうそくの炎	3000 電球色蛍光ランプ／2850 ハロゲン電球白熱ランプ	4200 白色蛍光ランプ／3900 蛍光水銀ランプ／3800 メタルハライドランプ／3500 温白色蛍光ランプ	5000 昼白色蛍光ランプ		5800 透明水銀ランプ	6500 昼光色蛍光ランプ			
人工光源の光色の見え方	暖かい（赤みがかった白）			中間（白）		涼しい（青みがかった白）				

---

1) 入射光を全て吸収する仮想の物体を黒体という。色温度はガスバーナーの炎の色を想像するとよい。不完全燃焼（低温）のときは赤く，通常の燃焼（高温）のときは青く見える。

表2・8 主な光源の性質と特徴

特性 \ 光源の種類	白熱電球	ハロゲン電球	蛍光ランプ	蛍光水銀ランプ	メタルハライドランプ	高圧ナトリウムランプ	LED
発光原理	温度放射	温度放射	ルミネセンス（低圧放電）	ルミネセンス（高圧放電）	ルミネセンス（高圧放電）	ルミネセンス	ルミネセンス（エレクトロ・ルミネセンス）
消費電力(W)	～1000	75～1500	4～220	40～2000	125～2000	150～1000	4～40
発光効率(lm/W)	15～20	15.5～21	60～91（Hf形は約100）	40～65	70～95	95～149	30～100
始動時間	瞬時	瞬時	2～3s(スタータ形)瞬時(ラピッドスタート形)	5min	5min	5min	瞬時
寿命(h)	1000～2000	2000	10000	12000	9000	12000	40000
演色性（平均演色評価数Ra）	非常によい、赤みが多い（100）	非常によい（100）	比較的よい、特に演色性を改善したのもある(白色64)	あまりよくない（44）	よい、高演色形は非常によい（65）	よくない	比較的よい（70～90）
色温度(K)	2850	3000	4500(白色)	4100	5600	2100	2700～6700
設備費	安い	比較的高い	比較的安い	やや高い	やや高い	やや高い	高い
維持費	比較的高い	比較的高い	比較的安い	比較的安い	比較的安い	安い	安い
保守・取り扱いなど	極めて容易	普通	比較的煩雑	普通	普通	普通	普通
構造	口金／ステム／ガラス球（バルブ）／導入線／アンカー／フィラメント／封入ガス(アルゴン+窒素)	口金(セラミック)／モリブデン箔／バルブ(石英ガラス)／封止部／フィラメント(タングステン)／ターミナル／封止部	可視光線／紫外線／蛍光体／口金／封入ガス(水銀+アルゴン)／電子放射物質塗布	口金／始動抵抗／蛍光塗料／封入ガス(水銀+アルゴン)／発光管／主電極	口金／始動抵抗／始動補助電極／バイメタル／発光管／主電極／封入ガス(水銀+ヨウ化物+ハロゲン)／封止ガス(窒素)	口金／ゲッタ／真空／発光管／封着用キャップ／拡散膜(拡散形)／封入ガス(ナトリウム+水銀+キセノン)	口金／カバー／点灯回路／アルミダイキャスト／LED実装基板／グローブ
用途	住宅・商店・事務所	投光用・商店	住宅・商店・事務所・工場	高天井工場・商店街	高天井工場・体育館・商店街	高天井工場・ガソリンスタンド	住宅・商店・事務所
その他	高輝度表面温度が高い	一般電球より高効率長寿命	周囲温度により効率が変化する	点灯後の光束安定に時間を要する耐震性がよい	高効率と高演色性の兼備	白色光源中、効率最高、点灯方向が任意	効率は年々向上

効率は60〜90 lm/Wと白熱電球の3倍以上と良好であり，寿命も10000時間と比較的長い。蛍光物質を変えることによって，色温度を調整することができ，表2・7に示すように，**昼光色**（6500 K），**白色**（4200 K），**温白色**（3500 K）などがある。演色性はかなり良好である。周囲温度が効率に及ぼす影響が大で，20℃付近で最も効率が高く，周囲温度が低すぎると始動が困難となる。

(4) HIDランプ

HIDランプ[1]は高効率・高出力の放電ランプの総称であり，始動には5分程度を要する。**高圧水銀ランプ**は発光効率が40〜65 lm/W，寿命が12000時間と比較的高性能だが，発光が特定波長に偏っているため演色性が悪い。

この点を改善するため，管内面に蛍光物質を塗布した**蛍光水銀ランプ**があり，ホール，工場，体育館などの用途に向いている。

効率と演色性を改善するため，金属ハロゲンを封入したものを**メタルハライドランプ**という。色温度は5600 Kと昼光に近く，演色性もかなりよく，効率も70〜95 lm/Wと良好である。蛍光水銀ランプの用途に加えて，演色性が要求される大空間などに適している。

ナトリウム蒸気中の放電によるものを**高圧ナトリウムランプ**という。90〜150 lm/Wと高効率で寿命も12000時間と長いが，オレンジ色の単色光で演色性がよくない。もっぱら工場やガソリンスタンドなどに用いられる。

(5) LED[2]

特殊な半導体に通電すると発光する仕組みを利用した光源であり，近年の白色LEDの発光効率の急速な改善（100 lm/Wに達するものがある）により，高効率の建築用照明として注目されている。現状では高価であるが，寿命が長い，発熱が少ない，演色性がかなり良いなどの特徴がある（コラム3参照）

(6) 照明と色温度

図2・36に示すように，赤みを帯びた色温度が低い光源は，低照度では落ち着いた温かみのある雰囲気となるが，高照度では暑苦しい感じとなる。一方，青みを帯びた色温度が高い光源は，高照度では涼しく爽快な雰囲気となる反面，低照度では陰気な感じとなる。

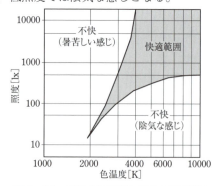

図2・36　光源の色温度と照度の快適範囲

表2・9　配光分類

直接照明器具	半直接照明器具	全般拡散照明器具	直接間接照明器具	半間接照明器具	間接照明器具
上向光束　0〜10% 下向光束100〜90%	上向光束 10〜40% 下向光束 90〜60%	上向光束 40〜60% 下向光束 60〜40%	上向光束 40〜60% 下向光束 60〜40%	上向光束 60〜90% 下向光束 40〜10%	上向光束90〜100% 下向光束　10〜0%

1) High Intensity Discharged lamp：高輝度放電ランプ　　2) Light Emitting Diode：発光ダイオード

2・4・2 照明計画

(1) 全般照明と局部照明

室内全体を一様に照明し，作業面全体の照度をなるべく均一に保つ照明方式を**全般照明**という。全般照明は生理的な負担は少ないが，経済的な照明方式とはいえない。一方，作業する場所や必要な場所のみを照明する方式を**局部照明**という。局部照明は集中作業に向いているが，輝度比が大きく目が疲れやすい。

アンビエント（作業周辺環境の意味でいう）照度をタスク照度の1/10以上確保することによって，全般照明と局部照明の快適性と経済性を併せもつ方式として，図2・37に示す**タスク・アンビエント照明**も採用されている。

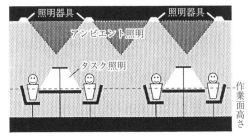
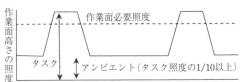

図2・37　タスク・アンビエント照明

(2) 直接照明と間接照明

人工光源は器具や建築に組み込まれて用いられ，照明器具の光度分布を**配光**という。ランプより上方と下方の光束の比率に基づいて表2・9に示す配光分類がなされている。

ほとんどの光束が下向きで作業面に入射するタイプのものを**直接照明器具**，天井に向かうものを**間接照明器具**という。直接照明器具は経済性に優れるが，天井面との輝度対比や陰影が強くなりすぎるなどの問題があり，間接照明器具は光の拡散性が大きく柔らかな環境を作る反面モデリング，効率が悪いなどの欠点がある。そこで光束比率をこれらの中間としたものがあり，その比率に応じて名称が異なる。

(3) 照明器具と建築化照明

照明器具には，図2・38に示すように，取付け方に応じてペンダント形，スタンド形，直付け形などがある。住宅などでは，一様に明るいよりも，これらを使い分けて，適度な明暗を作ることが大切である。一方，**建築化照明**は建築と照明を一体化し，照明器具が露出しないタイプのもので，空間の雰囲気を演出するのに用いられる。図2・39に建築化照明の例を示す。間接照明としては，天井に光を反射させるコーブ照明，壁の下向きに照らすウォールウォッシャ，天井をくり抜いて光を反射させるコファ照明な

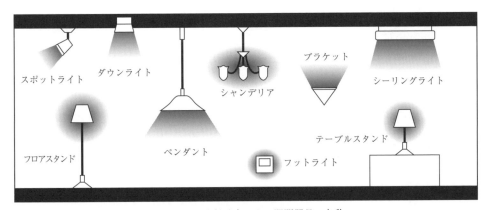

図2・38　取付け方による照明器具の名称

どがある。直接照明としては埋込み照明や梁の形に似せた光梁などがある。

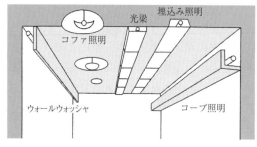

図2・39 建築化照明の例

2・4・3 照明計算
(1) 照明計算の概要

照明計算には**逐点法**と**光束法**がある。

逐点法では、光源の光度分布から、2・1で学んだ逆二乗則と余弦則を用いて受照点照度を求める。工場や体育館などに利用される計算法である。一方、光束法は作業面に均一な照度を確保することを前提に、作業面に入射する光束を作業面面積で割って照度を推定する方法であり、事務室、教室などに適用される。

(2) 光束法

光束法では、照明器具の維持管理状態を考慮したランプからの発散光束に対し、作業面に入射する光束の割合である**照明率** U の算出を行う。照明率 U は、照明器具ごとに表2・10のような照明率表が用意されており、室内の天井、壁、床の反射率と、**室指数** k を用いて求める。室指数 k は、図2・40に示すように、室の縦 X 〔m〕、横 Y 〔m〕、光源と作業面の距離 H 〔m〕として、式(2・16)から求める。

$$k = \frac{XY}{H \cdot (X+Y)} \quad \cdots\cdots (2 \cdot 16)$$

ここに、H は室の天井高さではなく、照明器具と作業面との距離であることに注意が必要である。作業面照度 E 〔lx〕はランプ1本当たりの発散光束数 F 〔lm〕、ランプ本数 N、器具の保守率 M、作業面面積(=床面積)A 〔m²〕を、式(2・17)を用いて計算される。

$$E = \frac{NFUM}{A} \quad \cdots\cdots (2 \cdot 17)$$

作業面照度が与えられていて、ランプ本数を求める場合は、式(2・17)を変形して式(2・18)を用いる。

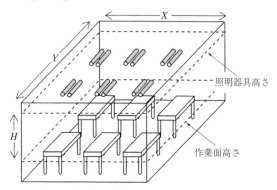

図2・40 室指数のパラメータ

$$N = \frac{AE}{FUM} \quad \cdots\cdots (2 \cdot 18)$$

なお、式(2・18)で求められるのはランプ本数であって、器具数ではないことに注意が必要である。

光束法では、均せい度を維持するために器具間隔 S が重要であり、上限値が照明率表に示されている。また、壁際の器具と壁との間隔を S_0 とすると、壁際まで作業を行う場合は式(2・19)、行わない場合は式(2・20)の制約がある。

$$S_0 < \frac{S}{3} \quad \cdots\cdots (2 \cdot 19)$$

$$S_0 < \frac{S}{2} \quad \cdots\cdots (2 \cdot 20)$$

2・4 人工照明

表2・10 照明率表の例

照明器具	配光曲線 (ランプ光束 1000lm)	保守率 器具間隔 最大限	反射率 室指数	天井 80% 壁 50	30	10	70% 50	30	10	50% 50	30	10	30% 20	10	0% 0
			床	10%			10%			10%			10%		0
								照 明 率							
埋込形 (下面プリズムパネル)		保守率 良 .70 普通 .65 不良 .55 器具間隔 最大限 1.25H	0.6(J) 0.8(I) 1.0(H) 1.25(G) 1.5(F) 2.0(E) 2.5(D) 3.0(C) 4.0(B) 5.0(A)	.32 .39 .42 .46 .48 .52 .55 .56 .58 .59	.29 .35 .39 .42 .45 .49 .52 .54 .56 .58	.26 .32 .36 .39 .42 .47 .50 .52 .55 .56	.32 .38 .42 .46 .48 .52 .55 .56 .58 .59	.29 .35 .38 .42 .45 .49 .52 .54 .56 .58	.26 .32 .36 .40 .42 .47 .50 .52 .55 .56	.32 .38 .41 .45 .47 .50 .53 .55 .56 .58	.28 .34 .38 .41 .44 .48 .51 .53 .55 .56	.26 .32 .35 .39 .42 .46 .49 .52 .54 .55	.28 .34 .38 .41 .43 .47 .50 .52 .54 .55	.26 .32 .35 .39 .41 .46 .49 .51 .53 .55	.25 .31 .34 .38 .40 .44 .47 .49 .52 .53
天井直付け形 (乳白カバー)		保守率 良 .70 普通 .65 不良 .55 器具間隔 最大限 1.3H	0.6(J) 0.8(I) 1.0(H) 1.25(G) 1.5(F) 2.0(E) 2.5(D) 3.0(C) 4.0(B) 5.0(A)	.22 .26 .29 .32 .34 .38 .40 .42 .44 .45	.18 .22 .26 .29 .31 .35 .37 .39 .41 .43	.16 .20 .23 .26 .28 .32 .35 .37 .39 .42	.21 .26 .29 .32 .34 .37 .39 .41 .43 .44	.18 .22 .25 .28 .30 .34 .37 .39 .41 .42	.16 .20 .22 .25 .28 .32 .35 .37 .39 .41	.21 .25 .28 .30 .32 .35 .37 .39 .41 .42	.18 .21 .24 .27 .29 .33 .35 .37 .39 .41	.15 .19 .22 .25 .27 .31 .33 .35 .37 .39	.17 .24 .24 .26 .28 .32 .34 .36 .37 .39	.15 .21 .21 .24 .26 .30 .32 .34 .36 .38	.13 .17 .19 .21 .23 .26 .29 .30 .32 .34
天井直付け形 (露出逆富士形)		保守率 良 .80 普通 .75 不良 .70 器具間隔 最大限 1.4H	0.6(J) 0.8(I) 1.0(H) 1.25(G) 1.5(F) 2.0(E) 2.5(D) 3.0(C) 4.0(B) 5.0(A)	.35 .43 .50 .55 .59 .65 .69 .73 .76 .79	.28 .36 .42 .48 .52 .59 .63 .67 .72 .75	.23 .30 .36 .42 .46 .53 .58 .62 .67 .71	.34 .42 .48 .54 .57 .63 .67 .70 .74 .76	.27 .35 .41 .47 .51 .57 .61 .65 .69 .72	.22 .29 .35 .41 .45 .52 .56 .60 .65 .69	.32 .39 .45 .50 .53 .59 .62 .65 .69 .71	.26 .33 .39 .44 .48 .53 .58 .61 .65 .68	.21 .28 .34 .39 .43 .49 .53 .57 .62 .65	.25 .31 .37 .41 .45 .50 .54 .57 .61 .64	.21 .27 .32 .39 .41 .46 .51 .54 .58 .61	.19 .24 .29 .33 .36 .41 .45 .48 .52 .55
天井直付け形 (露出H形)		保守率 良 .80 普通 .75 不良 .70 器具間隔 最大限 1.4H	0.6(J) 0.8(I) 1.0(H) 1.25(G) 1.5(F) 2.0(E) 2.5(D) 3.0(C) 4.0(B) 5.0(A)	.30 .39 .46 .52 .59 .65 .70 .73 .77 .80	.24 .32 .39 .44 .51 .59 .64 .68 .73 .76	.18 .28 .34 .39 .46 .53 .59 .63 .68 .72	.29 .37 .44 .49 .55 .61 .66 .69 .72 .75	.22 .31 .37 .42 .49 .56 .60 .64 .69 .72	.18 .26 .32 .37 .43 .51 .56 .60 .65 .68	.25 .33 .39 .43 .49 .54 .58 .60 .63 .66	.20 .28 .33 .38 .43 .49 .53 .56 .60 .63	.16 .24 .29 .33 .39 .43 .50 .53 .58 .61	.19 .24 .29 .33 .38 .42 .46 .48 .51 .54	.15 .21 .26 .29 .34 .39 .43 .46 .49 .52	.14 .19 .23 .27 .29 .33 .36 .38 .41 .43
天井直付け形 (露出かさなし)		保守率 良 .80 普通 .75 不良 .70 器具間隔 最大限 1.5H	0.6(J) 0.8(I) 1.0(H) 1.25(G) 1.5(F) 2.0(E) 2.5(D) 3.0(C) 4.0(B) 5.0(A)	.32 .41 .47 .52 .56 .62 .66 .69 .73 .76	.25 .33 .39 .45 .49 .55 .60 .63 .68 .72	.20 .27 .33 .39 .43 .49 .55 .58 .64 .68	.31 .39 .44 .50 .53 .59 .63 .66 .70 .72	.24 .32 .37 .43 .47 .52 .57 .61 .65 .68	.19 .26 .32 .37 .41 .47 .52 .56 .61 .65	.28 .35 .40 .45 .48 .53 .57 .59 .63 .65	.22 .29 .34 .39 .43 .48 .52 .55 .59 .62	.18 .25 .29 .34 .38 .43 .48 .51 .56 .59	.21 .27 .31 .36 .39 .43 .47 .50 .53 .56	.17 .23 .27 .32 .35 .39 .44 .46 .51 .54	.14 .19 .23 .27 .30 .33 .37 .38 .43 .46
反射がさ (中照形)		保守率 良 .75 普通 .70 不良 .65 器具間隔 最大限 0.9H	0.6(J) 0.8(I) 1.0(H) 1.25(G) 1.5(F) 2.0(E) 2.5(D) 3.0(C) 4.0(B) 5.0(A)	.48 .55 .60 .64 .67 .71 .73 .75 .77 .78	.43 .51 .56 .60 .63 .68 .71 .72 .75 .76	.40 .47 .53 .57 .61 .65 .69 .70 .73 .75	.47 .55 .59 .63 .66 .70 .73 .74 .76 .77	.43 .50 .55 .60 .63 .67 .70 .72 .74 .75	.40 .47 .52 .57 .60 .65 .68 .70 .73 .74	.47 .54 .58 .62 .65 .69 .71 .72 .74 .75	.43 .50 .55 .59 .62 .66 .69 .71 .73 .74	.40 .47 .52 .57 .60 .64 .67 .69 .72 .73	.42 .50 .54 .59 .62 .66 .69 .70 .72 .73	.40 .47 .52 .56 .60 .64 .68 .68 .71 .72	.39 .46 .51 .55 .58 .62 .65 .67 .69 .70

例題2

縦横が 15 m, 7.5 m で, 器具と作業台の間隔を 2.5 m とした事務室において, 机上面照度 500 lx 確保するための照明設計を光束法で行いなさい。

ただし, 壁際まで作業は行わないこととし, 反射率は天井, 壁, 床で 70％, 30％, 10％とする。照明器具は表 2・10 の天井直付け（露出 H 形）を用いることとし, ランプは 40 W, 1 本当たりの射出光束を 3000 lm, 保守率は普通とする。

【例題解説】

① 室指数を求める

$X = 15$ m, $Y = 7.5$ m, $H = 2.5$ m より, 式 (2・16) に代入し,

$$k = \frac{15 \cdot 7.5}{2.5 \cdot (15 + 7.5)} = 2.0$$

② 照明率を求める

$k = 2.0$ で天井, 壁, 床の反射率が 70％, 30％, 10％の条件で照明率を求めると, $U = 0.56$ となる。なお, 室指数がちょうどの値がない場合は, 前後の値から補間によって求める。

③ ランプ本数を求める

保守率を普通とすると照明率表より $M = 0.75$ となる。$A = 15 \times 7.5 = 112.5$ m², $F = 3000$ lm, $E = 500$ lx を式 (2・18) に代入し,

$$N = \frac{112.5 \times 500}{3000 \times 0.56 \times 0.75} = 44.6$$

④ 器具数を決める

器具当たりランプ 2 本使用するので, $44.6 \div 2 = 22.3$ → 24 セットとする。

⑤ 器具配置の概略決定

室の縦横が 2:1 となるので, この比から大きく外れないように器具を室の縦横に設置する数を求める。ここでは縦：6 セット, 横：4 セットで対応することにする。

⑥ 必要器具間隔の決定

縦, 横方向の器具間隔をそれぞれ S_1〔m〕, S_2〔m〕とし, 壁に一番近い器具と壁との距離を, 壁際まで作業しないことから器具間隔の半分とすると, 縦横について次のようになる。

縦：$\dfrac{S_1}{2} + 5S_1 + \dfrac{S_1}{2} = 15$

横：$\dfrac{S_2}{2} + 3S_2 + \dfrac{S_2}{2} = 7.5$

これより, $S_1 = 2.5$ m, $S_2 = 1.875$ m となる。

⑦ 器具間隔の決定

器具間隔の上限は, 照明率表から $1.4H = 1.4 \times 2.5 = 3.5$ m であるから, これ以下であればよい。壁に一番近い器具と壁との距離は, 縦, 横についてそれぞれ, $S_1/2$

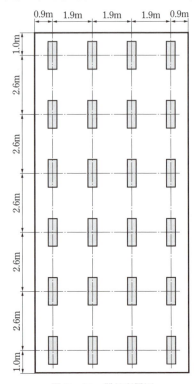

図 2・41　器具配置図

= 1.25 m, $S_2/2$ = 0.9375 m となるが，この内輪できりのよい値を用いるとし，縦 1.0 m，横 0.9 m とする。これから再び S_1, S_2 を求めると，次のようになる。

縦：$S_1 = (15 - 2\times1)/5 = 2.6$
横：$S_2 = (7.5 - 2\times0.9)/3 = 1.9$
これらは，3.5 m より小さいので，OK。
図 2・41 の配置となる。

コラム 3　高効率照明

最近，照明器具の効率が劇的に改善し，その省エネルギー性に強い関心が集まっている。

蛍光ランプの効率は年々改善され，特にインバータにより電源周波数を可変とした Hf 蛍光ランプでは 100 lm/W を超えるものが出てきており，事務所建築のベース照明として広く用いられている。

また，高輝度青色 LED の発明により 1996 年に右図に示す青色 LED と黄色蛍光体を組み合わせた白色 LED（p.67 の加法混色および口絵②参照）が開発され，一般建築用途への LED 適用の道が開かれた。

2000 年頃の効率は白熱電球と大差なかったが，その後急速に改善され，2025 年には高圧ナトリウムランプをしのぐ 200 lm/W に到達すると予想されている。最近の照明用白色 LED の特徴をまとめると次のようになる。

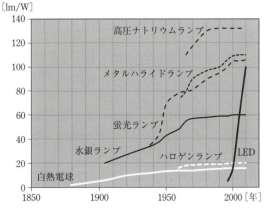

① 長寿命
蛍光ランプの 10000 時間に対し 40000 時間と長寿命である。特に頻繁に点滅を繰り返しても寿命に影響しない。
② 高い演色性
演色評価数は 70 ～ 80 程度であり，90 に達するものがあるなど演色性が高い。
③ 熱線，紫外線が出ない
可視光線のみが出るため生鮮食料品の照明などに適当。
④ 低温でも効率が変化しない
蛍光ランプと異なり，低温でも効率が変化しない。
⑤ 高効率
最近は 100 lm/W に到達している。

このように今後の建築照明としての展開が期待されている。

第 2 章　演習問題

【問題 1】次の用語と単位の組合せのうち，最も不適当なものはどれか。
(1) 光　束 ……………… lm
(2) 照　度 ……………… lx
(3) 光束発散度 ………… rlx
(4) 輝　度 ……………… lm/m^2
(5) 光　度 ……………… cd

第2章 演習問題

【問題2】 光に関する次の記述のうち，最も不適当なものはどれか。
(1) 点光源による直接照度は，光度に比例し，点光源からの距離に反比例する。
(2) 単位面積当たりの入射光束を照度という。
(3) 作業面の均せい度とは，一般に，作業面の最低照度を作業面の最高照度で除した値をいう。
(4) 輝度とは，ある面を一定の方向から見たときの明るさを表す量である。
(5) 演色とは，照明光が色の見え方に及ぼす影響のことである。

【問題3】 採光に関する次の記述のうち，最も不適当なものはどれか。
(1) 形，面積，材質が同じ窓の場合，天窓は側窓より採光上有利である。
(2) 昼間の室内照度分布の変動は，北向き側窓による採光よりも南向き側窓による採光のほうが大きい。
(3) 冬期の場合，北向き側窓による採光は薄曇りのときより快晴時のほうが大きくなる。
(4) ブラインドは室内の照度を均一化する効果がある。
(5) 窓の大きさ・位置などは，昼光率を変化させる要素である。

【問題4】 採光と照明に関する次の記述のうち，最も不適当なものはどれか。
(1) 住宅の居間での団らんのための照度基準は，$100 \sim 300\,\mathrm{lx}$ とされている。
(2) 室内のある点の昼光率は，窓からの距離に関係する。
(3) 演色性とは，光源が色の見え方に及ぼす影響のことをいい，視対象によって異なる値をとる。
(4) 天井や壁の明度を高くすると，一般に人工照明による机上面などの照度は高くなる。
(5) 明るい場所から暗い場所に順応する場合，暗い場所から明るい場所に順応する場合に比べて長い時間を要する。

【問題5】 白熱電球と蛍光ランプに関する次の記述のうち，最も不適当なものはどれか。
(1) 白熱電球の色温度は蛍光ランプより低い。
(2) 白熱電球の寿命は蛍光ランプより短い。
(3) 白熱電球の効率は蛍光ランプより悪い。
(4) 白熱電球の効率は蛍光ランプより周囲温度の影響を受ける。
(5) 白熱電球の演色性は蛍光ランプよりよい。

第3章
色彩環境

3・1 色彩の表し方 ————————66

3・2 色彩計画 ————————————70

3・1 色彩の表し方

3・1・1 色の属性
(1) 色の種類

色は，図3・1に示すように，**光源色**と**物体色**に分けられる。光源色は光そのものによって感じる色であり，光の分光分布（どの波長の光をどの程度含むか）による。色のある光を**色光**という。物体色は物体に当たった光が表面で反射したり（**表面色**），物体を透過した光（**透過色**）によって感じる色である。透過色は，光にかざしたワインの色を想像するとよい。物体色は物体に当たる光の組成に加えて，物体の波長別反射特性が影響する。絵の具など，表面色を調整する材料を**色料**という。

図3・1 色の種類

(2) 有彩色と無彩色

図3・2を例に，波長別反射・吸収率による表面色を検討する。可視光は1・3・1に示したように波長が $380 \sim 780$ nm（nm = 10^{-9} m）の光である。大まかにいって，500 nm以下の短波長の光は青，$500 \sim 600$ nm の中波長の光は緑，600 nm以上の長波長の光は赤く見える。

光源が可視光の波長範囲の光を均等に含み，表面が各波長の光を均等に反射すれば，反射光は白く見え，均等に吸収すれば表面は黒く見える。このように，反射率・吸収率に波長による偏りがないと，表面色は明暗のみで彩(いろどり)がなく**無彩色**となる。一方，長波長の光をよく反射し，短・中波長をよく吸収する場合，反射光は長波長成分を多く含むので赤く見える。このように選択反射した光には色彩が感じられ，**有彩色**となる。

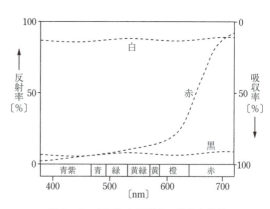

図3・2 表面色と反射率，吸収率曲線

(3) 色の属性

色み，明るさ，鮮やかさなどの性質を**色の三属性**といい，表面色では**色相**，**明度**，**彩度**となる。

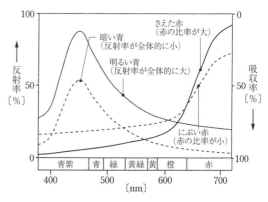

図3・3 反射率，吸収率と色の属性

- **色相** 赤，青，黄などの色みの性質をいい，光の波長が関係する。
- **明度** 明るさの属性である。図 3・3 に示すように，全体的な反射率の大きさが関係する。
- **彩度** 色の鮮やかさ，純粋性を表す。図 3・3 に示すように，特定の色の波長に関する反射率の大きさが関係する。

無彩色の場合は明度だけが属性となる。

(4) 加法混色と減法混色

異なる色を混ぜて別の色を作ることを混色という。色光の混色を**加法混色**，色料や色フィルターの混色は吸収率が加わることから**減法混色**という。混色によって最も多くの色を作れる色の組合せを**三原色**といい，加法混色では**赤，緑，青**，減法混色では**シアン，マゼンタ，イエロー**（それぞれ赤，緑，青を吸収する）となる。加法混色の三原色を混食すると色が加算されて白に，減法混色では黒になる（口絵②，③参照）。

3・1・2 表色系

(1) マンセル表色系

表面色の感覚的な違いに基づき，色差が等間隔になるように表した表色系を**顕色系**という。**マンセル表色系**は顕色系の代表的な表色系であり，物体色用の表色系としてアメリカの画家 A.H.Munsell により開発された。その後，アメリカ光学会により改良された**修正マンセル表色系**が JIS で採用されている。修正マンセル表色系では色相，明度，彩度をそれぞれヒュー，バリュー，クロマという。

(a) ヒュー(H)

図 3・4 に示すように，赤(R)・黄(Y)・緑(G)・青(B)・紫(P)と，その中間である YR・GY・BG・PB・RP を加えて 10 基本色相を円周上に配置する。さらに細かく色相を表すために，色相の代表色を 5R のように表し，隣接する色相を 2.5 ステップで

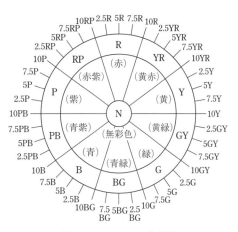

図 3・4 マンセル色相環
（口絵④参照）

分割して，例えば，7.5YR のようにして 40 色相を用いる（1 ステップで分割して 100 色相とする場合もある）。このように色相を表したものを**マンセル色相環**という。マンセル色相環の相対する位置にある色相は混色すると無彩色となるが，このような関係を互いに**補色関係**にあるという。

(b) バリュー(V)

光を完全に反射する理想的な白を 10，吸収する黒を 0 とし，その中間が見た目で等間隔になるように 11 段階で表す。なお，0，10 というバリュー V は現実的には存在しない。

(c) クロマ(C)

無彩色をクロマ 0 として基点とし，彩度が強くなるにつれて大きな数値を用いて表す。最高彩度は色相によって異なり，例えば，5R（赤の代表色）では 14，5BG（青緑の代表色）では 8 となる。各色相の最高彩度の色を**純色**という。

(d) マンセル色立体

図 3・5 に示す最上部に $V = 10$，最下部を $V = 0$ として無彩色の軸を定め，円周上にヒューを配置し，無彩色軸から離れる方向にクロマを配してマンセル表色系を立体的に

表したものを**マンセル色立体**という。最高彩度が色相で異なるので歪んだ形となる。

(e) マンセル記号

マンセル表色系を用いた色の表現にはマンセル記号を用いて次のように表す。

有彩色：HV/C

無彩色：NV（N は Neutral：無彩色を表す）

例えば，有彩色では 7.5YR5/4 などとする。7.5YR がヒュー H，5 がバリュー V，/の後の 4 がクロマ C を表している。無彩色では N5.5 などとする。無彩色は色相と彩度の属性がないのでバリュー V のみを記述する。

(2) XYZ 表色系

3 原色の混合比率で色を表現する方法を**混色系**の表色系という。XYZ 表色系は CIE（国際照明委員会）が定めた世界で最も広く採用されている混色系の表色系であり，物体色と光源色の両方に用いることができる。

(a) xy 色度図

XYZ 表色系では色相の表示に，図 3・6 に示す xy 色度図を用いる。白色は色度図上で $(x, y) = (0.33, 0.33)$ の位置にあり，マンセル色相環の無彩色軸に対応する。この位置から離れるに従って彩度が向上する。x 軸の値が大きいほど赤みが，y 軸の値が大きいほど緑みが，原点に近いほど青みが強くなる。白色を中心に循環的に色相が配置されているが，釣鐘型の外周部付近の色は，信号機の赤，黄，緑などの高彩度の光源色の色と対応するため，色料を用いた表面色で表すことはできない。また，色度図上で等距離の色どうしの感覚的な色差（見た目の色彩の違い）は必ずしも一致しない。

(3) その他の表色系

(a) オストワルト表色系

主要 8 色相（黄，オレンジ，赤，紫，青，青緑，緑，黄緑）をそれぞれ 3 分割し

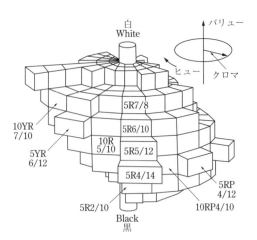

図 3・5 マンセル色立体
（口絵⑤参照）

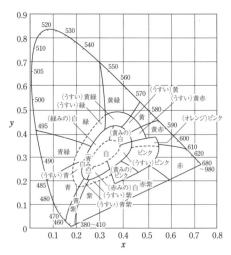

図 3・6 xy 色度図（口絵⑥参照）

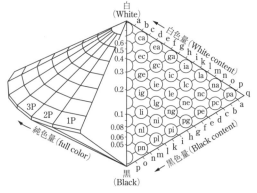

図 3・7 オストワルト表色系の色立体

た24色相に基づく理想の純色と吸収率100%の理想の黒,反射率100%の理想の白の比率をそれぞれ C, B, W として（$C + B + W = 100\%$），色を表す方法である。等色相面は白,黒,純色を頂点とする二等辺三角形となり,色立体は図3・7に示す円すいを重ねた形となる。

(b) PCCS[1]

日本色彩研究所により開発された顕色系の表色系であり,配色などの実用性に優れ,日本の産業界,デザイン界で広く用いられている。色相は24色相を,明度はマンセル明度を,彩度は理想の純色を10sとし,現実には9sを上限とした9段階を用いる。明度・彩度の複合効果が与える印象をトーン(色調)と呼び,色相とトーンの要素を用いて表示するシステムとなっている。純色に白または黒を加えた澄んだトーンの色を清色といい,白を加えたものを**明清色**,黒を加えたものを**暗清色**という。純色に灰色を加えた鈍いトーンの色を**中間色**という。

(4) 色　名

表色系では色を記号で表すが,専門家以外の人との意志疎通がむずかしい。そこで,一般的な名称で色を表示する方法がJIS系統色名として整備されており,マンセル表色系などで表される色を普通の言葉でおおまかに表すことができる。

系統色名では,図3・8,表3・1に示すように,有彩色では「明度及び彩度に関する修飾語＋色相に関する修飾語＋基本色名」とし,色相に関する修飾語は「赤みの」「黄みの」「緑み

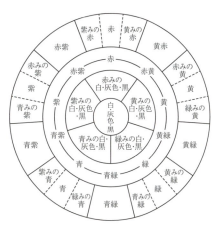

図3・8　系統色名における色相の表し方

表3・1　無彩色の明度,有彩色の明度および彩度の表し方

の」「青みの」「紫みの」の5種,有彩色の基本色名は赤・黄赤・黄・黄緑・緑・青緑・青・青紫・紫・赤紫の10種を用いる。例えば,「くすんだ黄みの赤」などとする。

---

1) Practical Color Coordinate System の略

3・2 色彩計画

3・2・1 色彩の効果
(1) 色の感覚
(a) 寒暖感

色彩の**寒暖感**には色相が影響する。図3・9のマンセル色相環に示すように，赤系統のRP，R，YR，Yは暖かく感じ（暖色），青系統のG，BG，B，PBは冷たく（寒色）感じる。寒暖感を伴わない色を中性色という。無彩色については明度が低いほど暖かく，高いほど冷たく感じるといわれる。

(b) 興奮・沈静感

暖色で彩度の高い色ほど，**興奮感**を感じ，寒色で彩度の低い色ほど，**沈静感**を与える。

(c) 重量感

図3・10に示すように，高明度の色ほど軽く，低明度の色ほど重く感じる。暖色は軽い感覚，寒色は重い感覚を与えるともいわれる。軽い感覚は爽快感につながり，スピードの速い乗り物は白を基調とした塗装のものが多い。

(d) 膨張・収縮感と進出・後退感

図3・11に示すように，暖色で高明度の色は膨張して見え，こちらに進出してくるように見える。逆に，寒色で低明度の色は縮小して見える。

(e) 面積効果

大面積の色のほうが小面積より明度・彩度が高くなったように感じることを**面積効果**という（口絵⑦参照）。壁紙などは色見本を用いて選ばれることが多いが，面積効果によって，実際に施工すると予想外に明度・彩度が高くなり，不都合が起きる場合があるので注意が必要である。

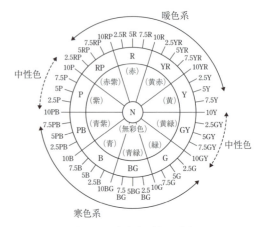

図3・9 色相と暖色・寒色

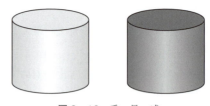

図3・10 重量感

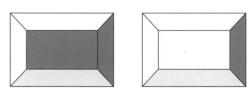

図3・11 進出感と膨張感

(f) プルキンエ現象

2・1で示したように，明所視と暗所視における視感度の相違によって，暗所視では赤が暗く，青が明るく見える現象をいう。

(2) 色の対比と同化，視認性と誘目性

(a) 対比

対比には二つの色を同時に見た場合に生じる**同時対比**と，一方の色を見たあとに他方の色を見た場合に生じる**経時対比**がある。

同時対比としては，図3・12に示すように，明るい色に囲まれた色が暗く見える，またはその逆というように明度の差が強調されて見える**明度対比**，同様に彩度の差が強調される**彩度対比**（口絵⑧参照），図3・13に示すように，色相の違う色間で，色相差が強調される**色相対比**（口絵⑨参照）があるが，補色どうしが提示されると，色相のずれは生じないが，互いに彩度が高まって見え（マンセル色立体で，無彩色軸から離れて見える），**補色対比**と呼ばれる。

経時対比としては，ある色を見つめたあとに白い色を見ると，元の色の補色が見える**補色残像現象**，無彩色で白いものを見つめたあとに暗い無彩色が，黒いもののあとに明るい無彩色が現れる残像現象がある。

(b) 同化

色の対比と逆に互いに近づいて見える現象を**同化**という。図3・14に示すように，図柄が細い縞模様などの場合，柄の明度が低いと地の明度も低く，地の明度が柄の明度に近づいて見える。色相，明度，彩度の同化があるが，地と柄の色差が小さいほうが同化しやすい。

(c) 視認性

はっきりものがみえるかどうかの性質を**視認性**（口絵⑩参照）というが，図と地の間で図3・15に示すように，明度，色相，彩度の差が大きくなれば視認性は向上する。黒い地に黄色い図の視認性は優れているので交通標識に用いられる。

図3・12 明度対比

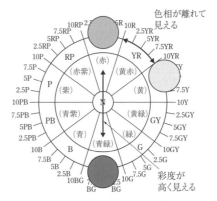

図3・13 色相対比と補色対比

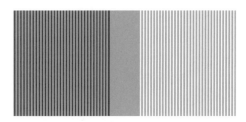

図3・14 明度の同化

図3・15 視認性

(d) 誘目性

ある色が目立つかどうかの性質を**誘目性**（口絵⑪参照）というが，暖色で高彩度の色の誘目性は高い。色相では赤が最大で青がそれに次ぎ，緑は最も低い。

表3・2 色の連想

	具体的連想	抽象的連想
白	雪・白雲・砂糖	潔白・純真・神秘
灰	灰・コンクリート・曇空・冬空	荒廃・平凡・沈黙・死滅
黒	夜・傘・隅・スーツ	生命・厳粛・陰気・冷淡
赤	赤旗・血・口紅・赤靴	熱烈・卑俗・幼稚
黄赤	オレンジ・ジュース・レンガ	甘美・明朗・歓喜・華美
茶	かばん・土・栗・くつ	渋味・堅実・古風・素朴
黄	月・ひよこ・レモン	光明・明快・明朗
黄緑	若草・春・若葉・着物裏	新鮮・躍動・希望
緑	木の葉・蚊帳・草・セーター	深遠・平和・希望・公平
青	海・秋空・湖	冷淡・薄情・平静・悠久
紫	はかま・訪問着・なす	古風・優美・高貴・消極

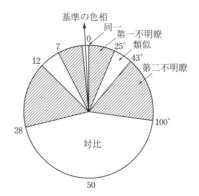

図3・16 ムーン・スペンサーの色相調和

表3・3 建築材料の色彩（マンセル記号）

条件	マンセル値
木材一般	2.5 YR ～ 10 YR 7 ～ 8/3 ～ 4
きり	10 YR 7 8/2
にほんまつ（白太）	10 YR 7 8/4
すぎ（白太）	1 Y ～ 2.5 YR 7 8/4
ひのき（白太）	1 Y 7 8/4
さくら	7.5 YR 5/5
セメント	10 YR 8/4
コンクリート	Y 5 ～ 6/1 ～ 2
プラスターボード	5 GY 7/1
砂（乾燥）	2.5 Y 5 ～ 6/3
鉄平石	2.5 YR ～ 10 YR 4.5 ～ 5.5/1
みかげ石	2.5 Y ～ 7.5 Y 5 ～ 6.5/1 ～ 2
れんが	7.5 R ～ 2.5 YR 4 ～ 4.5/2 ～ 3
黄土	10 YR ～ 5 Y 3 ～ 5/2 ～ 3
赤土	2.5 YR ～ 5 YR 3 ～ 4/3 ～ 4
アルミニウム	5 B 6 ～ 8/0 ～ 1
亜鉛メッキ銅板	N 6 ～ 7
銅	10 R 5 ～ 6/4 ～ 6

(3) 色の連想

色には過去の経験などによって生じる連想があり，表3・2にその例を示す。連想内容には具体的な事物と抽象的な概念がある。連想には個人差の影響が少なくないが，一般的な傾向も認められ，各種表示色彩，安全色などに応用されている。

3・2・2 色彩計画

(1) 色彩の調和

複数の色彩が提示されることによって，新たな効果を生み出すことを**色彩の調和**という。色彩学者ジャッドは，従来の調和原理を秩序の原理，親近性の原理，類似性の原理，明瞭性の原理に集約している。

(a) 秩序の原理
マンセル表色系などの体系から，等間隔で色相を選ぶなどの一定の規則で選ばれた色は調和する，というものである。

(b) 親近性の原理
自然界に見られる色の組合せなど，慣れ親しんだ色彩は調和する。

(c) 類似性の原理
共通要素をもった色は調和する。同じ色相や色調の色は調和しやすい。

(d) 明瞭性の原理
ムーン・スペンサーの色彩調和論に基づく原理で，色どうしに適度に差があってあいまいでないほうが調和する。

図3・16に示すようにマンセル色相環上で一方の色相を0°として上に取ると，同一，類似，対比の関係にある色とは調和するが，これ以外の色はあいまいで不調和になるというものである。

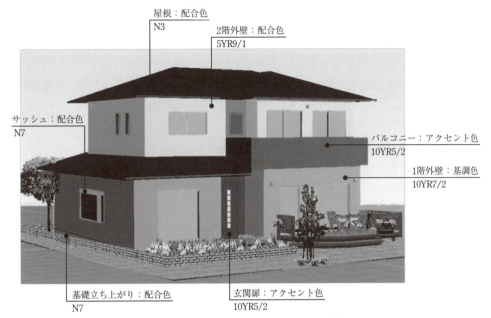

図3・17 戸建住宅における配色の例（口絵⑫参照）
（日本建築学会編「建築の色彩設計法」丸善による，口絵にも使用）

表3・4 安　全　色

色の参考値	表 示 事 項	使 用 箇 所 例	引立てる色
赤 7.5R4/15	1. 防火　2. 停止　3. 禁止 4. 高度の危険	1. 消火栓　2. 緊急停止ボタン　3. バリケード （立入禁止）　4. 発破警標	白
黄赤 2.5YR6.5/13	1. 危険　2. 航空，船舶の保安施設	1. 露出歯車の側面　2. 滑走路の目印	黒
黄 2.5Y6/14	注　意	クレーン，低いはり，有害物質の小分け容器または使用箇所	黒
緑 10G4/10	1. 安全　2. 避難 3. 衛生・救護　4. 進行	1. 非常口を示す標識　2. 救急箱 3. 進行信号旗	白
青 2.5PB3.5/10	1. 指示　2. 用心	担当者以外がみだりに操作してはならない箇所	白
赤　紫 2.5RP4/12	放　射　能	放射性同位元素およびこれに関する廃棄作業室，貯蔵施設，管理区域に設けるさくなど	黄と組み合わせて用いる
白 N9.5	1. 通路　2. 整とん	1. 通路の区画線，方向線，方向標識 2. 廃品の入れ物	──
黒 N1	補助に使う	誘導標識の矢印，注意標識のしま模様，危険標識の文字	──

(2) 建築の配色

建築に用いられる配色は，表3・3に示すように，黄赤（YR）系で明度が高く，彩度が低い色が多用される。多くの天然材料の素材色がこの系統の色彩であるためである。

建物の外装では，外壁，内装の場合は，天井・壁・床などの大面積部位に用いる**基調色**には，黄赤系で低彩度の色の使用が多い。これらは長い間親しまれてきた色で，無難な配色となる。

外装では屋根や基礎部分，サッシなど，内装では幅木，廻り縁，カーテンボックスなど，これに次ぐ面積となる部分には**配合色**を用いる。配合色は，基調色との調和を重視して，同一色

相ないし類似色相を用いてコントラストや材質で変化をつける。

玄関扉・バルコニー・手すりなどの外装部分，移動可能な室内要素など，面積は小さいが目立たせたい部分には**アクセント色**を用いる。基調色・配合色と同一色相ないし類似色相を用いるが，トーンを変えてはっきりしたコントラストをつけるか，対比色相で高彩度の色を用いると，全体に引き締まった印象を与える。

(3) 戸建住宅における配色の例

図 3・17 に，住宅地に建設される戸建住宅の周囲に施した配色の例を示す。1 階部分の外壁を基調色として，YR 系の高明度・低彩度の色を配している。2 階外壁には基調色と類似調和する YR 系の低彩度の色を，屋根には標準的な低明度の無彩色を用い，配合色としている。玄関とバルコニーをアクセント色とし，基調色・配合色と類似色相で，明度の異なる色彩を用い，落ち着いたイメージとなるよう配慮している。

(4) 安 全 色

色彩のもつ機能的な要素として，色彩連想に基づき交通標識の緑―進め，黄―注意，赤―停止，などの安全色が JIS で定められている。安全色の例を表 3・4 に示す。赤は危険なものを表すのに一般的に用いられるが，放射能の危険性は特異なものであることから，赤紫が用いられる。

また，配管の中身を識別しやすいように，水―青，蒸気―暗い赤，空気―白などの配管の色が JIS で定められている。

コラム 4　色票を用いた表面色の測定方法

標準色票を用いて，試料の表面色を測定する場合，その方法は JIS Z 8723 に規定されている。色票と試料を近接して並べ，面積効果を避けるために，無彩色で試料と明度がほぼ一致し，観測部分をくりぬいたマスク(図 1)を用い，色票と試料の視角を 2°ないし 10°にそろえる。視野内の照度分布を一様にし，できるだけ 1000 lx 以上とする。光源は標準光源によるが，水平面に置いた試料を真上から観察する場合は，光源は斜め 45°の方向に置く。光源を真上から当てる場合は，斜め 45°の角度から観察するようにする。なお，北空昼光を用いてもよい。このような観察条件で試料と一致する色票を求めて表面色を決定する。

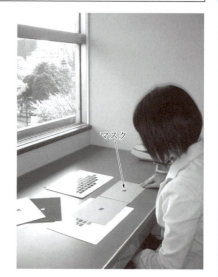

図 1

第3章 演習問題

【問題1】 色彩に関する次の記述のうち、最も不適当なものはどれか。
(1) 白・黒および灰色は、無彩色である。
(2) 色の3属性とは、色相、明度、彩度のことをいう。
(3) 明度は反射率と関係がある。
(4) 赤と青緑のような補色を並べると、互いに彩度が低くなったように見える。
(5) 光の色温度は、その光色の色度に近似する色度の光を放つ黒体の絶対温度で表される。

【問題2】 色に関する次の記述のうち、最も不適当なものはどれか。
(1) 色を表す体系を表色系といい、日本工業規格においてはマンセル表色系が採用されている。
(2) マンセル色相環において反対側に位置する2つの色は補色の関係にあり、混ぜると灰色になる。
(3) 同一明度の色が隣接する場合、色相が近いと境界がはっきりしない。
(4) 同じ色の場合、一般に面積の小さいものほど明るく、彩度も高く見える。
(5) ある色相の中で最も彩度の高い色を、一般に純色という。

【問題3】 色彩に関する次の記述のうち、最も不適当なものはどれか。
(1) 混色によって無彩色を作ることができる2つの色は、相互に補色の関係にある。
(2) マンセル表色系における明度は完全な黒を0、完全な白を10として表示される。
(3) 無彩色は明度だけを有する色である。
(4) 色の重い・軽いの感覚は、一般に明度が低いものほど重く感じられる。
(5) 明度の異なる2色を並べると単独の場合に比べて、一般に明るい色は暗く、暗い色は明るく感じられる。

【問題4】 光と色彩に関する次の記述のうち、最も不適当なものはどれか。
(1) 色の鮮やかさの度合いを彩度といい、無彩色を0とし、色が鮮やかになるに従って、段階的に数値が大きくなる。
(2) 標識などで図と地の明度差が大きいほうが視認性は向上する。
(3) 同じ色の場合、一般に、壁に塗ったときの彩度は、色見本帳で見るときに比べて、高く見える。
(4) 一般に、明度が高いものほど膨張して見える。
(5) マンセル表色系における彩度は、色の鮮やかさの度合いを示し、すべての色相において0から10までの数値で表される。

# 第4章
空気環境

4・1　室内空気環境 ──── 78
4・2　自然換気の力学 ──── 87
4・3　機械換気の計画 ──── 94

4・1 室内空気環境

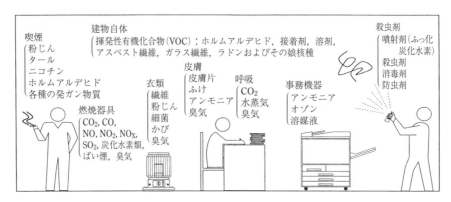

図4・1 室内で発生するさまざまな汚染物質

4・1・1 換気の目的

(1) 室内空気汚染

室内の空気には酸素，窒素，水蒸気のほか，居住者にとって有害な物質が含まれており**室内空気汚染物質**と呼ばれる（空気の組成の詳細は表6・1参照）。室内空気の汚染源は，図4・1に示すように，CO_2（二酸化炭素）や臭気，ふけなど人体から発生するもの，喫煙による粉じんやニコチン，殺虫剤の使用によるふっ化炭化水素など生活行為に伴って発生するもの，CO（一酸化炭素）やNO_x（窒素酸化物）など燃焼に伴って発生するもの，ホルムアルデヒドやVOC[1]（揮発性有機化合物）など建材から発生するものなどがある。

従来の室内空気汚染は，人間や燃焼器具由来のものが代表的であったが，最近は建物の気密性が向上し，自然換気量が著しく少なくなった結果，従来あまり問題にされてこなかった建物由来の微量物質の影響も重要視され，**室内空気質問題**として注目されている。汚染物質には**ガス状物質**のほか，液滴や粒子状物質，浮遊微生物などがあり，特に粒子が小さく長時間滞留するものを**エアロゾル**と呼ぶ。

(2) 換気の目的

室内の空気と外気を交換することを**換気**という。室内空気汚染物質を室内空気とともに排出し，新鮮外気を取り入れることによって室内空気の清浄度を維持することが換気の最大の目的である。室内空気汚染物質については，居住者の健康や快適性保持を目的として**許容濃度**が定められているので，濃度が許容値以下となることを目標に換気量が定められる。通常の居住環境下では，外気は十分に清浄なので，単に外気を取り入れるだけでよいが，幹線道路や工場近傍などでは外気の汚染が無視できないので，取り入れる前に浄化を要する場合がある。

換気にはこのほかに，室内で居住者や燃焼器具によって消費されるO_2（酸素）の供給，過剰な水蒸気を排除して室内湿度を適度に制御すること，室内の発熱を排出する排熱などの目的がある。また，大量の換気を行うことによって夏場に建物を冷却したり，直接居住者が風を浴びて冷涼感を得る場合があり，これらを目的とした換気は，室内空気質の維持を目的とした場合と区別するために**通風**と呼ぶ。

---

[1] Volatile Organic Compounds

4・1・2 許容濃度
(1) 濃度の表し方

汚染濃度の表し方には，ガス状物質の場合に用いられる**体積濃度**と，ガス状物質，エアロゾル両方に用いられる**質量濃度**がある。体積濃度は，空気の単位体積中に含まれる汚染ガスの体積でありppmがよく用いられる。ppmは，図4・2に示すように，空気$1\,m^3$中に$1\,cm^3$の汚染ガスが含まれている状態を表す。ppm以外にも，%(10^{-2})，ppb(10^{-9})などが用いられる。

一方，質量濃度は室内空気汚染物質全般の濃度に用いられ，単位体積中の汚染物質の質量で表される。mg/m^3，$\mu g/m^3$ ($=10^{-6}g/m^3$) などが用いられる。

(2) さまざまな許容濃度

空気汚染物質にはさまざまな許容濃度が与えられているが，その意味を正しく理解して適用することが大切である。表4・1に，**労働環境**における許容濃度の例を示す。これは，職業としてさまざまな空気汚染物質を取り扱う成人を対象としたものであり，原則として1日に8時間労働し，定期的に健康診断を受けることを前提に定められている。したがって，一般環境の許容濃度として用いることはできない。

次に，表4・2に大気汚染に係る**環境基準**を示す。環境基準は最低限度の値ではないことから，これを超過した場合に直ちに問題となるわけではない。しかし，人の健康の保護や生活環境の保全のために維持されることが望ましいとして行政の努力目標として定められている。

一方，建築基準法や建築物環境衛生管理基準では，建築の**室内環境基準**として表4・3が定められている。これは，年齢・性別を問わず不特定多数の居住者を対象としたものであり，長期間ばく露されても問題が起こらないレベルに設定されている。したがって，労働環境の基準値よりも著しく低く，厳しい値が設定されている。

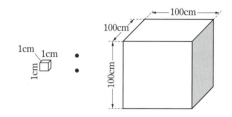

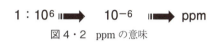

図4・2 ppmの意味

表4・1 労働環境における許容濃度の例

物質名	化学式	許容濃度 [ppm]	[mg/m³]
二酸化炭素	CO_2	5000	9000
一酸化炭素	CO	50	57
硫化水素	H_2S	5	7
オゾン	O_3	0.1	0.20
ホルムアルデヒド	$HCHO$	0.1	0.12
		0.2*	0.24*
トルエン	$C_6H_5CH_3$	50	188
キシレン	$C_6H_4(CH_3)_2$	50	217
スチレン	$C_6H_5CH=CH_2$	20	85
トリクロロエチレン	$Cl_2C=CHCl$	25	135

＊最大許容濃度，常時この値以下に保つこと

表4・2 大気汚染に係る環境基準（環境省）

物質名	許容濃度
二酸化硫黄	1日平均値：　0.04ppm 以下
	1時間値：　　0.1ppm 以下
一酸化炭素	1日平均値：　10ppm 以下
	8時間平均：　20ppm 以下
浮遊粒子状物質	1日平均値：　0.1mg/m³ 以下
	1時間値：　　0.2mg/m³ 以下
二酸化窒素	1日平均値が 0.04～0.06ppm またはそれ以下
光化学オキシダント	1時間値：　　0.06ppm 以下
ベンゼン	1年平均値：　0.003mg/m³ 以下
トリクロロエチレン	1年平均値：　0.2mg/m³ 以下
テトラクロロエチレン	1年平均値：　0.2mg/m³ 以下
ジクロロメタン	1年平均値：　0.15mg/m³ 以下
ダイオキシン類	1年平均値：　0.6pg/m³ 以下*

＊ pg = 10^{-12}g，2,3,7,8-四塩化ジベンゾパラジオキシン毒性換算値

表4・3 室内環境の許容濃度（国土交通省，厚生労働省）

物質名	許容濃度
二酸化炭素	1000ppm
一酸化炭素	10ppm
浮遊粉塵（10μm以下のもの）	0.15mg/m³
ホルムアルデヒド	0.1mg/m³

4・1・3　必要換気量
(1) 必要換気量の計算法

室内を許容濃度に維持するために必要となる換気量の算出方法を検討する。

図4・3に示す容積V [m³] の室がQ [m³/h] の換気を行っているとし，外気濃度をC_0 [m³/m³ または mg/m³] とする[1]。外気流入量は単位時間当たりQ [m³] だから，これに外気濃度をかけると，換気によって単位時間当たり室内に流入する汚染物質の量が得られる。また，汚染物質の室内での発生量をM [m³/h または mg/h] とすれば，室内に持ち込まれる空気汚染物質は次のようになる。

> 換気流入：C_0Q [m³/h または mg/h]
> 室内発生：M [m³/h または mg/h]

一方，室内濃度がC [m³/m³ または mg/m³] で室内を一様に分布しているとすると，室内から排出される空気汚染物質は次のようになる。

> 換気流出：CQ [m³/h または mg/h]

両者が等しいとしてCについて解くと式(4・1)，Qについて解くと式(4・2)となる。

$$C = C_0 + \frac{M}{Q} \quad \cdots\cdots\cdots\cdots (4\cdot1)$$

$$Q = \frac{M}{C - C_0} \quad \cdots\cdots\cdots\cdots (4\cdot2)$$

式(4・1)は汚染物質の発生量と換気量から室濃度を求める式である。また，式(4・2)は汚染物質の発生量と外気濃度から室内を許容濃度に維持するための**必要換気量**を求める式である。

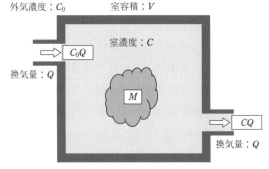

図4・3　室内空気汚染物質の収支

ここで注意が必要なのは，これらの式に室容積Vが関連していないことである。つまり，必要換気量Qは汚染物質の発生量Mと外気濃度C_0で決まり，室容積Vは関係しない[2]。

室内空気汚染物質の収支を一家の家計に例えると，$C_0Q + M$は月収に，CQは月当たりの支出に，室容積Vと濃度Cの積は貯金に相当する。収入＝支出とすれば，貯金は変化しないので，支出は貯蓄金額と無関係なことに対応している。

(2) 必要換気量の表示法

必要換気量は，式(4・2)に示すように，汚染物質発生量に比例するので，単位汚染物質発生量当たりの値として表示されることが多い。人から発生する汚染物質に対する必要換気量は1人当たり m³/h，汚染発生が床面積当たり一定の大きさで発生する場合などには，床面積1 m²当たり m³/hが用いられる。

また，換気量を室容積で割った式(4・3)に示す**換気回数**N [回/h] を用いて表すことも行われる。換気回数は，図4・4に示すように，換気量を室容積基準で表したものである。

---

1) 体積濃度では「体積／体積」となるので，通常は割合を示す％やppmで表して単位はつけない。
2) 最初に室内濃度が外気濃度と同じC_0であり，時刻0から室内発生Mが始まったとすると，室内濃度Cは図に示すように，時間とともに増加し，やがて一定となる。つまり，最終的な室濃度には室容積Vは影響しないが，Vが大きいと濃度上昇が緩やかとなるので，式(4・1)の濃度に達するまでに時間がかかる。

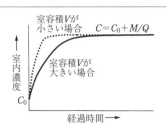

換気回数 0.5 回/h の換気量では，換気開始後 2 時間経過すると，取り入れ外気量の合計が室容積と同じになり，この状態を一回換気などという場合がある。換気は常に室空気と混ざりながら行われるので，一回換気した室でも室空気が完全に外気と入れ替わることはない。換気回数が与えられたときに換気量を逆算するには式(4・4)を用いる。

$$N = \frac{Q}{V} \quad \cdots\cdots\cdots\cdots\cdots\cdots (4\cdot3)$$

$$Q = NV \quad \cdots\cdots\cdots\cdots\cdots\cdots (4\cdot4)$$

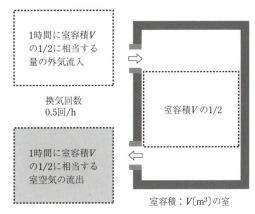

図 4・4 換気回数の意味

4・1・4 人体からの発生汚染物質と必要換気量
(1) CO_2 濃度による評価と必要換気量

人が多数いる室の換気が悪いと空気質が悪化し，頭痛・吐き気などが起こる。これは生理現象に伴う水蒸気や発熱による温熱環境の悪化，臭気や衣服からの粉じんなどによる室内空気の汚染による。これら，人体に由来する室内空気の汚染状況が，人から発する CO_2 濃度に比例して悪化するとして，CO_2 濃度に基づいて室内空気質を評価することが一般に行われている。

表 4・4 に CO_2 濃度と人体影響の関係を示す。CO_2 そのものが人体に直接影響を及ぼすのは，4～5% を超える場合であり，居住者からの CO_2 のみで，濃度がこのレベルに達することは通常ない。一般的には CO_2 濃度が 1000 ppm (0.1%) 以下に維持されていれば，人体に由来するさまざまな室内空気汚染物質による影響は少ないといわれており，建築基準法や建築物環境衛生管理基準にもこの値が採用されている。

表 4・5 に人体からの CO_2 発生量を示す。CO_2 発生量は作業状態によって変化し，最も少ない安静時で 13 L/h (0.013 m³/h) 程度，極軽作業時で 20 L/h (0.020 m³/h) 程度となる。

表 4・4 CO_2 の許容濃度と人体への影響

濃度〔%〕	意　義	適　用
0.07	多数継続在室する場合の許容濃度	CO_2 そのものの有害限度ではなく，空気の物理的・化学的性状が CO_2 の増加に比例して悪化すると仮定したときの，汚染の指標としての許容濃度を意味する。
0.10	一般の場合の許容濃度	
0.15	換気計算に使用される許容濃度	
0.2～0.5	相当不良と認められる。	
0.5 以上	最も不良と認められる。	
4～5	呼吸中枢を刺激して，呼吸の深さや回数を増す。呼吸時間が長ければ危険。O_2 の欠乏を伴えば，障害は早く生じて決定的となる。	
～8～	10 分間呼吸すれば，強度の呼吸困難・顔面紅潮・頭痛を起こす。O_2 の欠乏を伴えば，障害はなお顕著となる。	
18 以上	致命的	

表 4・5 人体から放散される CO_2

作業程度	二酸化炭素発生量〔m³/(h・人)〕
安静時	0.0132
極軽作業	0.0132～0.0242
軽作業	0.0242～0.0352
中等作業	0.0352～0.0572
重作業	0.0572～0.0902

(2) タバコからの粉じんに対する必要換気量

浮遊粉じんの影響について検討することとし，その影響を示すと表4・6となる。一般環境における許容濃度としては，表より 0.1 から 0.2 mg/m³ の範囲に設定するのが妥当と考えられ，建築基準法や建築物環境衛生管理基準では 0.15 mg/m³ が採用されている。

なお，粉じんは 1～2 μm 以下のものが肺胞内に留まって健康被害を及ぼすと考えられていることから，直径 10 μm 以下の粉じんが規制対象となっている。

一般環境における粉じんの有力な発生源として，居住者の喫煙行為が挙げられる。タバコ 1 本の喫煙に伴い発生する一酸化炭素，二酸化炭素，浮遊粉じんを表4・7に示す。

表4・6 浮遊粉じんの人体影響

濃度〔mg/m³〕	影響
0.025～0.05	バックグラウンド濃度
0.075～0.1	多くの人に満足される濃度
0.1～0.14	視程現象
0.15～0.2	多くの人に「汚い」と思われる濃度
0.2 以上	多くの人に「全く汚い」と思われる濃度

表4・7 タバコ喫煙1本当たりの汚染質発生量
（タバコの種類：ハイライト）

汚染質	一酸化炭素	二酸化炭素	浮遊粉じん
発生量	0.00006 m³	0.0022 m³	19.5 mg

【例題1】
室の二酸化炭素濃度を 1000 ppm に維持するのに要する，居住者1人当たりの必要換気量を求めなさい。
ただし，外気濃度 C_0 = 350 ppm としなさい。

【例題解説】
安静時に M = 0.013 m³/h，室濃度を許容濃度の C = 1000 ppm，C_0 = 350 ppm として，式(4・2)に代入すると，式(4・5)が得られる。

$$Q = \frac{0.013}{(1000-350) \times 10^{-6}} = 20 \text{ m}^3/\text{h}$$

$$\cdots\cdots\cdots(4\cdot5)$$

つまり，CO_2 発生量が最低の条件で室濃度を 1000 ppm に維持するための必要換気量は 20 m³/(h・人) となり，この値は建築基準法でも採用されている。

次に，極軽作業の M = 0.020 m³/h として同様の計算を行うと，以下となる。

$$Q = \frac{0.020}{(1000-350) \times 10^{-6}} = 30.8 \text{ m}^3/\text{h}$$

この値を丸めた 30 m³/(h・人) は居住者に対する一般的な必要換気量として空気調和・衛生工学会規格 SHASE-S102 などに採用されている。

【例題2】
室の喫煙頻度を1時間に1本，外気の粉じん濃度を 0 mg/m³ とした場合に，室の粉じん濃度を 0.15 mg/m³ に維持するための必要換気量を求めなさい。

【例題解説】
粉じん発生量，許容粉じん濃度，外気粉じん濃度を式(4・2)に代入すると，以下となる。

$$Q = \frac{19.5}{0.15-0} = 130 \text{ m}^3/\text{h}$$

すなわち，1時間に1本の喫煙行為は，居住者に対する一般的な必要換気量 30 m³/h の4人分よりも多い。なお，タバコからは粉じん以外にも多くの有害物質が発生し，粉じん濃度を許容値としても必ずしも安全でないとの観点から，禁煙・分煙が推奨されている。

4・1・5 燃焼器具使用時の必要換気量

(1) 燃焼器具の種類

室内で燃焼器具を用いる際には、換気を励行することが推奨されるが、燃焼に必要な空気の取り入れと燃焼廃ガスの放出の観点からは、燃焼器具は全て同じではなく、図4・5に示す3種類に区分される。

(a) 開放型燃焼器具
燃焼に必要な空気として室内空気を用い、燃焼廃ガスも室内に放出する。一般的に用いられているガスストーブ・ファンヒーターや調理用のガスコンロなどがこのタイプである。

(b) 半密閉型燃焼器具
燃焼に必要な空気は室内空気を用いるが、燃焼廃ガスは排気筒を用いて屋外に放出する。煙突式の風呂がまや室内設置型の瞬間湯沸し器がこのタイプに相当する。

(c) 密閉型燃焼器具
燃焼に必要な空気は屋外空気を取り入れて用い、燃焼廃ガスも屋外に放出する。FF型、BF型などと呼ばれる器具がこのタイプである。

密閉型燃焼器具では燃焼用の空気を室内に取り入れる必要はなく、半密閉型燃焼器具では燃焼に必要な空気を室内に取り入れてやれば、廃ガスで室内空気が汚染される恐れは少ない。開放型燃焼器具は、燃焼に伴い室内の酸素が消費され、燃焼廃ガスも室内に放出されるので、十分な注意が必要となる。

表4・8に各種燃料の特性値を示す。表中の理論空気量とは、図4・6に示すように、燃焼に要する空気(酸素濃度21%)の体積である。一方、理論廃ガス量は、燃料が完全燃焼し、空気中の酸素がすべて水蒸気と二酸化炭素に変わったとした場合の廃ガス体積を表している。単位燃焼当たりの理論空気量と理論廃ガス量はほとんど同じで、燃焼1 kW・h 当たり 1 m³ に近い値となる。

(2) 不完全燃焼と一酸化炭素発生

開放型燃焼器具を使用すると酸素が消費されて酸素濃度が低下する。しかし、通常の室内で

表4・8 各種燃料の特性値

壁面方位	都市ガス (13A)	プロパン	灯 油
発 熱 量 〔MJ/m³〕	46	102	43 〔MJ/kg〕
比 重 (空気=1)	0.66	1.55	0.79 (水=1)
理論空気量 〔m³/(kW・h)〕	0.86	0.83	0.91
理論廃ガス量 〔m³/(kW・h)〕	0.93	0.93	1.01
理論水蒸気量 〔m³/(kW・h)〕	0.17	0.14	0.13
理論CO₂量 〔m³/(kW・h)〕	0.09	0.11	0.13

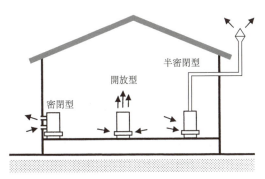

図4・5 燃焼器具の種類

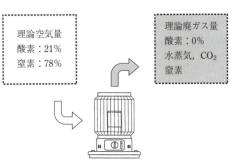

図4・6 理論空気量と理論廃ガス量

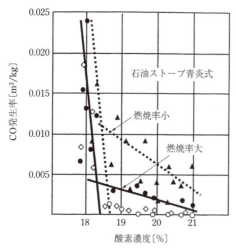

図4・7 燃焼器具(石油ストーブ)の酸素濃度とCO発生量

は人体が酸欠によって影響を受けるとされる15%を下回ることはない。一方，燃焼器具自体は，図4・7に示すように，酸素濃度が21%から19%に低下すると，不完全燃焼により急速にCOが発生する。

CO濃度に対する人体影響を表4・9に示す。0.02%（200 ppm）程度から中毒症状が出始め，

表4・9 一酸化炭素濃度と人体影響

濃度 〔%〕	影　　　響
0.02	・2～3時間内に前頭に軽度の頭痛 ・1～2時間で前頭痛，吐き気 ・2.5～3.5時間で後頭痛
0.08	・45分で頭痛，めまい，吐き気，けいれん，2時間で失神
0.16	・20分で頭痛，めまい，吐き気，2時間で致死
0.32	・5～10分で頭痛，めまい，30分で致死
0.64	・10～15分で致死
1.28	・1～3分で致死

1%では数分で死に至る。このため，建築基準法や建築物環境衛生管理基準ではCO_2の1/100にあたる10 ppmをCOの許容濃度としている。

ところが，COそのものは都市ガスには含まれておらず，その不完全燃焼に伴って発生するため，中毒事故を防止するためには，室内酸素濃度を下げないことが大切である。このため，建築基準法では安全を見て，室内酸素濃度の下限を20.5%（0.5%減）に設定している。

例題3

理論空気量A_{th}〔m^3/h〕の開放型燃焼器具を使用する室内で，酸素濃度を20.5%に維持するための必要換気量を求めなさい。

ただし，清浄空気の酸素濃度C_o = 21%とする。

【例題解説】

図4・8に示すように理論空気量に清浄空気中の酸素濃度21%(0.21)を乗じた値が，室で消費される酸素である。室内での酸素発生量Mは，次のように負の値となる。

$$M = -0.21 A_{th}$$

外気酸素濃度C_o = 0.21，室酸素濃度を許容濃度C = 0.205として，式（4・2）に代入する。

$$Q = \frac{-0.21 A_{th}}{0.205 - 0.21} = 42 A_{th}$$

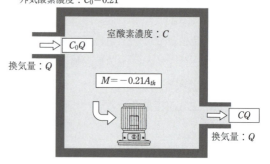

図4・8 火気使用室の必要換気量の計算

つまり，理論空気量の42倍が必要換気量となる。建築基準法では理論廃ガス量（≒理論空気量）に基づいて必要換気量が定められており，開放型燃焼器具が設置されている室の必要換気量は，この値を丸めた40×（理論廃ガス量）としている。

4・1・6 シックハウス対策としての必要換気量
(1) シックハウス問題

　住宅の気密化が進み，化学物質を発散する建材・内装材の使用が増えている。このため，新築・改築後の住宅やビルにおいて，化学物質による室内空気汚染により，居住者の体調不良を訴える状態が，1990年ごろから数多く報告されるようになってきた。症状が多様で症状発生の仕組みをはじめ，未解明な部分が多く，またさまざまな要因が考えられることから，**シックハウス症候群**と呼ばれている。

　シックハウス症候群を防止することを目的に，その原因と目される化学物質について，厚生労働省では表4・10に示す濃度指針値を示している。一方，2000年に国土交通省が行った全国の住宅における化学物質濃度の調査によれば，全体の3割近くでホルムアルデヒド濃度の指針値からの超過が認められた。したがって，住宅におけるホルムアルデヒド濃度の低減がシックハウス症候群対策として重要であるとされ，対策が急がれた。

　ホルムアルデヒドは，無色で刺激臭を有する気体であり，家庭用品および建材などから発散する。特に接着剤に使用されており，合板などの接着剤の原料や壁紙，壁紙用接着剤の防腐剤として利用されている。これらの材料からのホルムアルデヒドの発散は，温度・湿度が高いほど大きくなることが知られている。

　ホルムアルデヒドによる人体影響は表4・11に示すとおりであるが，これら比較的短時間被ばくの症状に加えて発がん性の疑いもあるといわれている。厚生労働省の濃度指針値0.1 mg/m^3（25℃のときの体積濃度0.08 ppm）はホルムアルデヒド特有の刺激臭を感じる限界濃度に設定されており，建築基準法や建築物環境衛生管理基準指針値でもこの値が採用されている。

表4・10　厚生労働省による化学物質濃度指針値

化学物質名	室内濃度指針値	
	質量濃度	体積濃度*
ホルムアルデヒド	0.1 mg/m^3	0.08 ppm
アセトアルデヒド	0.048 mg/m^3	0.03 ppm
トルエン	0.26 mg/m^3	0.07 ppm
キシレン	0.2 mg/m^3	0.05 ppm
エチルベンゼン	3.8 mg/m^3	0.88 ppm
スチレン	0.22 mg/m^3	0.05 ppm
パラジクロロベンゼン	0.24 mg/m^3	0.04 ppm
フタル酸ジ-n-ブチル	0.017 mg/m^3	1.5 ppb
テトラデカン	0.33 mg/m^3	0.04 ppm
フタル酸ジ-2-エチルヘキシル	0.1 mg/m^3	6.3 ppb
ダイアジノン	0.00029 mg/m^3	0.02 ppb
フェノブカルブ	0.033 mg/m^3	3.8 ppb
クロルピリホス	0.001 mg/m^3	0.07 ppb

* 25℃換算値

表4・11　ホルムアルデヒド濃度と人体影響

濃度〔ppm〕		影響
推定中央値	報告値	
0.08	0.05 - 1	におい検知閾値
0.4	0.08 - 1.6	目への刺激閾値
0.5	0.08 - 2.6	のどの炎症閾値
2.6	2 - 3	鼻・目への刺激
4.6	4 - 5	催涙（30分間なら耐えられる）
15	10 - 21	強度の催涙（1時間続く）
31	31 - 50	生命の危険，浮腫，炎症，肺炎
104	50 - 104	死亡

表4・12　ホルムアルデヒド発散建材と建築基準法の対応

JIS・JASの表示記号	ホルムアルデヒド発散速度 mg/(m^2・h)	建築基準法の取り扱い
なし	0.12 超	使用禁止
F☆☆	0.02 ～ 0.12	使用面積制限
F☆☆☆	0.005 ～ 0.02	使用面積制限
F☆☆☆☆	0.005 以下	無制限使用可

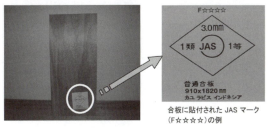

合板に貼付けられたJASマーク（F☆☆☆☆）の例

(2) 建材からのホルムアルデヒド発散

シックハウス症候群を回避するためには、ホルムアルデヒド発散の少ない建材や家具を用いることが重要であり、合板やパーティクルボードなどの建材にはJIS, JASで表4・12に示すホルムアルデヒド発散速度に基づく表示が行われている。ホルムアルデヒド発散速度とは、建材 $1 m^2$ から1時間当たり発散されるホルムアルデヒド重量を意味する。

最もホルムアルデヒド発散の少ない建材はF☆☆☆☆と表示され、そのホルムアルデヒド発散速度は $0.005 mg/(m^2 \cdot h)$ 以下である。建築基準法によれば、F☆☆☆☆建材はホルムアルデヒドの発散が少ないので内装建材として面積制限はないが、F☆☆☆建材、F☆☆建材はこれよりも発散が大きいため、使用面積の上限が定められている。また、ホルムアルデヒド発散速度が $0.12 mg/(m^2 \cdot h)$ を超える建材は規格外として使用が禁止されている。

例題 4

図4・9は床面積 $A [m^2]$、天井高さ $h = 2.3 m$ の室で、内装用の建材として床面積 A の2倍の面積だけF☆☆☆建材が用いられ、また家具として床面積 A の3倍だけ、同じくF☆☆☆建材が用いられている。

この室のホルムアルデヒド濃度を $0.1 mg/m^3$ に維持するための必要換気回数を求めなさい。

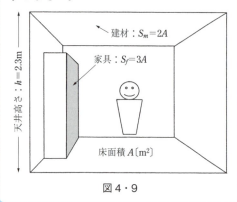

図4・9

【例題解説】

この室に用いられているホルムアルデヒド発散建材の合計は、内装建材が $2A$、家具が $3A$ だから合計して $S = 5A$ だけF☆☆☆建材が用いられている。F☆☆☆建材のホルムアルデヒド発散速度は、表4・12より、$0.005 \sim 0.02 mg/(m^2 \cdot h)$ であるが、安全のために上限の $0.02 mg/(m^2 \cdot h)$ を用いるとすれば、この室のホルムアルデヒド発散量の合計は以下のように表される。

$$M = 0.02 \times 5A$$

外気ホルムアルデヒド濃度 $C_0 = 0 mg/m^3$、室内ホルムアルデヒド濃度を許容濃度 $C = 0.1 mg/m^3$ とする。室容積は、$V = Ah$ と表されるので、室の換気回数を $N [回/h]$ と表せば、換気量は式 (4・4) から $Q = NAh$ となる。

これらを、式 (4・2) に代入すると、以下のようになる。

$$Q = NAh = \frac{0.02 \times 5A}{0.1 - 0} = A$$

これより必要換気回数を求めると、次のようになる。

$$N = \frac{A}{Ah} = \frac{1}{2.3} = 0.43 回/h$$

建築基準法では、この例題のように、内装建材が $2A$、家具が $3A$ だけF☆☆☆が用いられる場合の必要換気回数は、安全を見て、$N = 0.5 回/h$ としている。

4・2 自然換気の力学

4・2・1 換気量と αA

(1) 開口部を通過する風量

図4・10に示すように，面積 A [m²] の開口部を隔てて両側の圧力が P_a [Pa]，P_b [Pa] であるとき（$P_a > P_b$ とおく），空気密度を ρ（ロー）[kg/m³]（≒ 1.2）とおけば，開口部通過風量 Q [m³/s] は式(4・6)で表される（以下，風量の単位に m³/s を用いることに注意する）。

$$Q = \alpha A \sqrt{\frac{2}{\rho}(P_a - P_b)} \quad \cdots\cdots (4\cdot 6)$$

つまり，開口部通過風量は開口部面積 A に比例し，圧力差の平方根 $\sqrt{P_a - P_b}$ に比例する。これは，窓を開放した場合などに成立する関係である。寸法の小さいすき間などを通過する流れでは，これとは異なる傾向を示す。

(2) 開口部形状と流量係数 α の関係

式(4・6)の α を **流量係数** と呼び，開口部形状によって1以下の異なる値を取る。表4・13に各種開口部の流量係数 α を示す。通常の端部が直角に整形された窓では 0.6 ～ 0.7 程度となるが，開口部入口が滑らかに縮小していくベルマウス（ベルの口に類似した形状）では1に近い[1]。

α に開口部面積 A を乗じた αA [m²] を **実効面積**（または相当開口面積，有効開口面積）と呼ぶ。開口部面積に流量係数を乗じるのは，気流が開口部を通過する際に通気抵抗があるので，

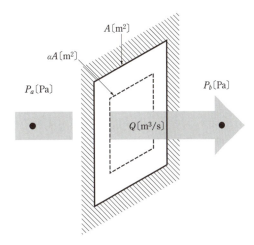

図4・10 開口部の通過風量と圧力差の関係

表4・13 開口部の形状と流量係数 α

名称	形状	流量係数 α
通常の窓		0.6～0.7
ベルマウス		約1.0
ルーバー	β 90°	0.70
	70°	0.58
	50°	0.42
	30°	0.23

図4・10に示すように，開口部が狭められてその有効な面積が αA になったと考えるとよい。

---

1) 端部が直角な窓を空気が流入する際に，流れは直角に曲がれないので，開口部の入口の形状に沿って流れることができない。このため，図に示すように開口部の上流側から下流側にかけて，流れの縮小が起こる。一方，ベルマウスでは，断面積が緩やかに縮小していくので，開口部の入口形状に沿って流れることができ，流れの縮小が生じない。このように，流量係数 α は開口部通過後に流れが縮小する割合を示している。

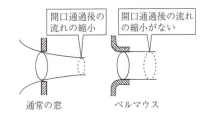

(3) αAの合成

実際の建物では多数の開口部があり，複数の開口部を流入・流出して全体の流れが形成される。したがって，複数開口部を合成して一つの開口部に集約できると換気量計算に都合がよい。

(a) αAの並列合成

図4・11に示すように，開口部1, 2が同じ壁についていて，上流側圧力が P_a，下流側が P_b であるとする。このとき，2つの開口部の通過風量は式(4・7)で合成した $αA$ を，式(4・6)に代入して求められる[1]。

$$αA = α_1A_1 + α_2A_2 \quad \cdots\cdots (4 \cdot 7)$$

これを $αA$ の**並列合成**という。なお，$αA$ の並列合成は，同じ壁面に開口部がなくても，開口部前後に作用する圧力が同じなら適用できる。

(b) αAの直列合成

図4・12に示すように，流れが開口部1を通過した後で開口部2を通過する場合を考える。開口部1の上流側圧力を P_a，開口部2の下流側を P_b とおく。このとき，2つの開口部の通過風量は式(4・8)で合成した $αA$ を式(4・6)に代入して求められる[2]。

$$αA = \frac{1}{\sqrt{\left(\frac{1}{α_1A_1}\right)^2 + \left(\frac{1}{α_2A_2}\right)^2}} \quad \cdots\cdots (4 \cdot 8)$$

これを $αA$ の**直列合成**という。$α_1A_1 = α_2A_2$ となる特別の場合には $αA = \frac{α_1A_1}{\sqrt{2}}$ となる。

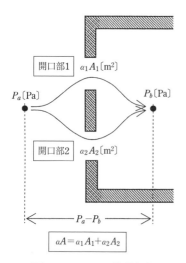

図4・11　αAの並列合成

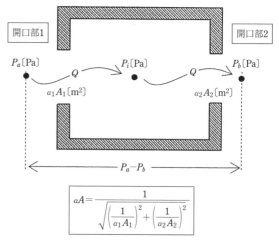

図4・12　αAの直列合成

---

[1] それぞれの開口部を通過する風量を Q_1, Q_2 とすれば，それぞれ以下のようになる。

$$Q_1 = α_1A_1\sqrt{\frac{2}{ρ}(P_a - P_b)}, \quad Q_2 = α_2A_2\sqrt{\frac{2}{ρ}(P_a - P_b)}$$

ルート部分は2式で共通なので，合計通過風量 Q は次のように表される。

$$Q = Q_1 + Q_2 = (α_1A_1 + α_2A_2)\sqrt{\frac{2}{ρ}(P_a - P_b)}$$

[2] 2つの開口部の通過風量が等しいことから次式となる。

$$Q = α_1A_1\sqrt{\frac{2}{ρ}(P_a - P_i)} = α_2A_2\sqrt{\frac{2}{ρ}(P_i - P_b)}$$

式を $P_a - P_i$，$P_i - P_b$ について解き，$P_a - P_i + P_i - P_b = P_a - P_b$ を用いて変形すると以下のようになる。

$$P_a - P_b = \frac{ρ}{2}Q^2\left(\frac{1}{α_1A_1}\right)^2 + \frac{ρ}{2}Q^2\left(\frac{1}{α_2A_2}\right)^2$$

これを，さらに変形すると次の通過風量計算式を得る。

$$Q = \frac{1}{\sqrt{\left(\frac{1}{α_1A_1}\right)^2 + \left(\frac{1}{α_2A_2}\right)^2}}\sqrt{\frac{2}{ρ}(P_a - P_b)}$$

4・2・2 風力換気
(1) 風圧係数

開口部に**風圧力**が作用し，換気される場合の取り扱い方法を検討する。

風圧力 P_w 〔Pa〕は風をせき止める風上面で正圧（建物を押す方向に働く）となり，気流がはく離する屋根面や建物背面では負圧（建物を引っ張る方向に働く）となるが，建物に作用する風速（通常は，建物軒高の風速）を V〔m/s〕，空気密度を ρ〔kg/m³〕（≒1.2）とおいて，式(4・9)と表される。

$$P_w = C \cdot \frac{1}{2}\rho V^2 \quad \cdots\cdots\cdots (4・9)$$

式(4・9)の C は次元のない値で**風圧係数**と呼ばれる。風圧係数 C は風圧力と同じく，正にも負にもなり得るもので，その分布の例を図4・13に示す。式より風圧力 P_w は風速 V の二乗に比例して増加する。

(2) 風力換気量の計算法

図4・14に示す風圧係数と開口条件の建物について風力換気量を算出するとし，まず，図の開口部1と2が開いており，開口部3が閉じられている場合を検討する。

このとき，開口部の通過風量は図4・12の場合と同じであるから，開口部1，2の αA を直列合成した結果を $(\alpha A)_{12}$ とおけば，式(4・10)で求められる[1]。

$$Q = (\alpha A)_{12} \cdot V \cdot \sqrt{C_1 - C_2} \quad \cdots\cdots (4・10)$$

式(4・10)より風力による換気量は外部風速 V〔m/s〕に比例して増加する。また，式(4・10)のルートの中は，図4・14の条件では $C_1 = +0.7$，$C_2 = -0.4$ となるので，$C_1 - C_2 = +0.7 - (-0.4) = 1.1$ となる。

開口部1を閉じて，開口部2と3を開いた場合は，どちらも風圧係数は負となるが，風圧係数の大きい開口部2から開口部3に向かって（$C_2 > C_3$）気流が流れる。このときの風圧係数の差は，$C_2 - C_3 = -0.4 - (-0.9) = 0.5$ となる。このように風力換気は，風圧係数が正の開口部と負の開口部がある場合だけではなく，開口部の風圧係数に差があれば生じる。

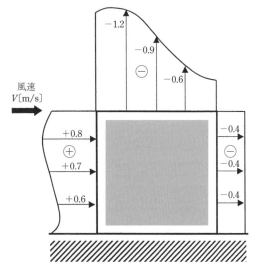

図4・13 建物周囲の風圧係数分布

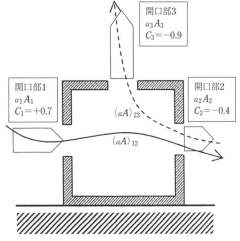

図4・14 建物周囲の風圧係数分布

---

1) 直列合成した開口部の上流側と下流側の圧力差 $P_a - P_b$ は，開口部1と2に作用する風圧力の差であるから，式(4・9)を用いて $P_a - P_b = (C_1 - C_2) \cdot \frac{1}{2}\rho V^2$ となる。これを式(4・6)に代入すれば，以下となる。
$$Q = (\alpha A)_{12}\sqrt{\frac{2}{\rho} \cdot (C_1 - C_2) \cdot \frac{\rho}{2}V^2} = (\alpha A)_{12} \cdot V \cdot \sqrt{C_1 - C_2}$$

例題 5

図4・15に示す建物の風力換気量を求めなさい。ただし、外部風速、各開口部の風圧係数、実効面積は図に示す値を用いるとする。

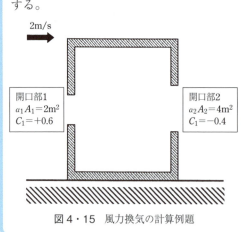

図4・15 風力換気の計算例題

【例題解説】

まず、開口部1と2を式（4・8）を用いて直列合成する。

$$(\alpha A)_{12} = \frac{1}{\sqrt{\left(\dfrac{1}{\alpha_1 A_1}\right)^2 + \left(\dfrac{1}{\alpha_2 A_2}\right)^2}}$$

$$= \frac{1}{\sqrt{\left(\dfrac{1}{2}\right)^2 + \left(\dfrac{1}{4}\right)^2}} = \frac{4}{5}\sqrt{5}\,\text{m}^2$$

これを、式（4・10）に代入すると、次のように換気量が求められる。

$$Q = (\alpha A)_{12} \cdot V \cdot \sqrt{C_1 - C_2}$$

$$= \frac{4}{5}\sqrt{5} \cdot 2 \cdot \sqrt{0.6 - (-0.4)}$$

$$= \frac{8}{5}\sqrt{5} = 3.6\,\text{m}^3/\text{s}$$

(3) 通風の有効利用法

夏場や中間期などで比較的外気温度が高くないときに、窓を大きく開放して大量の風力換気を確保する通風は、この季節の室内温熱環境の改善に有効な手法である。

大きな換気量を確保し、通風の効果を高めるには複数の開口部を開放し、式（4・10）に示されているように、開口部の風圧係数差をなるべく大きく確保することが重要である。このためには、図4・13の建物各面の風圧係数の分布を参考に、正圧となる風上面と負圧となる風上以外の面の窓を組み合わせて用いるとよい。また、通風気流が室内を通過する領域を意味する**通気輪道**が居住域を通るようにすれば、居住者が高速気流を浴びることによって、冷涼感は一層増すことになる。

図4・16に、さまざまな開口部条件と室内気流、通気輪道の例を示す。図(a)の開口部状況では、流入気流は居住域を直進して流出開口部に到達するので効果的である。

図(b)のように、流出開口部の位置を変更しても、通風は流入した方向を維持したまま室内を直進する傾向があるので、図(a)の場合と大きな差はない。図(c)のように、風上面または風下面中の2箇所に開口部を設けても、風圧係数の差が大きくならないので換気量そのものが大きくならず、通風の効果は低い。また、図(d)のように、流入開口部を高所に設けると、流出開口部を低所に設けても、通気輪道は天井付近となるので、この場合も大きな効果は期待できない。

次に、最近の事務所ビルなどで用いられている風力換気の利用方法の例を図(e)に示す。図では、中央に吹抜けのある建物を示しているが、このような形状の建物頂部では、どの風向から風が吹いても大きな負圧となることが知られている。したがって、外壁面と吹抜け部をつなぐ換気経路を確保してやれば、各階では外壁面側から吹抜け方向に自然換気が確保され、室内環境の改善に役立てることができる。

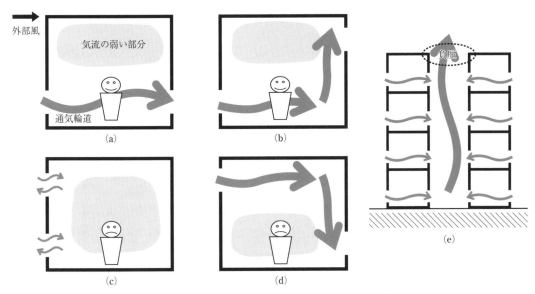

図4・16 さまざまな通風気流条件と通気輪道

4・2・3 温度差換気(重力換気)
(1) 温度差換気量の計算法

外部風がない場合でも、建物内外に温度差があると換気が起こる。

図4・17に示すように、暖房状況では室温が高いので室内空気は外部空気より密度が小さい。密度の小さい軽い空気は上昇するので、建物の上部では空気が圧縮されて外気より高圧に、下部では空気が希薄となるので外気より低圧となる。このため、外壁の上下に開口部があると、外気は下の開口部から流入し、室空気は上の開口部から流出する。したがって、冬の暖房室では冷気が下部のすき間から流れ込み、室内温熱環境を乱す要因になる。一方、夏の冷房室では圧力の関係が逆転し、暑い外気が上部から侵入する。ただし、すき間風が居住域から離れた上部から侵入することから、あまり問題とはならない。

図4・18に、図4・17の条件で作用する内外圧力差の分布を示す。下の開口部では、室圧は外部より低く、上の開口部では外部より高い。したがって、上下の開口部の間に内外圧力差が0となる部分が生じ、この部分を**中性帯**という。中性帯では内外圧力差がないので開口部があっても換気は起こらない。

開口部に作用する圧力差は内外空気密度の差と中性帯からの距離に比例して増加する。

したがって、上下の開口部に作用する圧力差は、重力加速度をg〔m/s²〕とおき、図4・18の記号を用いて、$P_a - P_b = (\rho_0 - \rho_i)gh$となる。

これより開口部の通過流量Qは上下の開口部1, 2のαAを直列合成した結果を$(\alpha A)_{12}$、室温をt_i〔℃〕、外気温をt_0〔℃〕、開口高さの差をh〔m〕とおいて式(4・11)で求められる[1]。

$$Q = (\alpha A)_{12}\sqrt{\frac{2g(t_i - t_0)h}{t_i + 273}} \quad \cdots\cdots (4・11)$$

つまり、温度差換気量はαAに比例し、室温と外気温差と開口高さの差の平方根に比例して増加する。

---

[1] 開口部の通過流量Qは、上下の開口部1, 2のαAを直列合成した結果を$(\alpha A)_{12}$とし、$P_a - P_b = (\rho_0 - \rho_i)gh$を式(4・6)に代入すると、$Q = (\alpha A)_{12}\sqrt{\dfrac{2(\rho_0 - \rho_i)gh}{\rho_0}}$となる。外気の絶対温度:$T_0 = t_0 + 273$、室温の絶対温度:$T_i = t_i + 273$とすると、$\rho_0 T_0 = \rho_i T_i$となることから、式を変形して式(4・11)が得られる。

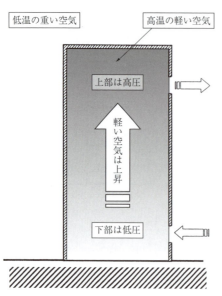

図4・17 温度差による換気の原理

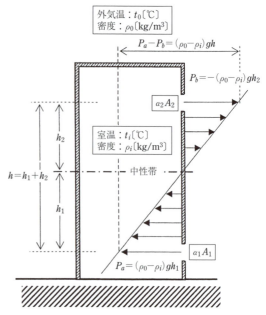

図4・18 温度差による圧力差

例題6

図4・19に示す周囲が無風で，内外に温度差がある建物の温度差換気量を求めなさい。

ただし，内外温度，各開口部の実効面積は図に示す値を用いるとする。

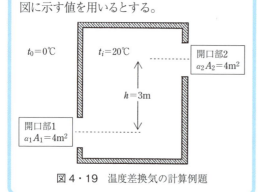

図4・19 温度差換気の計算例題

【例題解説】

まず，開口部1と開口部2を直列合成する。

$$(aA)_{12} = \cfrac{1}{\sqrt{\left(\cfrac{1}{a_1 A_1}\right)^2 + \left(\cfrac{1}{a_2 A_2}\right)^2}}$$

$$= \cfrac{1}{\sqrt{\left(\cfrac{1}{4}\right)^2 + \left(\cfrac{1}{4}\right)^2}} = 2\sqrt{2}\ \mathrm{m^2}$$

次に，$t_i = 20\,℃$，$t_0 = 0\,℃$，$h = 3\,\mathrm{m}$，として式(4・11)に代入すると，以下となる。

$$Q = (aA)_{12}\sqrt{\dfrac{2g(t_i - t_0)h}{t_i + 273}}$$

$$= 2\sqrt{2} \cdot \sqrt{\dfrac{2 \cdot 9.8 \cdot (20-0) \cdot 3}{273 + 20}}$$

$$= 2\sqrt{2} \cdot \sqrt{\dfrac{1176}{293}} = 5.7\ \mathrm{m^3/s}$$

(2) 温度差換気における留意事項

中性帯の位置と上下の開口部の αA の関係を図 4·20 に示す。αA が等しい図(a)の条件では，中性帯は上下の開口部の中間となる。中性帯と開口部との距離が上下の開口部で等しいので，開口部に作用する内外圧力差も等しくなる。

一方，図(b)のように，上部の開口部の αA が大きい場合では，中性帯は上部に移動する。これは，開口部を流入・流出する流量が等しいので，αA の大きい開口部では内外圧力差は小さく，αA が小さい開口部では内外圧力差は大きくなるためである。このように，中性帯は αA の大きい開口部に近づく。

温度差換気の影響が顕著に現れる例として，図 4·21 に吹抜けのある高層建物を示す。吹抜け部分の温度が外気温度よりわずかに高くても，開口高さの差 h が大きいので，大きな圧力差が生じる。この種の建物では，建物頂部に大きな開口部が設けられている場合が多く，中性帯が高所に位置するので，1 階の開口部には大きな圧力差が作用する。この結果，大量の外気の流入やドアが急に開放されることによる事故などの恐れがある。対策としては，入口部分に回転ドアを設けることによって，開口部に作用する圧力をバランスさせ，常時閉の状況を作り出すことが有効である。

温度差換気を積極的に活用する工夫として，ソーラーチムニーの例を図 4·22 に示す。建物の頂部に煙突を設け，ガラス等を設けて日射熱が煙突内を暖めやすいような工夫を行う。煙突内が暖められて，空気温度が上昇すると，温度差換気による換気駆動力が作用し，煙突下部の空気が吸引されて外部に排出される。頂部の設計を適切に行えば，風力が作用した場合に温度差換気を促進する方向に風力を活用することができるため，建物の自然換気促進装置として利用することができる。

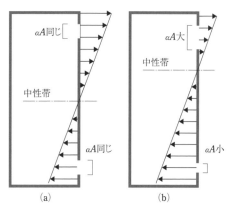

図 4·20　αA と中性帯位置の関係

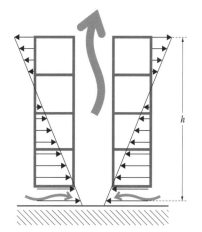

図 4·21　吹抜けの煙突効果

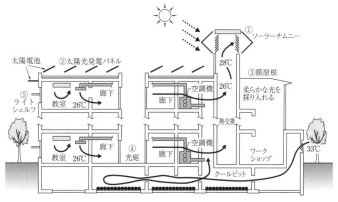

図 4·22　ソーラーチムニー（北九州市立大学国際環境工学部棟）
（JSBP 編　村上周三ほか著「実例に学ぶ CASBEE」日経 BP による）

4・3 機械換気の計画

4・3・1 機械換気方式
(1) 給排気機による分類
(a) 第1種換気方式

図4・23(a)に示す，給気側にも排気側にも送風機を用いる方法である。この換気方式には次のような特徴がある。

換気量の確保が確実にできるほか，給気側・排気側両方に通気抵抗となるフィルターや**全熱交換器**などを用いることができる。ダクトを接続することにより，給気口・排気口の位置を任意に設定することが可能で，室内に新鮮外気を均等に分配するなど，目的となる換気を達成しやすい。また，給気機と排気機の能力を調整することにより，室内圧を正圧にも負圧にも設定可能である。

このように，第1種換気は任意の換気の目的に適合させることができるが，送風機が二重に必要であるため設備費・運転費は割高となる。

(b) 第2種換気方式

図4・23(b)に示すものであり，給気機を用いるが排気側には排気口を用いる。この方式には次のような特徴がある。

給気機を設置した室または，ダクトを接続した吹出口を設けた室の換気量確保を確実に行うことができる。排気口からの流出は送風機による室の加圧によって行われるので，送風機は排気側の通気抵抗を考慮する必要がある。給気側には空気浄化装置などを用いることができる。

この方法を用いると室圧が正圧となるので，汚染空気やすき間からの外気の流入を防止できることから，手術室などの高い空気清浄度が要求される室に適している。ただし，室圧によっては扉の開閉に支障をきたす場合があるので，十分な大きさの排気口が必要である。木造住宅のシックハウス対策を目的とした換気設備に用いる場合も同様で，室圧が大きすぎると湿気を含んだ空気を壁内部に押し込むことにより，6・2・3で述べる**内部結露**を誘発する恐れがあるとされている。

(c) 第3種換気方式

図4・23(c)に示すものであり，排気機を用いるが給気側には給気口を用いる。この方式には次のような特徴がある。

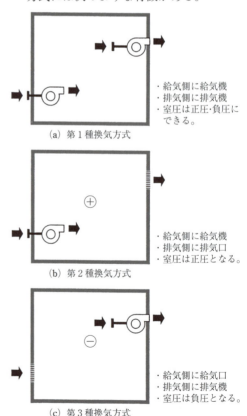

(a) 第1種換気方式
・給気側に給気機
・排気側に排気機
・室圧は正圧・負圧にできる。

(b) 第2種換気方式
・給気側に給気機
・排気側に排気口
・室圧は正圧となる。

(c) 第3種換気方式
・給気側に給気口
・排気側に排気機
・室圧は負圧となる。

図4・23 給排気機による換気方式の分類

室圧が負圧になるので，すき間から外気，隣室空気は流入するが，室空気が他に流出する恐れは少ない。したがって，有害ガスや粉じんなどの発生する汚染室，汚染部分に適している。住宅では，室圧が負圧となることから，汚染空気が他に拡散する恐れが少ないので，汚染空気の発生するトイレ・浴室・台所などの水廻り部分の換気に適当である。送風機は給気側の通気抵抗を考慮する必要があり，十分な大きさの給気口が必要である。シックハウス対策を目的とした換気設備として用いる場合，給気口から外気が直接入って室の温熱環境を乱すので，給気口は 1.6 m 以上の高所に設けるのがよい。

(d) **全熱交換器の利用**

第1種換気方式を採用する理由の一つに**全熱交換器**の利用が考えられる。全熱交換換気ユニットは，図4·24(a)に示すように，外気→給気経路と還気→排気経路を交差させて，室空気の温度・湿度（顕熱・潜熱という）を給気側に移し替えて換気するものである。図(b)に示す全熱交換素子の通気抵抗が大きいので給気側，排気側にも送風機が必要である。外気が直接室内に入る場合に比べて，温熱環境を乱す恐れが少なく，寒冷地で気密性が高い住宅などに設置すると，省エネルギー効果も期待できる。

(2) **換気対象による分類**

(a) **全般換気方式**

図4·25(a)に示すように，住宅の居室や事務所の執務室，学校の教室などは室内空気の汚染源が空間をまんべんなく分布するか，汚染源の位置が移動するので，予め特定することができない。このような場合には，室内全体に供給空気が行き渡るよう**全般換気方式**を採用する。一般的には換気と

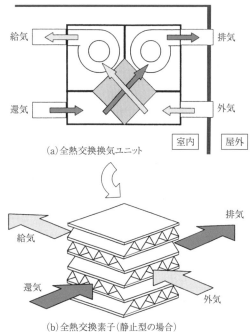

図4·24 全熱交換器のしくみ

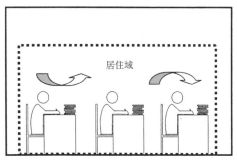

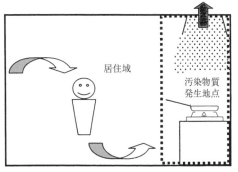

図4·25 汚染の発生状況と換気方式

同時に室内空気をよく混合して，局所的に空気が滞留する部分がないように対策するとよい。

(b) 局所換気方式

一方，図4・25(b)に示す，台所のレンジフードのように，汚染源の位置が決まっている場合には，**局所換気方式**を採用する。この場合には，排気フードなどを併用し，汚染空気が居住域に拡散して空気環境が悪化しないようにすることが望ましい。汚染空気を効率的に除去できれば，必要換気量を削減することも可能である。局所換気方式はこのように，汚染空気の排除を目的とするので，第3種換気方式の採用が一般的である。

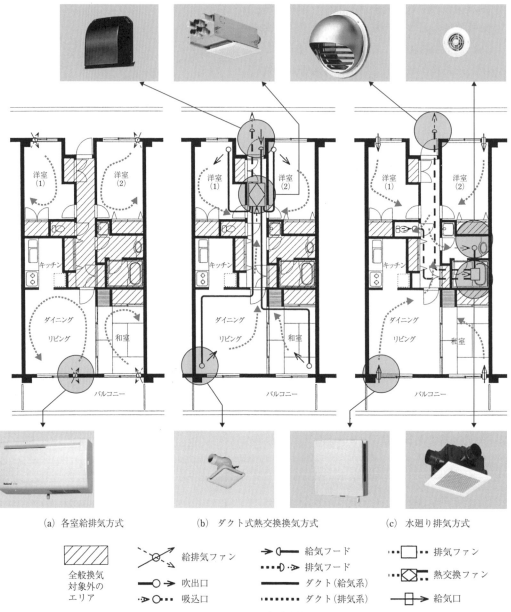

(a) 各室給排気方式　　(b) ダクト式熱交換換気方式　　(c) 水廻り排気方式

図4・26　住宅用の各種換気方式
（換気部品の写真は，松下エコシステムズのホームページより）

4・3・2 換気の計画
(1) 各種換気方式の得失

図4・26に示す集合住宅について，シックハウス対策を目的とした各種換気設備を導入した場合の得失について検討する。

2003年の建築基準法の改正により，原則としてすべての居室，または居室と一体として換気される室には機械換気設備の設置が義務づけられたが，換気設備や換気対象室の想定によって，同じ建物でも換気計画に差が生じる。

図(a)の**各室給排気方式**は，居室のみに給排気扇を設置する方法で，居室に確実に新鮮外気を供給することが可能である。しかし，この方法を用いると，居室と廊下や水廻り部分に圧力差ができないので，外部風の影響などを受けて廊下や水廻りから汚染空気が逆流する場合も考えられ，汚染空気の拡散防止の点で不安がある。また，すべての居室の外壁に給排気扇を設置するための貫通孔が必要となるので，外観，構造上の問題となる場合がある。

図(b)の**ダクト式熱交換換気方式**は，玄関ホール上部などに図4・24に示した全熱交換換気ユニットを設置し，ダクトで各室に給気する方法である。各室からの還気は，ドア下のすき間などを経由して廊下に導かれ，換気ユニット下部の排気口から吸引されて外部に排出される。この方法を用いると，居室は廊下に対して正圧に維持されることから，廊下から居室への逆流が抑制される。ただし，水廻りからの汚染空気の廊下への拡散の可能性があるので，トイレ・浴室等は使用時には局所換気装置の運転を徹底する必要がある。また，全熱交換換気ユニットは定期的な点検，整備を要するので，その設置位置や点検口には十分な配慮が必要となる。

図(c)の**水廻り排気方式**は，水廻りの排気用送風機を常時換気タイプとし，居室に給気口を設けて第3種換気方式とするものである。最も高い空気清浄度の要求される居室から廊下を経て汚染発生空間である水廻りに至る空気の流れとなるので，計画どおりの換気経路が形成されれば汚染空気拡散の恐れは少ない。しかし，居室への給気は内外の圧力差に依存するので，外部風や内外温度差の影響を受けやすく，気密性の低い建物では，すべての居室の必要換気量確保が困難となる場合もある。

(2) 局所換気設備の換気計画

水廻り部分は汚染発生空間となるので，第3種換気による対策が一般的であるが，主として換気回数に基づいて表4・14に示す値が経験的に用いられている。これらに基づいて，計画されている各室の換気風量の代表的な値を表4・15にまとめて示す。

表4・14 水廻りの換気回数・換気風量

室名	項目	換気回数〔回/h〕	一般的な気積〔m³〕	一般的な換気風量〔m³/h〕	備考
ユニットバス		10〜20	3.9	80	ユニットバス：1.2m×1.3m×2.0H
洗面所	乾燥機有	機器による	−	120	
	乾燥機無	10	5.6	60	洗面所：1.5m×2.0m×2.1H
トイレ		10	2.81	30	トイレ：0.9m×1.5m×2.1H
洗濯室	乾燥機有	機器による	−	120	
	乾燥機無	5	2.1	10	洗濯機室：1.2m×1.6m×2.0H
電気温水器置場		−	発熱量より	150	
クロゼット・納戸		3	−	−	3m²以上は機械換気が望ましい

表4・15　換気設備ごとの換気風量

室　名	強ノッチ 設定条件	強ノッチ 風量〔m³/h〕	中ノッチ 設定条件	中ノッチ 風量〔m³/h〕	弱ノッチ 設定条件	弱ノッチ 風量〔m³/h〕	換気方式 給気設定条件・方式
厨房	ガス熱源 電気熱源	450 360	ガス熱源 電気熱源	200 160	ガス熱源 電気熱源	100 80	排気風量の70〜80% 給気レジスタ，専用ダクト
浴室	入浴時	100			冬季入浴時	20	給気レジスタ＋アンダカット
洗面所 脱衣室	乾燥機有 乾燥機無	120 60					給気レジスタ＋アンダカット または給気ガラリ
トイレ		30					給気レジスタ＋アンダカット または給気ガラリ

コラム5　置換換気システム

　置換換気システムは室温より低温の空調空気を気流による不快感が問題とならない低風速で室下部の居住域に直接供給し，室上部で排気するシステムである。密度の大きい空調空気は，浮力の作用により鉛直方向の空気混合を抑制しつつ室下部から天井に向かう，一方向の流れが形成される。

　一方，人体などの汚染源から発生する汚染空気は，室温より高温の場合が多いので，気流が弱い環境下では浮力によって上昇する傾向がある。居住域への低温低風速送風は，この上昇気流に影響することが少ないので，居住域の空気が汚染される恐れは少なく，また，天井面付近に到達した汚染空気は排気口から排出されるので，効率的な換気が可能となる。

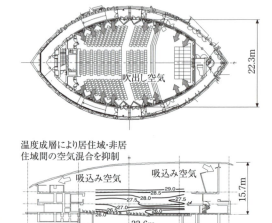

温度成層により居住域・非居住域間の空気混合を抑制

　図は音楽ホールに置換換気システムを設備し，夏期の温度分布を測定した例である。床面付近から上部に行くに従い，温度が上昇する温度成層が形成され，居住域部分の温度が低く冷房効率が高いことが分かる。居住域に優先的に空調空気が分配され，効率的な換気が行われている。

第4章 演習問題

【問題1】 室内の空気汚染に最も関係の少ないものは，次のうちどれか。
(1) 窒　素
(2) 一酸化炭素
(3) VOC（揮発性有機化合物）
(4) オゾン
(5) 塵　埃

【問題2】 室内空気汚染に関する次の記述のうち，最も不適当なものはどれか。
(1) 二酸化炭素濃度は，室内空気汚染の指標の一つである。
(2) 居室の必要換気量は，一般に室内の酸素濃度を基準にして決められる。
(3) 二酸化炭素は，無色・無臭で空気より重い。
(4) 人体を発生源とする空気汚染の原因のひとつに，体臭がある。
(5) 内装材からホルムアルデヒドが発生すると，室内空気汚染の原因となる。

【問題3】 室内空気汚染に関する次の記述のうち，最も不適当なものはどれか。
(1) 不完全燃焼や喫煙などにより発生する一酸化炭素(CO)は有害ガスである。
(2) ホルムアルデヒドなどによる室内空気汚染を防ぐためには，室の気密性を高くし換気回数を減らす必要がある。
(3) かびは菌の一種で，飛散した胞子が疾病の原因になることもある。
(4) 汚染質が発生している室における必要換気量は，その部屋の汚染質の発生量，許容濃度および外気中の汚染質の濃度によって決まる。
(5) 居室の必要換気量は，一般に成人1人当たり $30\,\mathrm{m^3/h}$ 程度とされている。

【問題4】 必要換気量に関する次の記述のうち，最も不適当なものはどれか。
(1) 居間や寝室などの人が汚染源となる居室において，衛生上必要な換気量は二酸化炭素濃度 0.1％（1000 ppm）を基準として算出する。
(2) 喫煙量が多い部屋の場合には，一般に，1人当たり $10 \sim 20\,\mathrm{m^3/h}$ の換気が必要になる。
(3) 開放型燃焼器具が正常に燃焼するための必要換気量は，理論廃ガス量を基準として算出する。
(4) 台所用の換気扇には，燃焼廃ガスの他に炊事に伴う煙，水蒸気，臭気などを排出するための排気能力が必要である。
(5) 換気の主な目的は，室内の空気を清浄に保つことであり，気流速を得ることではない。

第4章 演習問題

【問題5】 機械換気に関する次の記述のうち，最も不適当なものはどれか。
(1) 第3種換気法は，機械排気と自然給気によって行われる方式である。
(2) 汚染物質が発生する室においては，第2種換気設備が適している。
(3) 便所や湯沸室では，室内圧を周囲より低く保つように排気機を用いた換気とする。
(4) 全般換気とは，室全体に対して換気を行い，汚染物質濃度を薄めることをいう。
(5) 気密性の高い住宅の機械換気においては，主要な居室に給気し，浴室や便所などから排気する方式が有効である。

【問題6】 自然換気に関する次の記述のうち，最も不適当なものはどれか。
(1) 建築物内外の温度差を動力とする自然換気の換気量は，給気口と排気口の面積に関係するが，その取付け高さの差には関係しない。
(2) 風力換気においては，風向が一定の場合は，換気量は風速に比例して増加する。
(3) 自然換気は，風によるほか室内外の温度差によっても行われる。
(4) 開口のある室内においては，外部の風速が変化すると換気量も変化する。
(5) 通風の効果を上げるためには，夏期の最多風向に合わせた方位に給気のための窓を設ける。

第5章

熱環境

5・1 熱の流れの基礎 ──────── 102

5・2 熱貫流と日射 ──────── 108

5・3 建物全体の熱特性 ──────── 115

5・1 熱の流れの基礎

5・1・1 熱貫流の概念
(1) 熱の流れのプロセス

図5・1に示すように，壁をはさんで内外に温度差があるとき，高温側から低温側に向かって熱の流れが生じ，これを**貫流熱流**という。熱流の単位は，単位時間当たり壁全体を通過する熱エネルギーとして〔W〕または，壁の単位面積当たり，単位時間当たりの通過熱エネルギーとして〔W/m²〕を用いて表す。

貫流熱流は固体壁内部を流れる**熱伝導**と，壁表面を出入りする**熱伝達**によって伝わり，熱伝達はさらに，**対流熱伝達**と**放射熱伝達**に分けられる。

対流熱伝達は，固体表面⇔固体に接する空気間の熱の流れである。一方，放射熱伝達は，固体表面⇔他の固体表面，大気との間での電磁波による熱の流れである。このように，熱貫流を構成している熱の流れ現象は，伝導・対流・放射の三つのプロセスが関係している。

(2) 熱の流れのイメージ

貫流熱流は，図5・2に示すように，水が高所から低所に流れる段滝をイメージすると理解しやすい。ここでは水位が温度に，滝の水流が熱流に対応している。

ある部分（図中のうすいアミ部分）の水位変化は，そこに流れ込む水流とそこから流れ出す水流の差によって決まり，流入水流のほうが大きい場合，水位は上昇する。

流入水流と流出水流が等しい場合，水位変化はなく，このような時間変化のない状況を**定常状態**という。

熱の場合も同様で，壁を流れる熱流の大きさがどの部位でも等しい場合，各部位の温度が時

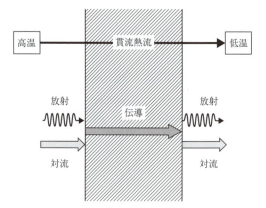

図5・1 熱貫流を構成する熱の流れ

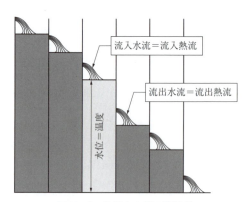

図5・2 熱流と水流の類似性

間的に変化しない定常状態となる。

実際の状況では，外気温度や室温が時々刻々変化するので，定常状態となることはむしろ例外的といえる。しかし，熱の流れ現象の理解には定常状態が基礎となり，実務上では非定常状態を定常状態に置き換えて検討する場合が多い。そこで，以下では主として定常状態での熱の流れを取り扱っていく。

5・1・2 熱伝導
(1) 熱伝導の法則

均質で厚さ d 〔m〕の固体端部の表面温度が t_1 〔℃〕, t_2 〔℃〕で異なる場合, 定常状態では図5・3に示すように固体内部の温度は直線分布となる。

このとき, 壁内部を流れる熱流 q 〔W/m²〕は, 固体の**熱伝導率** λ 〔W/(m・K)〕に温度勾配（壁厚さ1m当たりの温度差）を乗じて式(5・1)で表される（なお, $t_1 < t_2$ の場合は, 温度差として $t_2 - t_1$ を用いる）。

$$q = \lambda \frac{t_1 - t_2}{d} \quad \cdots\cdots\cdots\cdots (5・1)$$

つまり, 温度の勾配が等しい場合, λ が大きい材料ほど熱を通しやすい。

(2) 各種建築材料の熱伝導率

各種建築材料の密度と熱伝導率の関係を, 表5・1と図5・4に示す。

鋼, コンクリートなど密度が 1000 kg/m³ と, 水より密度が大きい建築材料は, 構造部材として使用される例が多いが, これらの建築材料の λ は概ね 1.0 W/(m・K) 以上で大きく, 熱を通しやすい。

一方, 硬質ウレタンフォーム, グラスウールなどの**断熱材**は密度が 100 kg/m³ 以下と軽く, λ は 0.05 W/(m・K) 程度以下と小さい。

また, 木材など間仕切り材料として用いられている建築材料では, 密度がこれらの中間に位置し, λ も中間的な 0.15 W/(m・K) 程度となっている。

コンクリートの λ が 1.6 W/(m・K) であるのに対し, 木材の λ は 0.15 W/(m・K) とおよそ

表5・1 各種材料の密度と熱伝導率

材　料	密　度〔kg/m³〕	熱伝導率〔W/(m・K)〕
鋼	7830	53
アルミニウム	2700	200
板ガラス	2540	0.78
タイル	2400	1.3
コンクリート	2400	1.6
かわら・スレート	2000	0.96
石綿スレート	1500	0.96
せっこうボード	710〜1110	0.22
断熱木毛セメント板	430〜700	0.10
パーティクルボード	400〜700	0.15
木材	550	0.15
壁・天井仕上用クロス	550	0.13
軟質繊維板	200〜300	0.046
たたみ	230	0.11
硬質ウレタンフォーム	25〜45	0.023〜0.026
グラスウール	10〜35	0.036〜0.052
ポリスチレンフォーム	15〜27	0.028〜0.043
水	998	0.6
空気	1.3	0.022

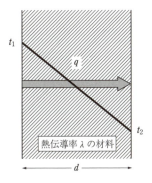

図5・3 固体内の熱伝導率

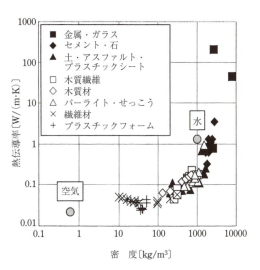

図5・4 各種建築材料の密度と熱伝導率

1/10，断熱材であるグラスウールの λ は，0.04 W/(m·K) と，コンクリートのおよそ 1/30 に低下している。

このように，各種建築材料の λ と密度については，

コンクリート ＞ 木材 ＞ 断熱材

の関係があり，全般的には，密度が大きい重い材料ほど熱伝導率 λ は大きく，熱を通しやすい傾向がある。

(3) 断熱材（保温板）の熱伝導率

断熱材など，熱伝導率が小さい材料のかさ比重[1]が小さい理由は，図 5·4 の空気の例に見られるように，熱伝導率の小さい気体を内部に多く含んでいることによる。

発泡系の断熱材では，図 5·5(a) に示すように，固体内部に形成されている細かい空隙に気体が閉じこめられて自由に動き回ることができない。このため，気体が本来もっている熱伝導率の小さい性質が，材料の特性として現れてくる。ただし，図(b)に示すように，空隙が大きいと内部で空気が動き回って熱が伝わってしまうので，熱伝導率は小さくならない。

したがって，性能の高い断熱材を作るには，固体内部に大量の気体を含み，それらをなるべく微細な空隙に封じ込めるなどして，その流動を抑制する必要がある。

このため，断熱材のかさ比重と λ の関係は複雑で，単純にかさ比重の大小のみで λ は決まらない。図 5·6 に示すように，グラスウール，軟質ウレタンフォームなどでは，かさ比重が大きいほうが λ が小さい。一方，硬質ウレタンフォームなどでは，あるかさ比重のときに λ は最小となる傾向がある。

(4) 熱伝導率に影響するその他の要素

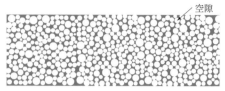

(a) 空隙が小さい場合

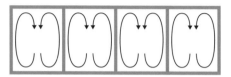

(b) 空隙が大きい場合

図 5·5　多孔質材料内の空気流動

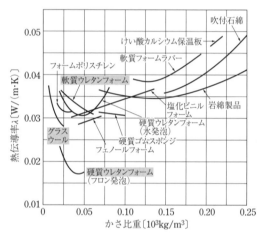

図 5·6　各種断熱材のかさ比重と熱伝導率

熱伝導率に影響する他の要素としては，部材の温度と含湿（水）量がある。一般的に，温度が高ければ高いほど熱伝導率 λ は大きくなる傾向がある。また，図 5·4 に示されているように水の λ は大きいので，材料が水分を多く含むほど，λ は大きくなる傾向がある。したがって，吸湿性の大きい繊維材からなる断熱材を湿度の高い場所に用いる場合は，注意が必要である。

---

1) 材料の質量を材料の占める容積で割ったみかけの比重。空隙部分が多い材料では小さくなる。

5・1・3 熱 伝 達
(1) 対流熱伝達率

壁表面とそれに接する空気の間の熱のやりとりを**対流熱伝達**という。表面温度 t_s〔℃〕の物体が t_a〔℃〕の空気に接している場合、熱流 q_c〔W/m²〕は、**対流熱伝達率** a_c〔W/(m²・K)〕を用いて、式(5・2)のように表される(なお、$t_a < t_s$)の場合、温度差として $t_s - t_a$ を用いる)。

$$q_c = a_c(t_a - t_s) \quad \cdots\cdots\cdots (5・2)$$

a_c は、その値が大きいほど熱が伝わりやすいことを表している。

対流熱伝達には、**自然対流熱伝達**と**強制対流熱伝達**の2つがある。

図5・7に示す暖房時室内のガラス窓付近では、表面温度が低いので窓付近の空気が冷やされる。温度が下がって重くなった空気は、自然に降下して床上を流れる不快な**コールドドラフト**を形成する。このように、静穏な室内などで、壁表面との温度差によって熱が伝わり、空気が流動する場合を**自然対流**という。

自然対流の場合の a_c の大きさは、およそ 4W/(m²・K)である。

次に、図5・8に示すように、扇風機の風を浴びる場合を考える。気温が低下するわけではないのに、涼しく感じられるのは、体表面に風がぶつかって熱が放散されるためである。このような場合を**強制対流**といい、外部風も強制対流の一種である。

強制対流の場合の a_c の大きさは、風速3m/sとすると、およそ 18W/(m²・K)である。

(2) 放射熱伝達率

物体表面と他の物体表面の間での電磁波による熱のやりとりを**放射熱伝達**という。図5・9に示すように電気ストーブをつけると、すぐに暖かく感じるのは、ストーブの熱が空気に伝わるためでなく、ストーブからの赤外線による放射熱を受けるためである。表面温度 t_s〔℃〕の物体

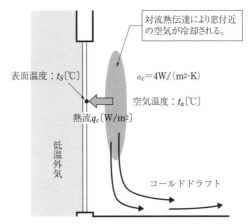

図5・7 自然対流熱伝達によるコールドドラフト

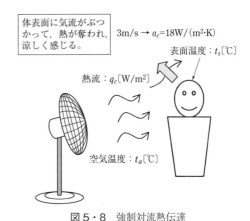

図5・8 強制対流熱伝達

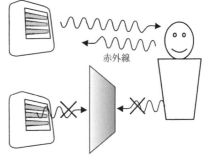

図5・9 放射熱伝達

が t_r〔℃〕の物体に取り囲まれている場合，熱流 q_r〔W/m²〕は放射熱伝達率 a_r〔W/(m²·K)〕を用いて，式(5·3)のように表される（なお，t_r < t_s の場合，温度差として $t_s - t_r$ を用いる）。

$$q_r = a_r(t_r - t_s) \quad \cdots\cdots\cdots (5\cdot3)$$

a_r の大きさは，室内と屋外の区別なく，およそ 5 W/(m²·K) となる。

ただし，光沢のある金属面(アルミ箔など)は，赤外線をシャットアウトする性質があるので，これを表面に貼ると a_r はほとんど 0 となる。

(3) 室内側・屋外側熱伝達率

図 5·10 に示すように，壁や窓などの固体表面からは，対流と放射で熱が移動する。このときの熱流 q〔W/m²〕は，壁表面温度を t_s〔℃〕，室温または外気温を t_a〔℃〕，熱伝達率を a〔W/(m²·K)〕として，式(5·4)で表される（なお，t_a < t_s の場合，温度差として $t_s - t_a$ を用いる）。

$$q = a(t_a - t_s) \quad \cdots\cdots\cdots (5\cdot4)$$

a は室内の場合と屋外の場合で，表 5·2 に示す異なる値が設計に用いられる[1]。

室内側熱伝達率 a_i は自然対流熱伝達率に放

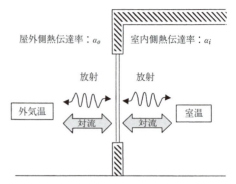

図 5·10 室内側，屋外側熱伝達率

表 5·2 設計用熱伝達率

	対流熱伝達率〔W/(m²·K)〕	放射熱伝達率〔W/(m²·K)〕	設計用熱伝達率〔W/(m²·K)〕
室内側	4	5	9
屋外側	18*	5	23

＊風速 3 m/s の場合の値

射熱伝達率を加えた $a_i = 9$ W/(m²·K) が，屋外側熱伝達率 a_0 は，強制対流熱伝達率(3 m/s の場合の値)に，放射熱伝達率を加えた $a_0 = 23$ W/(m²·K) が，一般に用いられる。

---

[1] 対流と放射による熱流 q〔W/m²〕は，式(5·2)，式(5·3)から次のように表される。

$$q = q_c + q_r = a_c(t_a - t_s) + a_r(t_r - t_s)$$

放射による熱のやりとりは，壁表面とその壁を取り囲む他の壁などの表面温度に対して行われるが，設計ではこれを空気温度に置き換えて取り扱いを簡単にしている。$t_r = t_a$ とおくと，次のようになる。

$$q = (a_c + a_r)(t_a - t_s) = a(t_a - t_s), \text{ ただし，} a = a_c + a_r$$

5・1・4 中空層の熱伝達

(1) 中 空 層

壁にはその構造に応じてさまざまなすき間がある。図5・11に示す複層ガラスでは，密閉度の高い**中空層**により窓の断熱性能を向上させている。一方，図5・12の外張断熱構法の壁の断面図では，断熱材の室内側と屋外側に比較的密閉度の低い中空層が構成されている。

中空層では，伝導・対流・放射が複雑に影響して熱が伝わっているため，これらをまとめた**熱抵抗**を用いて，その性能を評価している。

(2) 中空層の熱抵抗

中空層を対流，放射によって伝わる熱流 q〔W/m²〕は中空層の両側の表面温度を t_1, t_2〔℃〕，中空層の熱抵抗を r_{air}〔m²・K/W〕として，式(5・5)で求められる。

$$q = \frac{t_1 - t_2}{r_{air}} \quad \cdots\cdots\cdots\cdots\cdots(5\cdot5)$$

r_{air} は，その値が大きいほど熱を通しにくいことを表している。

図5・13に中空層の熱抵抗の測定結果を示す。中空層の熱抵抗は，その厚さが2〜5cm程度までは，厚さを増すほど熱抵抗は増大するが，それ以上ではほとんど変化しない。同じ厚さでは熱抵抗は半密閉中空層＜密閉中空層となり，熱流方向によっても大きさが変化する。

一般には，これらを踏まえて，表5・3に示す，密閉中空層と半密閉中空層に対する設計値が用いられている。

なお，中空層の片面にアルミ箔などの金属を貼ると，放射による熱流をほとんど0にすることができる。したがって，金属材料を貼った場合は熱抵抗は倍以上になると考えてよい。

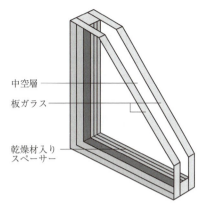

図5・11 複層ガラスの断面図

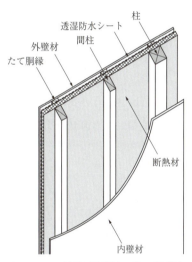

図5・12 外張断熱構法の壁の断面図

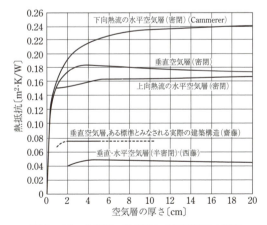

図5・13 中空層の熱抵抗と中空層厚さの関係

表5・3 中空層の熱抵抗設計値

中空層の種類	熱抵抗の設計値〔m²・K/W〕
密閉中空層	0.18
半密閉中空層	0.09

5・2 熱貫流と日射

5・2・1 熱貫流率
(1) 熱貫流率と熱貫流抵抗

建物の壁は，さまざまな建築材料を組み合わせて作られている。このため，壁全体の熱性能は，その構成要素の熱特性値を組み合わせて決定される。例えば，図5・14に示す複層壁がある建物の室温が t_i 〔℃〕，外気温が t_o 〔℃〕であったとすると，壁の貫流熱流 q 〔W/m²〕は，**熱貫流率 U 〔W/(m²・K)〕**[1] を用いて式(5・6)で表される（なお，$t_i < t_o$ の場合，温度差として $t_o - t_i$ を用いる）。

$$q = U(t_i - t_o) \quad \cdots\cdots\cdots\cdots (5・6)$$

熱貫流率 U は，1 m² の壁の内外に1℃の温度差があるときに，壁を流れる熱流を表す。したがって，U が大きな壁ほど熱を通しやすいといえる。

熱貫流率は，式(5・7)に示すように，**熱貫流抵抗 R 〔m²・K/W〕** の逆数として表される。

$$U = \frac{1}{R} \quad \cdots\cdots\cdots\cdots (5・7)$$

熱貫流抵抗 R は，壁を構成するすべての要素の熱抵抗を求め，それらを合計して求める。**室内側熱伝達抵抗**を r_i 〔m²・K/W〕，壁を構成する各要素の熱抵抗を室内側から順番に $r_1, r_2, \cdots, r_n$ 〔m²・K/W〕，さらに**屋外側熱伝達抵抗**を r_o 〔m²・K/W〕とすれば，R は式(5・8)で求められる。

$$R = r_i + (r_1 + r_2 + \cdots + r_n) + r_o \cdots (5・8)$$

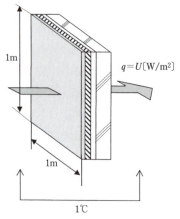

図5・14 熱貫流率の意味

表5・4 熱貫流抵抗の構成要素

呼び方	記号	計算法
室内側熱伝達抵抗	r_i	$1/a_i$
熱伝導抵抗	$r_1, r_2, \cdots, r_n$	d/λ
中空層の熱抵抗	$r_1, r_2, \cdots, r_n$	r_{air}
室外側熱伝達抵抗	r_o	$1/a_o$

$r_i, r_1, r_2, \cdots, r_n, r_o$ の計算法を表5・4にまとめて示す。室内・屋外側熱伝達抵抗 r_i, r_o は，それぞれ室内・屋外側熱伝達率の逆数（$r_i = 1/9, r_o = 1/23$）である。

$r_1, r_2, \cdots, r_n$ については，その要素が固体なら壁要素の厚さ（メートル単位で表す）をその要素の熱伝導率で割った熱伝導抵抗 d/λ を用いる。

要素が中空層なら，その熱抵抗をそのまま用いればよい[2]。

---

1) 熱貫流率を表す記号にはKが用いられることも多いが，本書では国際的に一般的なUを用いる。
2) これらの式は，例えば，図5・15の例では，
$q = a_i(t_i - t_1) = \lambda_1(t_1 - t_2)/d_1 = \lambda_2(t_2 - t_3)/d_2 = (t_3 - t_4)/r_{air} = \lambda_4(t_4 - t_5)/d_4 = a_o(t_5 - t_o)$ となるので，これらを温度差について解き，

$t_i - t_1 = q/a_i$
$t_1 - t_2 = q \cdot d_1/\lambda_1$
$t_2 - t_3 = q \cdot d_2/\lambda_2$
$t_3 - t_4 = q \cdot r_{air}$
$t_4 - t_5 = q \cdot d_4/\lambda_4$
$+) \; t_5 - t_o = q/a_o$
$t_i - t_o = q \cdot \left(\dfrac{1}{a_i} + \dfrac{d_1}{\lambda_1} + \dfrac{d_2}{\lambda_2} + r_{air} + \dfrac{d_4}{\lambda_4} + \dfrac{1}{a_o}\right)$

左のように並べて合計すれば得られる。一番下の式の括弧内が壁を構成する各要素の熱抵抗であり，合計値が熱貫流抵抗 R となっている。

例題 1

図 5·15 に示す複層壁について，表 5·5 に示す値を用いて熱貫流率，熱流を求めなさい。ただし，外気温度は 5℃，室温は 25℃ とする。

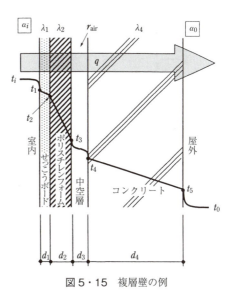

図 5·15 複層壁の例

【例題解説】

① 各要素の熱抵抗を求める。

表 5·5 を用いて次のように表される。

$$r_i = \frac{1}{a_i} = \frac{1}{9}$$

$$r_1 = \frac{d_1}{\lambda_1} = \frac{0.01}{0.22}$$

$$r_2 = \frac{d_2}{\lambda_2} = \frac{0.035}{0.028}$$

$$r_3 = r_{air} = 0.09$$

$$r_4 = \frac{d_4}{\lambda_4} = \frac{0.12}{1.6}$$

$$r_o = \frac{1}{a_o} = \frac{1}{23}$$

② 熱貫流抵抗を求める。

式 (5·8) に従い，上記を合計する。

$$R = r_i + r_1 + r_2 + r_3 + r_4 + r_o = 1.62 \, m^2 \cdot K/W$$

③ 熱貫流率を求める。

式 (5·7) より，次のようになる。

$$U = \frac{1}{R} = \frac{1}{1.62} = 0.617 \, W/(m^2 \cdot K)$$

④ 熱流を求める。

式 (5·6) より，次のようになる。

$$q = U(t_i - t_o)$$
$$= 0.617 \cdot (25 - 5) = 12.3 \, W/m^2$$

表 5·5 複層壁想定値

部 位	パラメータ	記号	設 定 値	厚さ[m]
室 内 表 面	熱伝達率	a_i	9.0 W/(m²·K)	—
せっこうボード	熱伝導率	λ_1	0.22 W/(m·K)	0.01
ポリスチレンフォーム	熱伝導率	λ_2	0.028 W/(m·K)	0.035
半密閉中空層	熱抵抗	r_{air}	0.09 m²·K/W	0.02
コ ン ク リ ー ト	熱伝導率	λ_4	1.6 W/(m·K)	0.12
屋 外 表 面	熱伝達率	a_o	23.0 W/(m²·K)	—

(2) 断熱材の配置と壁体内温度分布

図 5·16 に，熱伝導率 λ_a，厚さ d_a の断熱材と，熱伝導率 λ_b，厚さ d_b のコンクリートから構成された壁を示す。コンクリートの室内側に断熱材を用いた**内断熱**と，屋外側に断熱材を用いた**外断熱**の状況を表している。

室内側熱伝達抵抗を r_i，屋外側熱伝達抵抗を r_o とおけば，内断熱の場合の熱貫流抵抗 R は各部の熱抵抗を式 (5·8) に従い室内側から足して，

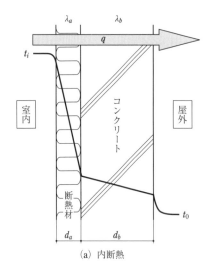
(a) 内断熱

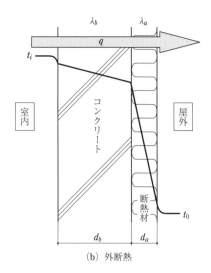
(b) 外断熱

図 5・16 断熱材の配置と温度分布

$R = r_i + \dfrac{d_a}{\lambda_a} + \dfrac{d_b}{\lambda_b} + r_o$ となる。同様に外断熱の場合は，$R = r_i + \dfrac{d_b}{\lambda_b} + \dfrac{d_a}{\lambda_a} + r_o$ となるので，両者は等しい。したがって，式(5・7)から両者の熱貫流率も等しくなるので，室温 t_i と外気温 t_0 が同じとすれば，貫流熱流 q も等しくなる。

5・1・2で学んだように，固体内の熱流は（熱伝導率 λ）×（温度勾配）で求められる。断熱材中を流れる熱流とコンクリート中を流れる熱流は等しいので，図5・17に示すように，$\lambda_a < \lambda_b$ であることから，断熱材中の温度勾配は大きく，コンクリート中の温度勾配は小さくなる。つまり，熱伝導率の小さい材料では熱を通しにくいので，大きな温度勾配がなければ同じ大きさの熱を通すことができない。一方，熱伝導率の大きい材料では熱を通しやすいので，小さい温度勾配で熱を流すことができる，と考えるとよい。

したがって，図5・16に示すように，内断熱では室内付近の壁内温度勾配が大きく，外断熱では屋外側の壁内温度勾配が大きくなる。

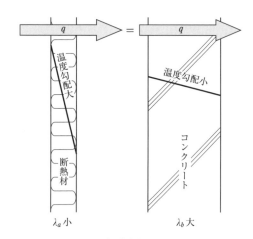

図 5・17 熱伝導率と温度勾配の関係

(3) 熱貫流率の例

充填断熱工法の木造住宅について，後述する平成25年省エネルギー基準に適合する天井，外壁，窓，床の仕様と熱貫流率を表5・6に示す。壁等の仕様は北海道の寒冷地を対象とした1，2地域と東京等の比較的温暖地を対象とした5，6地域で異なっている。1，2地域では高度な断熱が求められるが，5，6地域でも窓の仕様は複層ガラスが必要となる。

表5・6 平成25年省エネルギー基準に適合する外壁等と熱貫流率の例

平成25年省エネルギー基準1, 2地域	平成25年省エネルギー基準5, 6地域
天井：U＝0.17 内装下地材の上面にRが5.7以上の断熱材を充填し，かつ，Rが0.043以上の内装下地材を用いた断熱構造とする場合	天井：U＝0.24 内装下地材の上面にRが4.0以上の断熱材を充填し，かつ，Rが0.043以上の内装下地材を用いた断熱構造とする場合
外壁：U＝0.35 軸組の外側にRが1.3以上の断熱材(厚さ25mm以上)を張り付け，かつ，軸組の間にRが2.2以上の断熱材(厚さ100mm以上)を充填した断熱構造とする場合	外壁：U＝0.53 軸組の間にRが2.2以上の断熱材(厚さ85mm以上)を充填した断熱構造とする場合
窓：U＝2.33 木製またはプラスチック製の一重構造の建具としたlowE複層ガラス(コラム6参照，中空層の厚さが10mm以上であるもの)	窓：U＝4.65 金属製の一重構造の建具とした複層ガラス(中空層の厚さが4mm以上10mm未満であるもの)
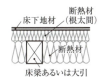 床：U＝0.24 床裏が外気に接する場合であって，根太の間及び大引または床梁の間に合計してRが5.2以上の断熱材を充填し，かつ，Rが0.075以上の床下地材を用いた断熱構造とする場合	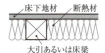 床：U＝0.34 床裏が外気に接する場合であって，根太の間にRが3.9以上の断熱材(厚さ135mm以上)を充填し，かつ，Rが0.075以上の床下地材を用いた断熱構造とする場合

5・2・2 日射の取り扱い

(1) 相当外気温度

コンクリート外壁など，日射を透過しない壁に日射が当たると，図5・18に示すように，その一部が吸収されて外壁表面温度が上昇する。このため，貫流熱流が増加して室内環境に影響を与える。

外壁が受ける全日射量をJ〔W/m²〕とし，外壁の日射吸収率をa_sとおく。a_sは白っぽい材料や光沢のある金属などでは小さいが，コンクリートなどでは0.65～0.8とかなり大きい。外壁表面から流入する熱流q〔W/m²〕は，5・1・3で学んだ熱伝達に，日射の吸収分が加算されて，式(5・9)で表される。

$$q = a_o(t_o - t_s) + a_s J \quad \cdots\cdots (5\cdot 9)$$

式(5・9)を変形すると式(5・10)が得られる。

$$q = a_o\left[\left(t_o + \frac{a_s J}{a_o}\right) - t_s\right] \cdots (5\cdot 10)$$

式(5・10)の右辺（　）内を**相当外気温度**または SAT という[1]。これは，外壁に日射が当たる影響を外気温度が $a_s J/a_o$〔℃〕だけ上昇したとみなして計算すればよいことを表している。日射が当たる外壁では，外気温を相当外気温に置き換えて計算すれば，日射の影響を考慮した貫流熱流が求められる。

SAT は建物外壁表面の a_s が影響し，日射を反射するペイントなどを用いると，夏場の SAT を下げることができる。

(2) 日射熱取得率

窓ガラスのような透明部材に日が当たると，図5・19に示すように，日射のかなりの成分は窓ガラスを素通りして，室内に直接侵入するの

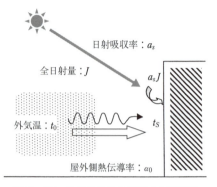

図5・18　日射を受ける外壁での熱移動

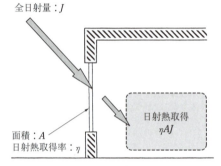

図5・19　日射熱取得

表5・7　各種窓ガラス，日よけの日射熱取得率，日射遮蔽係数，熱貫流率

窓　の　種　類	厚さ〔mm〕	日射熱取得率 η〔-〕	日射遮蔽係数 SC〔-〕	熱貫流率 U〔W/m²・K〕
透明	3	0.86	1.0	6.2
透明	6	0.82	0.95	6.2
透明＋透明	3＋3	0.76	0.87	3.6
熱線吸収　ブロンズ系	6	0.63	0.72	6.2
熱線吸収　グリーン系＋透明	6＋6	0.51	0.59	3.6
熱線反射　ブロンズ系	6	0.25	0.29	5.6
透明＋熱線反射　ブルー系	6＋6	0.44	0.51	3.0
透明＋low-E　シルバー系（コラム6参照）	3＋3	0.51	0.59	2.7
透明＋ベネシャンブラインド	3	0.50	0.58	5.3
透明ガラス＋ローラーシェード（中等色）	3	0.53	0.81	―
透明ガラス＋カーテン（中等色）	3	0.40	0.47	―
透明ガラス＋障子戸	3	0.46	0.54	―
透明ガラス＋反射ルーバー	3	0.77	0.89	―
外付け可動水平ルーバー＋透明ガラス	3	0.11	0.13	―
外付けベネシャンブラインド＋透明ガラス	3	0.13	0.15	―
外付けサンスクリーン＋透明ガラス	3	0.20	0.23	―

（宿谷昌則「数値計算で学ぶ光と熱の建築環境学」丸善による）

---

1) Sol Air Temperature：太陽－空気温度の略。

で，相当外気温度によって取り扱うことはできない。この場合，室内に侵入する熱量は，窓面に当たる全日射量を J [W/m²] とおき，**日射熱取得率**（または日射侵入率）η（イータ）をかけて求められる。したがって，面積 A [m²] の窓面から室内に侵入する**日射熱取得** $\bar{q}$ [W] は，式 (5・11) で表される。

$$\bar{q} = \eta A J \quad \cdots\cdots\cdots (5 \cdot 11)$$

（3）日射遮蔽係数

式 (5・12) のように，厚さ 3 mm の透明ガラスの日射熱取得率を基準に各種材料の日射熱取得率を表した値を**日射遮蔽係数** SC と呼ぶ。

$$SC = \frac{\eta}{\eta (\text{厚さ 3 mm 透明ガラス})} \cdots (5 \cdot 12)$$

3 mm 厚さの透明ガラスを基準としてガラス窓の標準日射熱取得 I [W/m²] のデータが方位ごとにまとめられている。したがって，これに使用する窓部材等の日射遮蔽係数をかけた $SC \cdot I$ [W/m²] が，その方位に設置された窓部材単位面積を通して侵入する日射熱取得となる。SC が小さいほうが日射遮蔽効果が高いことを表している。

表 5・7 に各種窓ガラス，日よけの日射熱取得率，日射遮蔽係数等のデータの例を示す。熱線吸収ガラスより熱線反射ガラスの効果は一般に高く，また，内付けブラインドより外付けブラインドのほうが日射遮蔽効果は大きい。

図 5・20 に示すように，外付けブラインドの日射反射効果が著しいためである。

（4）ガラスの温室効果

ガラスは入射する電磁波の波長によって，その吸収率・透過率・反射率が大きく変化する建築材料である。一般的なガラスである，フロート板ガラスの波長別の吸収率等の分布を図 5・21 に示す。ガラスに入射した放射は，ガラス面で吸収・透過・反射のいずれかとなるので，その吸収率・透過率・反射率の合計は 100 % と

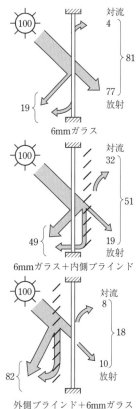

図 5・20 各種ブラインドの日射遮蔽効果

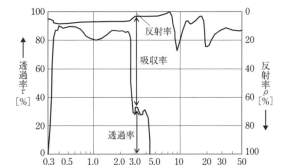

図 5・21 フロート板ガラスの透過率・反射率・吸収率

なる。

太陽放射は，図 1・24 に示したように，大気圏外では 0.2 ～ 3.0 μm の波長成分を含む電磁波

で，可視光（0.38 〜 0.78 μm）と赤外線（0.78 μm 以上）にそれぞれ約 45％の分布をもっている。

図 5・21 より一般のガラスは，これらの太陽放射を可視光，赤外線の区別なく 80％程度以上の割合で透過する。一方，波長が 3 μm を超えると，透過率は急激に低下する一方で，吸収率が大きくなり，80％以上を吸収する。したがって，ガラスを多く使用した建築に日射が当たると図 5・22 に示すように，そのほとんどが透過して日射熱取得となる。

一方，暖められた室内からは，波長の長い赤外線（10 μm 程度）が射出されるが，この波長範囲の電磁波をガラスはほとんど吸収する。したがって，ガラスの温度が上昇し，これにつれて室温も上昇する。

これが，温室効果の原理であるが，ガラスを

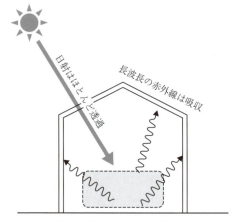

図 5・22 ガラスの温室効果

多用しているにもかかわらず日射対策を怠った建物でも同様の現象が起こる。ガラス面において十分な日射遮蔽対策を施すことが，室内環境の快適性や省エネルギー性の維持のために大切である。

コラム 6　low-E 複層ガラス

複層ガラスの一方のガラスの中空層側の面に赤外線を反射する銀や酸化スズなどによる特殊金属幕（low-E コート）を用いたガラスを low-E 複層ガラスという。Low-E コートは放射熱をシャットアウトする性質があるので，p.107 に述べた片面に金属箔を貼った中空層と同様，大きな熱抵抗を有することから窓の保温性を高めることができる。

また，low-E 複層ガラスは図に示すように，通常のガラスと同じく可視光は 8 割程度以上を透過するが，太陽光に含まれる赤外線（熱線）を反射する。したがって，low-E ガラスを室外側に用いると夏期の遮熱性を高め，日射熱取得を少なくすることができる。

一方，室内側に用いると，太陽光の中の熱線をある程度室内に取り入れることとなるため，高い保温性とあいまって，冬期の快適性が向上する。

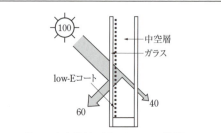

low-E ガラスを室外側に用いた low-E 複層ガラス

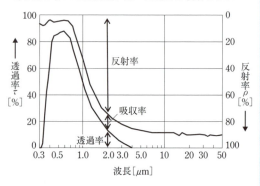

5・3 建物全体の熱特性

5・3・1 外皮平均熱貫流率，総合熱貫流率と熱損失係数

(1) 外皮平均熱貫流率

図5・23に示す，床下がピロティになっていて，六面が外気に接している単室の建物を考え，表5・8に示す記号を用いるとする。外気温が t_o〔℃〕のときに，室内を暖房して室温が t_i〔℃〕に維持されていたとする。このとき，南側のガラス窓から流出する熱流 $\bar{q}_6$〔W〕は，式(5・13)で表される。

$$\bar{q}_6 = U_6 A_6 (t_i - t_o) \cdots\cdots\cdots\cdots (5 \cdot 13)$$

同様に，外気に接するすべての壁について熱流を足し合わせると式(5・14)が得られ，建物全体からの**貫流熱損失** $\bar{q}_K$〔W〕となる。

$$\bar{q}_K = (U_1 A_1 + U_2 A_2 + \cdots + U_7 A_7)(t_i - t_o)$$
$$\cdots\cdots\cdots\cdots (5 \cdot 14)$$

特に，内外温度差 $t_i - t_o = 1$℃の時の貫流熱損失を建物が外部に接する合計面積 ΣA で割った式5・15に示す面積平均の熱貫流率を外皮平均熱貫流率 U_A〔W/(m²K)〕という。

$$U_A = \frac{U_1 A_1 + U_2 A_2 + \cdots + U_7 A_7}{A_1 + A_2 + \cdots + A_7} \cdots (5 \cdot 15)$$

(2) 総合熱貫流率

建物が換気設備やすき間風によって空気の入れ換えがあるとする。換気量が Q〔m³/h〕であるとすると，図5・24に示すように，t_o〔℃〕の外気が流入し，t_i〔℃〕の室空気が流出する。暖房状態では冷たい外気が流入し，暖かい室空気が流出するので，**換気熱損失** $\bar{q}_Q$〔W〕が発生する。

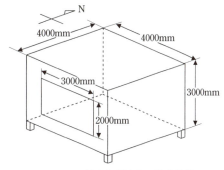

図5・23 総合熱貫流率の算出建物

表5・8 建物の各部面積と熱貫流率

部 位	熱貫流率〔W/(m²・K)〕		面 積〔m²〕	
	記号	値	記号	値
屋根面	U_1	0.30	A_1	16
N 壁	U_2	0.80	A_2	12
E 壁	U_3	0.80	A_3	12
W 壁	U_4	0.80	A_4	12
S 壁	U_5	0.80	A_5	6
S ガラス面	U_6	4.40	A_6	6
床 面	U_7	0.30	A_7	16

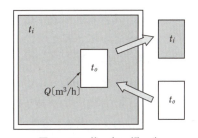

図5・24 換気損失

換気熱損失は式(5・16)で与えられる[1]（なお，$t_i < t_o$ の場合，熱の侵入を表す）。

$$\bar{q}_Q = 0.34 Q (t_i - t_o) \cdots\cdots\cdots\cdots (5 \cdot 16)$$

---

[1] 1m³の空気の温度を1℃変化させるのに必要な熱量は，空気の密度を ρ〔kg/m³〕，比熱を C〔J/(kg・K)〕において，ρc〔J/(m³・K)〕となるので，次のように表される。

$$\bar{q}_Q = \frac{\rho c Q}{3600}(t_i - t_o)$$

$\rho = 1.205$〔kg/m³〕，$C = 1005$〔J/(kg・K)〕とすれば，式(5・15)となる。

したがって，建物全体の熱損失は式(5·14)の貫流熱損失と式(5·16)の換気熱損失の和になるが，特に，内外温度差 $t_i - t_0 = 1℃$ のときの熱損失を**総合熱貫流率**という。これは，式(5·17)のように表され，$\overline{UA}$〔W/K〕と表される。

$$\overline{UA} = U_1 A_1 + \cdots + U_n A_n + 0.34Q \cdots (5·17)$$

建物全体の熱損失 $\bar{q}$〔W〕は，総合熱貫流率 $\overline{UA}$〔W/K〕に内外温度差 $t_i - t_0$〔℃〕をかけて，式(5·18)より求められる（なお，$t_i < t_0$ の場合，熱の侵入を表す）。

$$\bar{q} = \overline{UA} \cdot (t_i - t_0) \quad \cdots\cdots (5·18)$$

(3) 熱損失係数

$\overline{UA}$ は壁・屋根等の仕様が同じで，壁等の熱貫流率が同じ建物であっても，規模が大きくなって外気に接する面積が大きくなると大きくなる。したがって，建物の熱的な性能を相互比較するためには，建物規模の影響を相殺しなければならない。このために式(5·19)のように，総合熱貫流率 $\overline{UA}$ を延べ床面積 A_F で割った値が用いられ，**熱損失係数** Q 値という（換気量に用いられる Q と同じ記号が用いられるので注意）。

$$Q = \frac{\overline{UA}}{A_F} \quad \cdots\cdots\cdots\cdots (5·19)$$

熱損失係数が小さいほど，空調時に投入する単位床面積当たりのエネルギーが少ない住宅といえる。Q 値は，換気損失も考慮しているため，気密性が低く，すき間風の大きい住宅では大きくなる。

> **例題2**
> 図5·23に示す建物の各部位の熱特性が表5·9で与えられるとする。この建物の換気回数が 0.5回/h であるとして，建物の外皮平均熱貫流率，総合熱貫流率と熱損失係数を求めなさい。

【例題解説】

各部位の U と A および両者の積を表形式で表すと表5·9となる。表では式(5·16)の 0.34 を U の欄に，換気量 Q（＝換気回数×室容積＝0.5×48）を A の欄に記入している。

熱貫流率と面積の合計から外皮平均熱貫流率は 0.87W/(m²K) と，さらに換気損失を足して，総合熱貫流率，$\overline{UA} = 77.76$ W/K となる。さらに，床面積 $A_F = 16$ m² で割り，熱損失係数は 4.86W/m²K と算出される。

表5·9 外皮平均熱貫流率，総合熱貫流率，熱損失係数の計算

部 位	U〔W/(m²·K)〕	A〔m²〕	UA〔W/K〕
屋根面	0.30	16	4.8
N 壁	0.80	12	9.6
E 壁	0.80	12	9.6
W 壁	0.80	12	9.6
S 壁	0.80	6	9.6
S ガラス面	4.40	6	26.4
床 面	0.30	16	4.8
小計	−	80	69.6
外皮平均熱貫流率	$U_A = \Sigma UA/\Sigma A$		0.87
換気	0.34	0.5×48	8.16
総合熱貫流率	$\overline{UA} = \Sigma UA + 0.34Q$		77.76
熱損失係数	Q 値 $= \overline{UA}/A_F$		4.86

5·3·2 自然室温と暖冷房負荷

(1) 自然室温

冬期の建物における熱の流れを模式的に示すと図5·25のようになる。建物に流入する熱流は，日射からもたらされる日射熱取得，照明や家電製品の使用，住居者の活動による内部発熱である。室で暖房が行われていないとすると，これらの流入熱によって室温 t_i〔℃〕が外気温 t_0〔℃〕より上昇し，貫流・換気熱損失によって，熱が失われる。このときの室温は，暖房の行わ

れていない自然状況における室温であることから**自然室温**と呼ばれる。夏期に冷房の行われていない状況の室温も，同様に自然室温という。

総合熱貫流率$\overline{UA}$〔W/K〕の大きい建物では，わずかな内外温度差でも大きな熱損失が生じる。したがって，冬期の自然室温は，流入熱が同じ条件では，$\overline{UA}$が大きい建物ほど外気温に近くなる。自然室温が低すぎる場合は，追加の熱流を投入し，室内を快適な状況に維持しなければならない。このために要する熱量を**暖房負荷**という。暖房負荷は$\overline{UA}$が小さい建物ほど小さく，省エネルギー的に生活することができる。

次に，夏期における熱の流れを示すと図5・26のようになる。外気温が室温より高いので，貫流・換気によって熱が侵入する。日射熱取得と内部発熱は冬期と同様に作用するのでこれら室に侵入する熱を排除して，室温を快適な状況に維持しなければならない。このために建物から除去すべき熱流を**冷房負荷**[1]という。冷房負荷を低下させるには日射熱取得を下げることが非常に大切である。最近の事務所などでは，内部発熱が非常に大きいので，通年冷房が必要なケースも増えてきている。

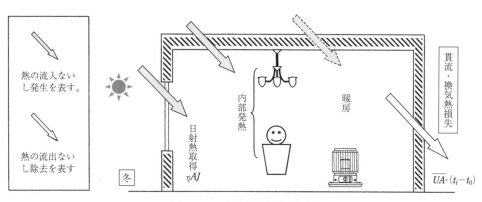

図5・25　自然室温と暖房負荷

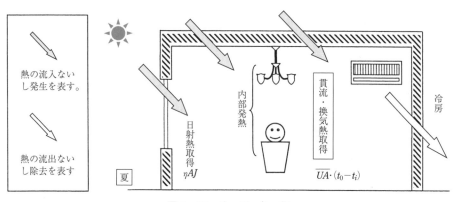

図5・26　冷　房　負　荷

---

[1] ここでは，温度変化に関係する顕熱負荷のみを考慮している。冷房状況では，湿度変化に関係する除湿に要する潜熱負荷も冷房負荷の大きな要素となっている。

表5・10 平成25年省エネルギー基準（住宅）の地域区分

地域の区分	都道府県名
1	北海道
2	
3	青森県　岩手県　秋田県
4	宮城県　山形県　福島県　栃木県　新潟県　長野県
5	茨城県　群馬県　埼玉県　千葉県　東京都　神奈川県　富山県　石川県　福井県　山梨県　岐阜県　静岡県　愛知県　三重県　滋賀県　京都府　大阪府　兵庫県　奈良県　和歌山県
6	鳥取県　島根県　岡山県　広島県　山口県　徳島県　香川県　愛媛県　高知県　福岡県　佐賀県　長崎県　熊本県　大分県
7	宮崎県　鹿児島県
8	沖縄県

5・3・3　住宅の省エネルギー基準

建物の暖房負荷は，同一の総合熱貫流率 $\overline{UA}$〔W/K〕の条件では，室温と外気温の温度差が大きくなると大きくなる。寒冷地では冬期の外気温が低いので，暖房を効率的に行うためには総合熱貫流率をなるべく小さくする必要がある。ただし，建物規模による影響を少なくし，建物躯体の熱性能を客観的に評価するためには、外皮平均熱貫流率 U_A〔W/(m²K)〕[1]に基づき判断するのが合理的である。

わが国では，1975年前後に二度に渡って起こったオイルショックを機に，1979年に**エネルギー使用の合理化に関する法律**（通称，**省エネルギー法**）が制定され，1980年(昭和55年)に**住宅の省エネルギー基準**（住宅に係るエネルギーの使用の合理化に関する建築主の判断の基準）が制定された。その後，1992年，1999年，2013年(平成4年，11年，25年) の三度に渡って基準強化が行われている。

基準では全国の市町村を，第8章で説明するその地域の**暖房デグリーデー**（D_{18}）（暖房設定温度を18℃とし，これを下回る場合の外気温度との差温を一年に渡って加算した値）に基づいて8地域に区分し，地域ごとに外皮平均熱貫流率の基準値を満たすことが求められる。地域区分を都道府県の主要部分で見ていくと，表5・10のようになる。各地域ごとに要求されている外皮平均熱貫流率の上限をまとめると表5・11となる。

表5・11　各地域における外皮平均熱貫流率の基準値

地域の区分	外皮平均熱貫流率の基準値〔W/(m²・K)〕
1	0.46
2	0.46
3	0.56
4	0.75
5	0.87
6	0.87
7	0.87
8	—

5・3・4　非定常伝熱

(1) 壁内部の温度変化と熱容量

これまでは，建物の内外ともに温度，熱流に時間的な変化のない定常条件を前提として検討してきた。しかし，実際には外気温度や室内の暖冷房の運転・停止などの変化があるので，室温や壁内部の温度も変化し，非定常条件となる。

熱貫流率が同じでも，壁の熱しやすさ冷めやすさによって，室温の変化のしかたは変わる。壁の熱しやすさ冷めやすさには，壁の温度を1℃上昇させるのに必要な熱量を意味する**熱容量**〔kJ/K〕が関係している。熱容量は比熱 C〔kJ/(kg・K)〕× 密度 ρ〔kg/m³〕で求めた**容積比熱**〔kJ/(m³・K)〕に，壁の体積をかけて求める。

比熱は，表5・12に示すように，水を除けば材料によらずほぼ1.0 kJ/(kg・K) 程度となるので，同じ体積なら密度が大きいほど大きい。つまり，コンクリート壁など重い壁は，木の壁な

---

[1] 平成25年以前の省エネ基準では Q 値が用いられてきたが，平成25年の改正では U_A に変更になった。ただし，要求される躯体の熱的性能は平成11年基準と概ね同等である。

表5・12 主要建築材料の比熱, 密度と熱容量

材料分類	材料名	比熱 C 〔kJ/(kg・K)〕	密度 ρ 〔kg/m³〕	容積比熱 $C\rho$ 〔kJ/(m³・K)〕
金属	アルミニウム	0.92	2700	2484
	鋼材	0.50	7860	3930
セメント系	鉄筋コンクリート	0.88	2300	2024
	ALC	1.10	600	660
板ガラス	板ガラス	0.75	2540	1905
レンガ	レンガ	0.84	1650	1386
木質系	天然木材	1.30	400	520
	合板	1.30	550	715
せっこう系	せっこうボード	1.13	800	904
	木毛セメント板	1.67	500	835
繊維版	A級インシュレーションボード	1.30	250	325
	パーティクルボード	1.30	500	650
繊維系断熱材	グラスウール	0.84	15	12.6
	セルローズファイバー	1.26	40	50.4
	ロックウール	0.84	40	33.6
発泡系断熱材	硬質ウレタンフォーム	1.05	40	42.0
	押し出し発泡ポリスチレン	1.05	28	29.4
	ポリスチレンフォーム	1.05	30	31.5
その他	水	4.2	997	4187
	空気	1.00	1.2	1.2

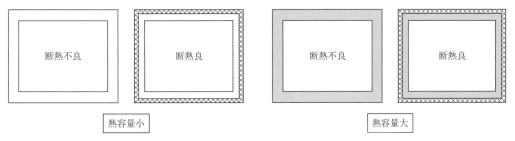

図5・27 断熱性・熱容量の組合せ

ど軽い壁に比較して温度変化に要する熱量は大きいので, 熱しにくく冷めにくい材料といえる。

(2) 断熱性・熱容量と室温変化の関係

図5・27 に示す熱容量の大小, 断熱の良不良が室温変動に及ぼす影響について検討する。

外気温度の変化が無視できる状態で, 暖房運転開始・停止を行ったときの室温変化の様子を図5・28 に示す。定常状態の温度は断熱性能だけで決まり, 断熱性の良い建物は熱負荷が小さいので, 同じ大きさの暖房を行った場合でも室温は高くなる。

一方, 熱容量は定常状態に達するまでの温度の時間変化に影響を及ぼし, 熱容量の大きい建物では温度変化が緩慢となる。つまり, 熱しにくく冷めにくい建物となる。

次に, 外気温が変動するときの自然室温の変化を模式的に示すと図5・29のようになる。熱容量が小さい建物では, 外気温度と室温変化がほぼ同様な変化を示す。一方, 熱容量が大きい建物では, 室温の変動に外気温の変動との遅れが生じる。このときに, 温度変化が小さくなる影響もある。さらに, 断熱性がよいと温度変化は一層小さくなるので, 外界温度の変動に対する室温変動は非常に小さくなる。

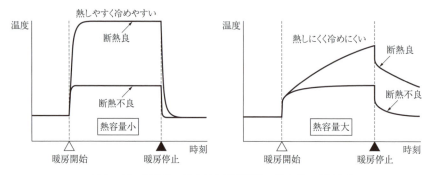

図5・28　断熱性・熱容量と暖房開始・停止後の室温変化

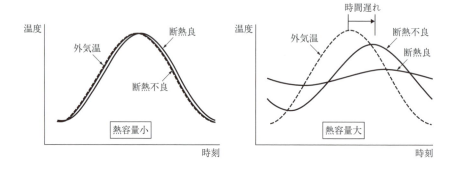

図5・29　断熱性・熱容量と外気温変動時の室温変動

コラム7　ベンチレーション窓

　省エネルギー性の高い窓システムとして，図1に示すベンチレーション窓がある。

　ベンチレーション窓では，二重窓内にブラインドを設け，窓下部から室内の空調空気を二重窓内に供給するシステムである。ブラインドが吸収した日射熱はこのスリット内気流によって効果的に排出されるので，室内側の二重窓表面温度は室内温度に近づく。したがって，室内の放射環境が改善されるとともに，窓際部分の空調負荷を処理するための空調システム（ペリメータ空調システムという）が不要になる。

　日射熱を除去した排気排熱は，夏期には不要なのでそのまま排出する。冬季に暖房を要する条件では日射熱が暖房負荷削減に活用できるので，空調機に戻して再利用を図る。このように，状況に応じて排気処理を行うことにより，温熱環境の改善と空調負荷の削減が可能となる。

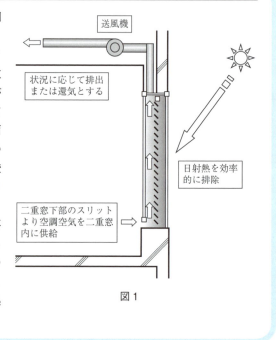

図1

第5章 演習問題

【問題1】 熱伝導に関する次の記述のうち，最も不適当なものはどれか。
(1) 建築材料の熱伝導率の大小関係は，一般に，木材＞普通コンクリート＞金属である。
(2) 断熱材の熱伝導率は，一般に，水分を含むと大きくなる。
(3) 中空層以外の各層の熱伝導抵抗の値は，材料の厚さをその材料の熱伝導率で除して求める。
(4) グラスウールの熱伝導抵抗は，一般に同じ厚さのコンクリートの30～40倍程度である。
(5) グラスウールの熱伝導率は，かさ比重24 kg/m³のものに比べて，かさ比重10 kg/m³のもののほうが大きい。

【問題2】 壁全体の熱貫流に関する次の記述のうち，最も不適当なのはどれか。
(1) 空気とこれに接している壁面との間で対流によって行われる伝熱を，熱貫流という。
(2) 熱貫流抵抗は，壁全体の両表面の熱伝達抵抗の値と各層の熱抵抗の値を合計した値である。
(3) 熱貫流率は熱貫流抵抗の逆数である。
(4) 熱貫流率の単位はW/(m²·K)である。
(5) 熱貫流率は，壁全体の熱の通しやすさを表し，その値が大きい壁体は断熱性に劣る。

【問題3】 熱伝達に関する次の記述のうち，最も不適当なものはどれか。
(1) 壁体の室内側の熱伝達率は，一般に，外気側の熱伝達率よりも小さい。
(2) 壁面とこれに接している空気との間で，主に放射および対流によって行われる伝熱を熱伝達という。
(3) 壁体の表面の熱伝達抵抗は，壁体の表面に当たる風速が大きくなるほどに小さくなる。
(4) アルミはくは，放射率が小さいので，壁体の表面に張ることにより放射による伝熱量を少なくすることができる。
(5) 放射による熱の移動には，空気が必要である。

【問題4】 伝熱に関する次の記述のうち，最も不適当なものはどれか。
(1) 中空層の熱抵抗の値は，中空層の密閉度・厚さ・熱流の方向などによって異なる。
(2) 外壁の断熱性および気密性を高めると，窓からの日射の影響による室温の上昇は大きくなる。
(3) 外壁の仕上げや断熱性能が同じであっても，方位によって日射取得熱は異なる。
(4) 一般に，断熱性を高めると，暖房停止後の室温低下は穏やかになる。
(5) 一般に，蛍光ランプなどの照明器具から発生する熱は，潜熱である。

第5章 演習問題

【問題5】 図は，コンクリートの外壁を，内断熱または外断熱とした場合の冬期における温度分布を示したものである。内断熱の温度分布ア～ウと外断熱の温度分布A～Cとの組合せとして，最も適当なものは次のうちどれか。ただし，定常伝熱とする。

	内断熱	外断熱
(1)	ア	A
(2)	ア	C
(3)	イ	B
(4)	ウ	A
(5)	ウ	C

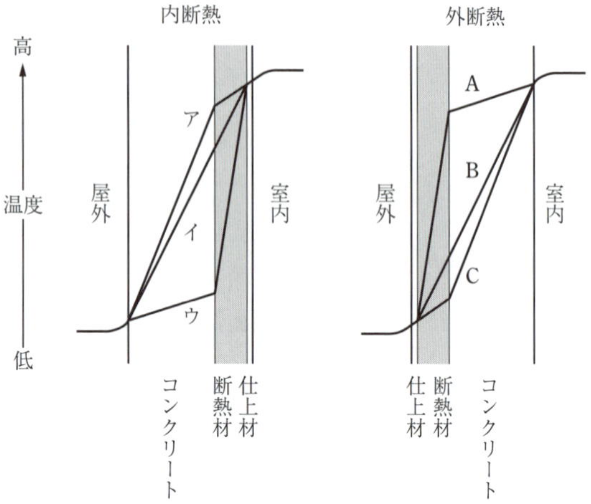

図2

【問題6】 窓のある外壁において，イ～への条件における熱損失の値として，正しいものは次のうちどれか。ただし，定常状態とする。

条件
イ　外壁（窓を除く）の面積：20 m²
ロ　窓の面積：10 m²
ハ　屋内空気の温度：25℃
ニ　外気の温度：－5℃
ホ　外壁（窓を除く）の熱貫流率：1.0 W/(m²・K)
ヘ　窓の熱貫流率：3.0 W/(m²・K)

(1) 900 W
(2) 1500 W
(3) 1800 W
(4) 2100 W
(5) 2700 W

第6章
湿気環境

6・1　湿り空気と露点温度 ——————124

6・2　結　　露 ——————130

6・1 湿り空気と露点温度

6・1・1 湿度の表し方
(1) 乾燥空気と湿り空気
　空気は湿度を含まない**乾燥空気**に水蒸気を混合した**湿り空気**と捉えることができる。

　乾燥空気は，表6・1に示すように，体積組成で78％の窒素と，21％の酸素，残りの1％が微量な気体からなっている。

(2) 絶対湿度と飽和絶対湿度
　湿り空気の状態を図6・1に示す。図では，湿り空気の体積 V [m³]を適当に決めて，乾燥空気がちょうど1kgのとき，これと水蒸気 x [kg]が共存している状況を示している。この状態を，**絶対湿度** x [kg/kg']または x [kg/kgDA]と表す[1]。

　湿り空気中に占める水蒸気の重量が増加すると絶対湿度は増加するが，乾燥空気と共存できる水蒸気の量は気温によって限界がある。限界に達した状態を**飽和状態**といい，飽和状態の絶対湿度を**飽和絶対湿度** x_s [kg/kg']という。図6・2に気温と x_s（g/kg' を単位として表す）との関係を示す。図より気温の上昇により飽和絶対湿度は急激に上昇することがわかる。

　ただし，気温20℃の常温付近では，乾燥空気1kgと共存できる水蒸気は高々20g程度であるため，水蒸気の含有量が空気の密度 ρ [kg/m³]に及ぼす影響は小さい。したがって，20℃付近の湿り空気については，湿度に無関係に $\rho = 1.2$ kg/m³ としてよい。このように，水蒸気が空気密度に及ぼす影響は小さいが，人体の寒暑の感覚に大きな影響を与えること，空調負荷の大きな部分を占めることなど，室内環境への影響要素としては大変重要である。

(3) 水蒸気分圧と相対湿度
　湿り空気における水蒸気含有量を表す別の方法として**水蒸気分圧** f [Pa]がある。湿り空気の圧力は1気圧（= 101.3 kPa）であるが，混合気

表6・1　乾燥空気の体積組成

成　分	窒　素 N_2	酸　素 O_2	アルゴン Ar	二酸化炭素 CO_2
分子量	28.016	32.0	39.944	44.01
体積組成	78.09%	20.95%	0.93%	0.035%

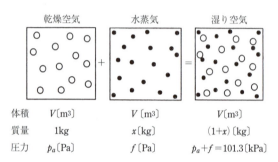

図6・1　湿り空気中の水蒸気の割合

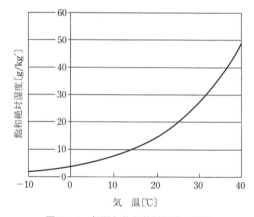

図6・2　気温と飽和絶対湿度の関係

---
1) 水蒸気の重量を g 単位で表し，g/kg'，g/kgDA とする場合も多い。絶対湿度の分母に用いられる kg' または kgDA は，乾燥空気の単位重量当たりの値であることを示している。

体の圧力は，それを構成する気体の分圧の和となる。したがって，図6・1に示すように，乾燥空気の分圧 p_a〔Pa〕と水蒸気分圧 f〔Pa〕の和は1気圧となる。絶対湿度が増加すれば水蒸気分圧も増加する[1]。特に，飽和絶対湿度のときの水蒸気分圧を**飽和水蒸気分圧** f_s〔Pa〕という。

一般に用いられている湿度とは，**相対湿度** rh〔%〕のことである。相対湿度は，式(6・1)に示すように，水蒸気分圧の飽和水蒸気分圧に対する割合を百分率で示したものである。

$$rh = \frac{f}{f_s} \times 100 〔\%〕 \quad \cdots\cdots\cdots (6\cdot1)$$

ここで，注意が必要なのは図6・3に示すように，水蒸気分圧 f と絶対湿度 x が1対1に対応し，どちらも気温 t_a〔℃〕と無関係なことである。一方，気温 t_a と飽和水蒸気分圧 f_s は1対1に対応し，図6・2の飽和絶対湿度と同様に，t_a が上昇すると f_s も大きくなる。

したがって，湿り空気の温度が変化しても絶対湿度は変化しない。しかし，相対湿度については温度が変化すると分母である飽和水蒸気分圧が変化するので変化する。

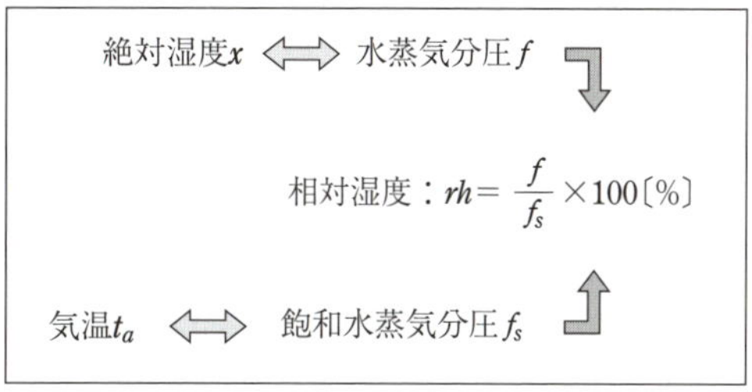

(4) アスマン通風乾湿計と湿球温度

図6・4に代表的な温湿度計である**アスマン通風乾湿計**を示す。2本の温度計を金属筒中に設置し，ファンにより受感部に強制通気させて温度測定を行う。1本の温度計には湿布を巻いて**湿球**とし，測定温度を**湿球温度** t_w〔℃〕とする。一方，湿布のないほうを**乾球**とし，測定温度を気温 t_a〔℃〕とする。

周辺空気が飽和している状況では，水分が蒸発できないので，乾球温度と湿球温度が同じ温度を示す。飽和していない場合，湿球では周囲から蒸発熱を奪って水分が蒸発するので，湿球

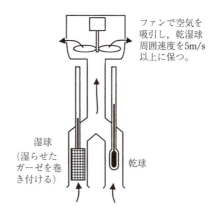

図6・3 各種湿度と温度の関係

図6・4 アスマン通風乾湿計

表6・2 湿度に関係する用語

湿 度	記 号〔単位〕	意 味
絶対湿度	x〔kg/kg′〕	乾燥空気1kgと共存している水蒸気の重量
水蒸気分圧	f〔Pa〕	大気圧中における水蒸気の圧力
相対湿度	rh〔%〕	水蒸気分圧の飽和水蒸気分圧に対する割合
湿球温度	t_w〔℃〕	温度計の感温部を湿った布などで湿らせて測定した温度

温度が乾球温度より低くなる。乾・湿球温度測定値と換算表を用いて，相対湿度が求められる。

これまで説明してきた湿度に関連する用語とその意味を，表6・2にまとめて示す。

---

[1] 絶対湿度 x〔kg/kg′〕は水蒸気分圧 f〔Pa〕と，以下の式で関連づけられている。

$$x = 0.622 \frac{f}{P-f} 〔\text{kg/kg}′〕 \quad P:1気圧(=101.3\text{ kPa})$$

分母の $P-f$ は，通常の状態では $P \gg f$ であることから，ほとんど一定なので，絶対湿度と水蒸気分圧は概ね比例関係となる。

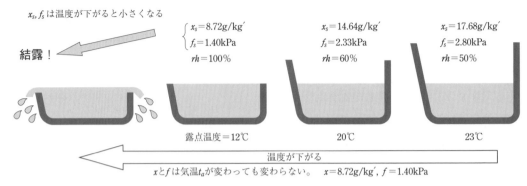

図6・5 結露と露点温度

6・1・2 露点温度と空気線図
(1) 結露

図6・2に示したように，飽和絶対湿度（飽和水蒸気分圧）は気温によって変化し，温度が下がると小さくなる。したがって，飽和状態でない湿り空気も温度を下げていくといずれは飽和状態となり，このときの温度を**露点温度**という。露点温度からさらに温度を下げると，水蒸気が気体の状態でいられなくなるので，凝縮して水滴となり，これを**結露**という。温度変化に伴う飽和絶対湿度x_s，飽和水蒸気分圧f_s，相対湿度rhの変化を図6・5に示す。

温度の低下を伴うx_s, f_sとx, fの関係は，

浴槽の大きさ　　＝ x_s, f_s

その中のお湯の量＝ x, f

の関係でとらえるとよい。

絶対湿度8.72 g/kg′（水蒸気分圧 1.4 kPa）の湿り空気は気温20℃では相対湿度60%であるが，これは，$f = 1.4$ kPaがこの温度に対する飽和水蒸気分圧$f_s = 2.33$ kPaの60%となるためである。

この湿り空気の温度を23℃に上昇させてもお湯の量に相当するfは変化しない。しかし，温度が上昇すると浴槽の大きさであるf_sが大きくなるので相対湿度は低下する。

逆に温度を下げると相対湿度は上昇し，12℃で100%となる。つまり，20℃で相対湿度60%の湿り空気の露点温度は12℃である。温度をこれよりさらに下げると，浴槽の大きさがお湯の量を下回るので，余分な水蒸気が結露して（あふれて）水滴が発生する。

(2) 空気線図の読み方

湿り空気における各種湿度の評価や換算には，図6・6に示す湿り空気線図を利用するのが便利である。**湿り空気線図**では横軸に気温を，縦軸に絶対湿度と水蒸気分圧を示し，右下がりの直線が湿球温度一定となる条件を示している。また，右上がりの曲線が相対湿度一定となる条件を示している。相対湿度100%の曲線は乾燥空気と共存できる水蒸気量の限界を示しており，**飽和曲線**という。飽和曲線は，ある温度に対する飽和絶対湿度ないしは飽和水蒸気分圧を表したものである。

気温，絶対湿度（または水蒸気分圧），相対湿度，湿球温度のうちでいずれか2つが決まると残りの2つが決まる。

① 気温と湿球温度から相対湿度，絶対湿度，水蒸気分圧を求める。

気温25℃，湿球温度18℃とすると，図のⒶ点となる。相対湿度50%，絶対湿度10g/kg′，水蒸気分圧1.6 kPaと読み取ることができる。

② 飽和絶対湿度, 飽和水蒸気分圧を求める。

露点温度20℃の場合を検討する。図6・7で20℃の軸と相対湿度100％の曲線（飽和曲線）との交点を求めればよい（図のⒷ）。飽和絶対湿度は，この点の高さを読み取って15g/kg′（図のⒸ），飽和水蒸気分圧は，2.3 kPa（図のⒹ）と読み取ることができる。

③ 図6・5に示される空気の状態変化を空気線図上で確認する。

図6・8に結果を示す。温度20℃，相対湿度60％の点を探し（図のⒺ），その絶対温度，水蒸気分圧を読み取ると，それぞれ9g/kg′，1.4 kPaとなる。温度が23℃に上昇したとすると，Ⓔ点と同じ高さで23℃の点となり（図のⒻ），相対湿度は50％と読み取ることができる。

露点温度は，同じ高さで飽和曲線との交点となり（図のⒼ），露点温度を12℃と読み取ることができる。

このように，空気線図を用いて湿り空気の状態を簡単に読み取ることができる。

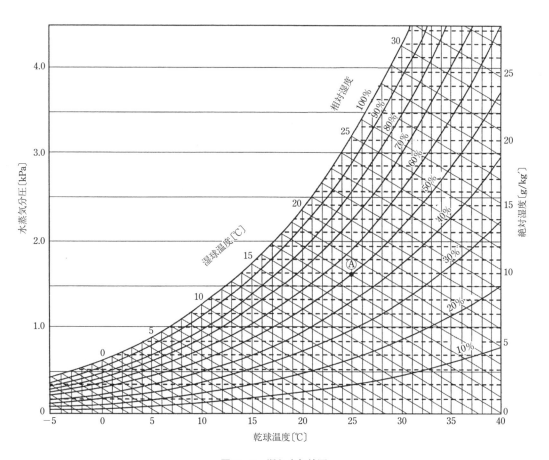

図6・6 湿り空気線図

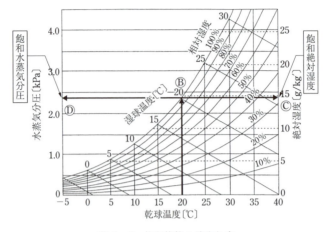

図6・7 飽和状態の読取り方

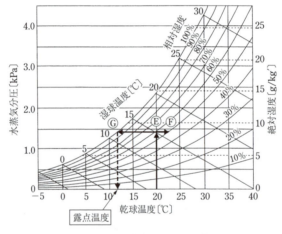

図6・8 露点温度の読取り方

例題1

空気線図に関する次の記述のうち，最も不適当なものはどれか。

(1) 乾球温度が10℃から20℃に上昇すると，空気に含むことができる最大の水蒸気量は約2倍になる。

(2) 「乾球温度10℃，湿球温度8℃」の空気1kgに含まれる水蒸気量は，「乾球温度20℃，湿球温度15℃」の空気1kgに含まれる水蒸気量より少ない。

(3) 「乾球温度0℃，相対湿度100％」の空気を，乾球温度20℃まで暖めると，相対湿度は約25％になる。

(4) 「乾球温度20℃，相対湿度40％」の空気が，表面温度10℃の窓ガラスに触れると，窓ガラスの表面は結露する。

(5) 「乾球温度5℃，相対湿度40％」の空気を，「乾球温度20℃，相対湿度40％」に加熱・加湿した場合，空気1kgに含まれる水蒸気量は約4g増加する。

【例題解説】

(1) 図6・9で乾球温度10℃の飽和絶対湿度は図中の①でおよそ7.6 g/kg′, 20℃では図中の②でおよそ14.7 g/kg′となり, 約2倍となることから正しい。

(2) 湿球温度8℃, 15℃の一定条件を図中に点線で示す。乾球温度10℃, 湿球温度8℃は図6・9の③, 乾球温度20℃, 湿球温度15℃は図の④となるので, ③のほうが絶対湿度は小さく, 正しい。

(3) 乾球温度0℃, 相対湿度100%の空気を20℃まで暖めると図の⑤となり, 相対湿度は概ね25%となるので正しい。

(4) 図6・10で乾球温度20℃, 相対湿度40%の空気(図の⑥)の露点を求めると⑦となり, およそ6℃である。したがって, 10℃の窓ガラスに触れても結露しないので誤り。

(5) 乾球温度5℃, 相対湿度40%の空気(図の⑧)の絶対湿度は図よりおよそ2 g/kg′となる。乾球温度20℃, 相対湿度40%の空気(図の⑥)の絶対湿度はおよそ6 g/kg′となるので4 g増であるから正しい。

よって, (4)が正解となる。

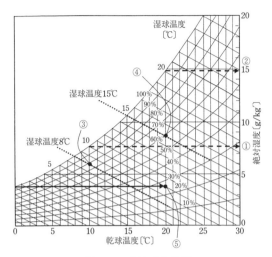

図6・9 湿り空気線図

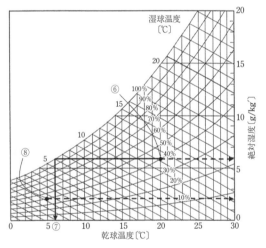

図6・10 湿り空気線図

6・2 結露

6・2・1 表面結露の判定法

図6・11 室内の湿度に影響を与える環境・設備要素

(1) 室内湿度の収支

室内壁表面にその室の湿り空気の露点温度より低い部分があると結露発生の可能性がある。**表面結露**の判定を行うためには，室内の絶対湿度を求める必要がある。室内の絶対湿度に及ぼす環境側・設備側の要素を模式的に示すと図6・11となる。室内で水蒸気を発生する要素としては，人体，燃焼器具の使用，調理・入浴行為などが考えられる。これらを室内水蒸気発生といい，その大きさをW〔kg/h〕で表すことにする。

次に，室がQ〔m³/h〕の換気を行い，外気の絶対湿度がx_o〔kg/kg′〕であったとする。このとき，室の絶対湿度x_i〔kg/kg′〕は，空気密度をρ〔kg/m³〕として式(6・2)で表される[1]。

$$x_i = x_o + \frac{W}{\rho Q} \quad \cdots\cdots\cdots\cdots (6・2)$$

(2) 室内水蒸気発生量

表6・3，6・4に室内水蒸気発生量の例を示す。人体からの水蒸気発生量は，活動量が大きいほど，また室温が高いほど大きくなる。通常の事務作業では1人当たり100 g/h，安静状態では50 g/h程度とみなすことができる。

調理時に用いるなべややかんなどが沸騰状態にあるとすると，水蒸気発生量は1500 g/h程度となる。ガスや灯油などの燃料の燃焼も大量の水蒸気発生を伴う。

また，浴槽や入浴人物1人当たりの水蒸気発生量は1000 g/h程度と入浴行為に伴う発生量は非常に大きい。これら以外にも，加湿器などの使用に伴って大量の水蒸気が発生する。

(3) 表面温度の計算法

表面結露の判定に必要な，壁表面温度t_s〔℃〕は，室温t_i〔℃〕，外気温t_o〔℃〕，壁の熱貫流率K〔W/(m²·K)〕，室内熱伝達率a_i〔W/(m²·K)〕として，式(6・3)で求められる[2]。

$$t_s = t_i - \frac{K}{a_i}(t_i - t_o) \cdots\cdots\cdots\cdots (6・3)$$

---

[1] 温度や湿度の影響による空気の密度変化の影響が小さいとすれば，換気によって室内に流入する単位時間当たりの水蒸気の重量は，$\rho Q x_o$〔kg/h〕となる。同様に，室から換気によって流出する水蒸気の重量は，$\rho Q x_i$〔kg/h〕となる。水蒸気の収支は〔室内発生〕＋〔換気による流入〕＝〔換気による流出〕となるので，$W + \rho Q x_o = \rho Q x_i$とおける。これを$x_i$について解くと式(6・2)が得られる。

[2] 右図に示すように，室内から壁表面までの熱流と壁全体の貫流熱流が等しいとすると，以下のようになる。

$$a_i(t_i - t_s) = K(t_i - t_o)$$

これを，室内表面温度t_s〔℃〕について解けば，式(6・3)が得られる。

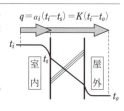

表6・3　人体からの水蒸気発生〔g/h〕

作業状態	適用建物	室内温度〔℃〕				
		20	22	24	26	28
き(椅)座(安静時)	劇場, 小・中学校	31	38	46	68	66
〃 (軽作業時)	高等学校	44	51	62	74	86
事務作業	事務所・ホテル	59	68	80	91	104
立　居	銀行・デパート	75	84	94	109	123
き(椅)座(中作業時)	レストラン	82	91	104	121	140
〃　(　〃　)	工　場	138	154	173	196	216
ダンス(中程度)	ダンスホール	162	180	201	223	243
歩行(4.8km/h)	工　場	194	216	238	259	281
重作業	工場・ボーリング	310	331	353	370	385

・日本人とアメリカ人の男子の標準体表面積の割合 1.6:1.8（m²）で換算した。
　女子は 0.86 倍, 子供は 0.75 倍

表6・4　さまざまな生活行為に伴う水蒸気発生

名　　称	摘　　要	水分発生量〔g/h〕
なべ 22cm 径	盛んに沸騰, ふたなし	1 400～1 500
〃	一般, ふたあり	500～ 700
やかん 中型	盛んに沸騰, ふたなし	1 300～1 400
〃	一般, ふたあり	500
電気オーブントースター	――――	0.3
ヘアドライヤー	ブロア形	180
〃	ヘルメット形	150
コーヒー沸し (1/2gal)	電　気	100
〃	ガ　ス	160
グリル類	電　気	400～1 400
〃	ガ　ス	400～1 700
浴　槽	湯面積 2m², 2 人入浴	500～1 000
入浴人物		1 000～1 500
浴　場		500～1 000

例題2

図 6・12 の建物の条件が, 表 6・5 に示すとおりとするとき, 建物内部で表面結露が発生する可能性について検討しなさい。

【例題解説】

① 室内の絶対湿度を求める。

式(6・2)に外気の絶対湿度, 換気量を代入して, 室内絶対湿度を求める。

$$x_i = 0.0015 + \frac{0.2}{1.2 \times 24} = 0.00844 \text{kg/kg}'$$

② 露点温度を求める。

図 6・6 の空気線図を用いて, この絶対湿度に対する露点温度を求めると 11.5℃ となる。つまり, 室内表面で 11.5℃ 以下の部分は結露の可能性がある。

③ 壁表面温度を求める。

式(6・3)を用いて壁と窓の表面温度を求める。

$$\text{壁}: t_s = 20 - \frac{0.5}{9} \times (20 - 0) = 18.89℃$$

$$\text{窓}: t_s = 20 - \frac{6.0}{9} \times (20 - 0) = 6.67℃$$

④ 表面結露の判定

これらの表面温度と, 露点温度 11.5℃ を比

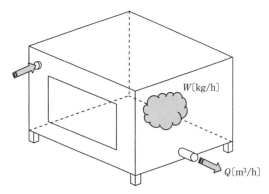

図6・12　表面結露の判定対象建物

表6・5　表面結露判定のための計算条件

外気温：	$t_0 = 0℃$
室　温：	$t_i = 20℃$
外気絶対湿度：	$x_0 = 0.0015 \text{ kg/kg}'$
室内水蒸気発生量：	$W = 0.2 \text{ kg/h}$
窓面熱貫流率：	$K_G = 6.0 \text{ W/(m}^2\cdot\text{K)}$
天井・床・壁熱貫流率：	$K_W = 0.5 \text{ W/(m}^2\cdot\text{K)}$
室内熱伝達率：	$a_i = 9.0 \text{ W/(m}^2\cdot\text{K)}$
換気量：	$Q = 24 \text{ m}^3/\text{h}$

較すると, 壁：18.89℃＞11.5℃, 窓：6.67℃＜11.5℃ となるので, 壁での結露の恐れはないが, 窓部分で結露の危険性が大きいと判定できる。

6・2・2　表面結露の防止対策

表面結露の防止には，まず不要な水蒸気発生を控えることが重要である。水蒸気発生が避けられない場合は，水蒸気発生の考えられる部分近くで換気を行い，水蒸気を効果的に排出することが有効である。

住宅では，図6・13に示すように，一般に居間や水廻りで水蒸気の発生が考えられる。これらの部分の湿った空気が，暖房を行っていない居室などに流れると，結露発生の恐れがある。これを避けるためには，水廻りで常時排気による換気を行うこと，住宅全体を暖房すること，などが効果的である。

また，図6・14に示すように壁内部に鉄骨などがあり，熱が伝わりやすい部分を**熱橋**という。熱橋部分の室内側表面温度は外気温に近くなり，結露しやすい。同様に，図6・15に示す**建物外壁出隅部分**の室内側も熱が伝わりやすく結露しやすい。これらの部分には断熱補強を行うなどの対策により局部的な温度低下を避けるのが望ましい。

図6・16は，カーテンのかかった窓や，外気に接する壁に密着させて家具を配置している状況を示している。これらの部分では暖かい室内の空気が流通しにくくなるので，表面温度が低下して結露が発生しやすい。カーテンの場合は完全には締め切らずに両側に窓が露出する部分を設ける，家具は5cm程度壁から離して設置する，などの室内空気の流通を促進する対策が有効となる。

図6・17は，二重サッシの間に生じる結露と気密性の関係を示している。室内側のサッシの気密性が低いと，室内空気がサッシの間に流入し，冷却されて結露発生の可能性がある。したがって，サッシの気密性能は室外側に比べて室内側の性能を高めに設定することが大切である。

また，戸建住宅では，図6・18に示す外気に

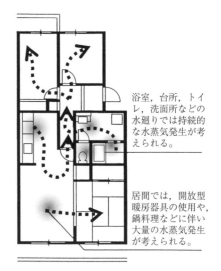

図6・13　水蒸気の発生・移動による表面結露

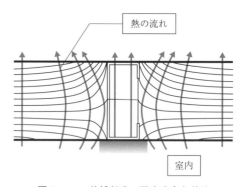

図6・14　熱橋部分の温度分布と熱流

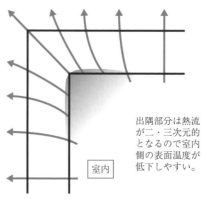

図6・15　建物外壁出隅付近の熱流方向

接する押入れでしばしば結露が問題となる。布団や荷物，家具と壁との間の空隙が小さく，空気が停滞し，室内側の熱が伝わりにくいことから，内壁表面温度が下がるためであり，家具の裏面と同様である。このような場合は，すのこなどを利用して布団，荷物などが直接壁に接しないよう，工夫をするとよい。

図6・19の左に示すように，天井部分で断熱する場合，**防湿層**を設けていても水蒸気の天井裏への移動を完全に止めることはできない。この場合，小屋裏での結露が避けられないので，同図右に示すように，小屋裏換気を積極的に行って水蒸気を排除し，さらに野地板を断熱して，小屋裏内部の温度が室温から極端に低温にならないようにするとよい。

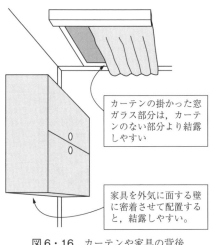

図6・16 カーテンや家具の背後

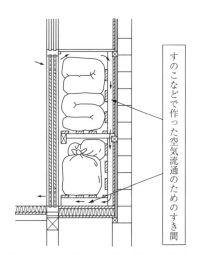

図6・18 押入れにおける結露防止対策

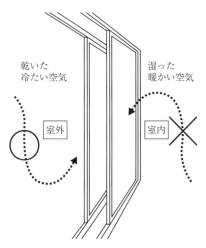

図6・17 二重サッシの結露と気密性

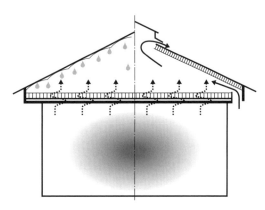

図6・19 小屋裏における結露防止対策

6・2・3 内部結露の防止対策

建築材料は，金属・ガラスなどを除き，図6・20に示すように，一般に微細な孔が多数あいた固体である。したがって，壁の両側に水蒸気分圧の差があると，水蒸気分圧の高い側から低い側に向かって水蒸気が流れ，壁内部に水蒸気分圧の分布ができる。

水蒸気の浸透した部分の温度が低くなり，露点温度以下となると，壁内部で結露が発生することがあり，**内部結露**といわれる。

内部結露が発生すると，壁の断熱性能の低下のほか，木造では材料の腐敗による耐久性の低下，寒冷地では結露部分の凍結による凍害など，深刻な被害を招きかねないので，十分な対策が必要である。

内部結露を防止するためには，壁体内に水蒸気を浸透させないことが重要であり，この目的のためにポリエチレンフィルムなどの**透湿抵抗**の高い材料が**防湿層**として利用されている。また，壁の保温の観点から断熱材の利用も効果的であるが，壁のどの部分にこれらを用いるかが非常に重要である。

図6・21に，室内側に断熱材，屋外側に防湿層を施工した場合の壁体内の温度分布と水蒸気分圧分布を示す。断熱材から屋外側の壁内部の温度が低下し，飽和水蒸気分圧は低くなる。ところが，防湿層が断熱材より屋外側にあるので，水蒸気分圧の高い領域が壁の低温部分にまで及んでしまい，この部分で内部結露発生の可能性が高くなる。

図6・22は断熱材と防湿層を入れ替えた場合の結果であるが，水蒸気分圧の高い領域が壁内部の温度の高い部分のみに位置しているため，内部結露の恐れはない。

このように，断熱材と防湿層を用いて内部結露の防止対策とする場合は，防湿層を断熱材の室内側に施工し，断熱材の屋外側に水蒸気分圧

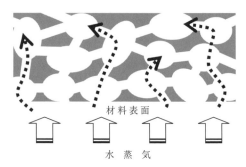

図6・20 材料内部への水蒸気の侵入

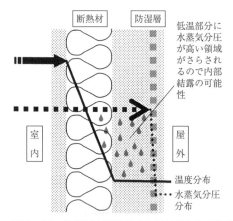

図6・21 防湿層が断熱材より屋外側にある場合

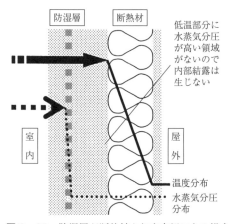

図6・22 防湿層が断熱材より室内側にある場合

の高い部分が生じないようにする必要がある。

　外装材に湿気を通さない材料を使用した場合は，断熱材の屋外側に透湿抵抗の高い材料が施工されていることになる。このような場合，壁内の水蒸気分圧の分布の点では，図6・21と同様の構法となるので，図6・23に示す外装材と断熱材の間に通気層を設けて湿気を排出する**通気構法**を用いるのが有効である。室内側に防湿層を設けて，壁への水蒸気の侵入をできるだけ避けるが，侵入してきた水蒸気は通気層を経て排出されるので，断熱材内部の水蒸気分圧を低いレベルにコントロールすることができる。

　なお，通気層を通過する外気が断熱材を透過すると，断熱性能が低下する恐れがある。そこで，水蒸気は透過するが，外気の流入は抑制する性質の透湿防水シートを断熱材と通気層の間に施工するとよい。

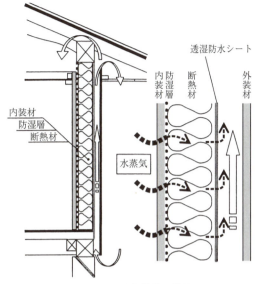

図6・23　通気構法の効果

コラム8　デシカント空調機

　一般の空調機における除湿では，湿った空気を，冷水や冷媒を循環させて低温にした冷却器に通し，空気を露点温度以下にすることにより，冷却と除湿を同時に行う。したがって除湿のみを目的とする場合，所要の温度に戻すために再加熱が必要となり，効率的ではない。この点に関し，最近は水分吸着材（デシカント）を利用した除湿装置が注目されている。

　図に示すように，吸着材にシリカゲルやゼオライトを用いたデシカントロータの下部に湿っ

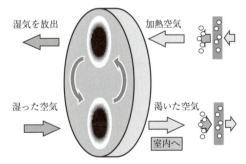

図1　デシカントローターの仕組み

た空気を通すと水分が吸着される。ローターが回転して上部に移行し，加熱空気を通すことによって吸着した水分が脱着し，吸湿性が回復する仕組みである。

　デシカント空調機では化学作用により空気中の水分を直接取り除くので，従来の冷却除湿方式に比べて除湿に要するエネルギーが少ない。また，吸湿性の回復に用いられる加熱空気には，空調機排熱などの低温熱源を利用することができるので，効率的な空調システムとすることができる。

第6章 演習問題

【問題1】 湿度に関する次の記述のうち，最も不適当なものはどれか。
(1) 温度を高くすると飽和水蒸気圧も高くなる。
(2) 空気を露点温度まで冷却していくと温度とともに相対湿度も低くなる。
(3) 温度が同じであれば相対湿度が高くなると絶対湿度も高くなる。
(4) 空気を加熱すると相対湿度は変化する。
(5) アスマン通風乾湿計の乾球温度が同じ場合，乾球温度と湿球温度の差が大きいほうが相対湿度は低くなる。

【問題2】 室内空気に関する次の記述のうち，最も不適当なものはどれか。
(1) 温度以外の条件が同じであれば，空気を加熱すると相対湿度は下がる。
(2) 空気を露点温度以下に冷却すると，空気中の水蒸気の一部は凝縮し水滴となる。
(3) 温度以外の条件が同じであれば，空気を加熱してもその空気の露点温度は変化しない。
(4) 室内表面温度を上昇させることは，室内表面結露の防止に効果がある。
(5) 相対湿度が同じであれば，温度が低い空気も高い空気も等量の水蒸気を含む。

【問題3】 結露防止に関する次の記述のうち，最も不適当なものはどれか。
(1) 外気に接する押入れ内における表面結露を防止するためには，ふすまの断熱性を高くすると効果的である。
(2) 開放型石油ストーブを用いて暖房すると，大量の水蒸気が発生し結露を生じやすい。
(3) 冬期における外壁の内部結露を防止するためには，防湿層を断熱材の室内側に切れ目なく施工する。
(4) 外壁の室内側に生じる表面結露の防止には，外壁の断熱が有効である。
(5) 外気に面した壁に沿って，たんすなどの家具を置かないようにする。

【問題4】 住宅における冬期の結露防止に関する次の記述のうち，最も不適当なものはどれか。
(1) 外気に面した壁・天井に断熱材を充てんし，断熱材の室内側に防湿材を張る。
(2) 通常のガラス窓にカーテンを吊るすと室温が上がるので，ガラス面での結露防止に効果がある。
(3) 押入れの建具に通気口を設け，布団類を壁から離して収納すると，押入れ内の結露は発生しにくくなる。
(4) 冬期における浴室の結露防止には屋内空気を取り入れて，浴室の水蒸気を直接屋外に排出するのが効果的である。
(5) 二重窓の外側サッシの内側の結露防止には，外側サッシよりも内側サッシの気密性を高くするほうがよい。

第6章 演習問題

【問題5】 結露に関する次の記述のうち，最も不適当なものはどれか。
(1) 結露は，かびやダニの発生の要因となる。
(2) 保温性の高い建築物であっても，暖房室と非暖房室とがある場合，非暖房室では結露が発生しやすい。
(3) 窓下への放熱器の設置は，窓面の結露防止に効果がある。
(4) 外壁の室内側に生じる表面結露は，防湿層により防ぐことができる。
(5) コンクリート構造の建築物では，外断熱工法を用いると，ヒートブリッジ（熱橋）ができにくく，結露防止に効果がある。

【問題6】 空気線図中のA点（乾球温度5℃，相対湿度80％）の状態にある湿り空気およびB点（乾球温度19℃，相対湿度60％）の状態にある湿り空気に関する次の記述のうち，最も不適当なものはどれか。
(1) A点の湿り空気を乾球温度20℃まで暖めると，相対湿度は約30％になる。
(2) B点の湿り空気が表面温度10℃の壁に触れると，壁の表面に結露が発生する。
(3) B点の湿り空気1kgに含まれる水蒸気量は，約8gである。
(4) A点の湿り空気をB点の湿り空気の状態にするには，加熱と同時に湿り空気1kg当たり約6gの加湿が必要である。
(5) B点の湿り空気を乾球温度7℃まで冷やした後，乾球温度21℃まで加熱すると，相対湿度は約40％になる。

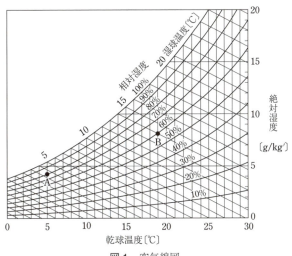

図1　空気線図

第7章 温熱環境

7・1 人体周りの熱収支 ——————140

7・2 温熱感覚指標 ——————144

7・1　人体周りの熱収支

7・1・1　温熱環境6要素
(1) 体温の恒常性

人体を取り巻く環境温度は，−30℃から＋40℃と大きく変動する。しかし，体温は36.5℃付近の非常に狭い範囲で一定に保たれており，わずか1℃上昇しても，頭が痛い，だるいなどの自覚症状がある。体温と呼ばれているのは，脳，脊髄，心臓などの臓器部分の温度であり，これらの部分を**コア部**と呼ぶ。一方，体表面に近い皮膚，皮下脂肪，筋肉などは**シェル部**と呼ばれる。ただし，図7・1に示すように，コア・シェル部の大きさは環境温度によって変化し，毛細血管の拡張や縮小により環境温度が高いとコア部（図中のアミ部）が拡大して放熱を促進し，低いと縮小して放熱を抑制する生理反応が起こる。

体温調整機構を環境温度に対応して図示すると図7・2のようになる。皮膚血流の調整によるコア・シェル部の大きさ変化で体温調整が可能な領域を**中性温域**という。

この領域を高温側で超えると発汗量が増大し，汗の蒸発により熱放散が促進される。逆に低温側で超えると，筋肉の痙攣（シバリング）による体の震えにより体内の発熱（産熱という）を増やして体温を維持しようとする。このような生理反応により体温維持が可能な範囲を**恒温適応域**という。この範囲を逸脱すると体温が維持できなくなって最終的には死に至る。

中性温域の一部が温熱感覚として快適と感じる至適温域と考えられている。

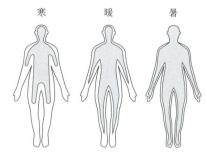

図7・1　コア・シェルの温度による変化

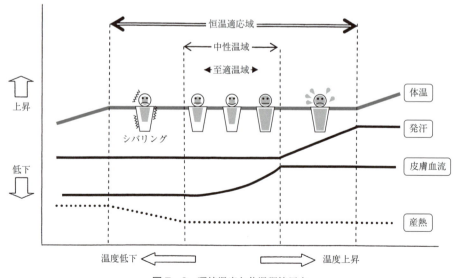

図7・2　環境温度と体温調節反応

(2) 温熱環境の6要素

人体の放熱機構を模式的に図7・3に示す。体内からは代謝によって**産熱**：Mが発生し，それを**対流**：C，**放射**：R，**蒸発**：Eによって環境に放熱している。

対流と放射による熱移動のメカニズムは，5・1で学んだ建物の壁表面における熱移動現象と本質的な差はない。これに，水分蒸発による冷却が加わるが，発汗していない状態でも，絶えず人体の皮膚や粘膜からは水分蒸発による放熱が起こっており，これを「不感蒸せつ」という。また，対流・蒸発には呼吸により肺や気道からの放熱も含まれる。

人体が外界と熱平衡状態となるとき，産熱と放熱が等しくなる。これは，式(7・1)で表されるように，人体が温熱的に快適と感じるために必要な条件である。

$$M = C + R + E \quad\quad\quad\quad (7\cdot1)$$

熱平衡が成立していない条件としては，以下に示すように，放熱不足を表す場合と，放熱過大の場合がある。これらの状況は身体が加熱・冷却されている状態で，暑い，寒いと感じる。

$M > C + R + E \longrightarrow$ 放熱不足（暑い）
$M < C + R + E \longrightarrow$ 放熱過大（寒い）

これらの放熱機構と関連する環境側要素の関連を表7・1に示す。

気温，放射温度，相対湿度，気流速度が，対流・放射・蒸発による放熱に関わりがある。例えば，対流による放熱は，体表面—空気温度差に対流熱伝達率を乗じて表される。対流熱伝達率は気流速度や体表面—空気温度差によって変化するので，対流による放熱には気温と気流速度が関連する。

これに加えて人体側が温熱環境に及ぼす要素としては，**代謝量**と**着衣量**があり，これらの**六要素**が人体の温熱環境を決定する要因となる。

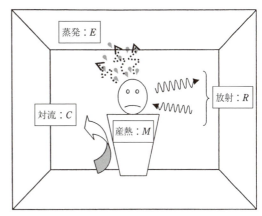

図7・3 人体の放熱機構

表7・1 温熱環境要素と放熱機構

温熱環境要素	関連する放熱機構
気　　温	対流（呼吸を含む）
放射温度	放　射
相対湿度	蒸発（呼吸を含む）
気流速度	対流，蒸発
着 衣 量	衣服内伝導・透湿，放射，対流
代 謝 量	—

(3) 代 謝 量

人体の産熱は代謝による熱生産Mであり，Mは体表面積A_Dに比例して増加する。そこで，各種作業時の代謝量は，以下に示す体表面積当たりの椅座安静状態での代謝量であるmet[1]を単位として表す（これを代謝率という場合もある）。

$$1\,\mathrm{met} = 58.2\,\mathrm{W/m^2}$$

表7・2に，各種作業の代謝量を示すが，睡眠時に0.7 met，立位または一般事務作業で1.2 met，歩行状態で2.5 met程度となる。

一方，日本人の平均的な男子では$A_D = 1.69\,\mathrm{m^2}$，女子では$A_D = 1.50\,\mathrm{m^2}$となるので，男子の椅座安静時代謝量(体表面積を乗じた値)は100 W，睡眠時の代謝量は70 W，一般事務作業120 W，歩行状態で250 W程度となり，女子はその0.85倍，子供は0.75倍となる。

---

1) metabolic rate（代謝量）

表 7・2　各種作業の代謝量

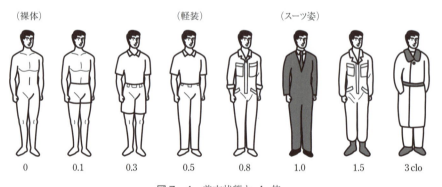

図 7・4　着衣状態と clo 値

(4) 着衣量

着衣はそれ自体の熱伝導や空気層などにより，体表面から外界への熱移動を抑制する要素として働き，その熱的な性能は**着衣量 clo（クロ）値**[1]用いて表される。1 clo とは，気温 21.2℃，相対湿度 50%，気流速度 0.1 m/s の状態で椅座安静状態（1 met）の成人男性が快適な状態でいられる衣服の熱抵抗として，以下のように表される。

$$1\,\mathrm{clo} = 0.155\,\mathrm{m^2 \cdot K/W}$$

着衣状態と clo 値のおおまかな関係を図 7・4 に示す。

ヌード状態で 0 clo，標準的な背広姿で 1 clo となり，半そでシャツ姿で 0.6 clo 程度の値となる。

---

1)　clothing insulation（着衣の熱抵抗）

7・1・2 環境温度
(1) 気温

室内環境を評価する場合は，室内の空気温度を**気温**とする。気温は，物体表面での対流による熱のやりとりに関連する。正確な測定値はp.125のアスマン通風乾湿計の乾球温度により得られる。

(2) 平均放射温度 MRT

人や物体は，図7・5(a)のように，表面温度が不均一な周壁に取り囲まれ，壁との間で放射熱をやりとりしている。**平均放射温度 MRT**[1]〔℃〕とは，図(b)に示すように，周壁表面温度が均一な条件で，図(a)と等価な放射熱を受ける壁面温度のことをいう。近似的には物体を取り囲む壁表面の平均温度となる。

(3) グローブ温度

図7・6に示す，直径15cmの黒く塗装した金属球に温度計を挿入したものを**グローブ温度計**という。グローブ球は気温 t_a と対流熱のやりとりを，周壁の MRT と放射熱のやりとりをする。風が吹いていない室内環境での**グローブ温度**は近似的に気温と MRT の平均温度となる[2]。

室内の居住者も気温 t_a および周壁の MRT と熱のやりとりをするので，居住者に対し対流と放射の影響を考慮した環境温度のことを**作用温度 OT**[3] という。作用温度は近似的にグローブ温度となる。

(4) 不快指数 DI

もともとは，後述する ET の読み取りが煩雑なのを簡略化する目的で開発されたが，現在では冷房の必要性を表す夏期の屋外環境の指標としてわが国では定着している。**不快指数 DI**[4] は外気温 t_a〔℃〕と湿球温度 t_w〔℃〕をアスマン通風乾湿計などを用いて求め，次式より計算する。

$$DI = 0.72 \times (t_a + t_w) + 40.6$$

式より，不快指数に関連するのは，気温と湿度のみであり，放射温度や気流速度の影響は含まれていない。DI が75未満では快適であるとするが，これ以上では以下のように蒸暑による不快感と対応づけられる。

$DI \geqq 75 \longrightarrow$ やや暑い。
$DI \geqq 80 \longrightarrow$ 暑くて汗が出る。
$DI \geqq 85 \longrightarrow$ 暑くてたまらない。

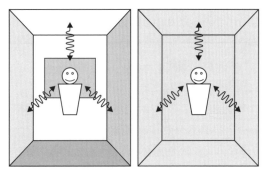

(a) 不均一放射環境　(b) 等価な均一放射環境(MRT)

図7・5　平均放射温度 MRT

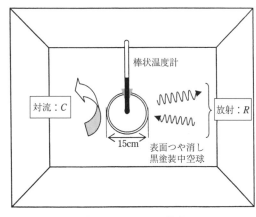

図7・6　グローブ温度

---

1) Mean Radiant Temperature（平均放射温度）
2) グローブ温度を t_g とおき，対流熱伝達率を a_c，放射熱伝達率を a_r とおくと，t_g は次のようになる。

$$t_g = \frac{a_c t_a + a_r \cdot MRT}{a_c + a_r}$$

静穏な環境では $a_c \fallingdotseq a_r$ となるので，グローブ温度は気温と MRT の平均値となる。気流の強い環境では $a_c > a_r$ となるので気温に近くなる。

3) Operative Temperature（作用温度）
4) Discomfort Index（不快指数）

7・2 温熱感覚指標

7・2・1 有効温度と修正有効温度
(1) 体感温度

温熱感覚には，気温，放射温度，相対湿度，気流速度が環境側の要素として，着衣量と代謝量が人間側の要素として影響している。これらの要素には無数の組合せがあるが，温熱環境を相互に比較したり，快適性などを評価できたりすれば大変都合がよい。

この目的のために，環境側と人間側の要素を標準化し，等価な温熱感覚を与える温度で表したものを**体感温度**という。

(2) 有効温度 ET

有効温度 ET[1]〔℃〕は，多数の被験者実験に基づき提案された体感温度であり，図7・7に示すように，ある気温・湿度・気流速度の評価対象環境と同じ温熱感覚を与える相対湿度100%，無風時の気温で定義される。

ET の算定には図7・8に示す ET 線図が用いられる。例えば上着を着た状態で，乾球温度25℃，湿球温度20℃，気流速度0.1 m/s とす

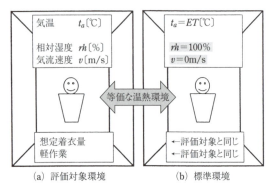

図7・7 有効温度 ET の意味

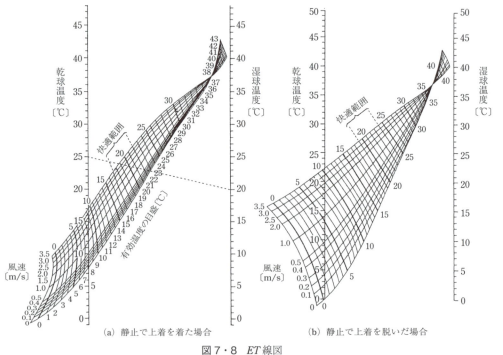

図7・8 ET 線図

---

1) Effective Temperature（有効温度）

れば，図(a)を用いてET = 22.7℃となる。

相対湿度40～60%，気流速度0.5 m/s以下の条件では，

冬期：ET 17～22℃

夏期：ET 19～24℃

の条件で快適であるとされている。

ETでは環境側要素の一つである放射の影響が無視されているのが問題であり，気温t_aと平均放射温度MRTが大きく異なる環境の評価に用いると誤差が大きくなる。

(3) 修正有効温度 *CET*

ETの放射温度に関する欠点を補うために，**修正有効温度** CET[1]〔℃〕が提案されている。CETはETの乾球温度のかわりにグローブ温度を用いるものである。しかし，湿度の影響を過大に評価するなどの欠点があるとされている。

7・2・2 新有効温度と標準新有効温度

(1) 新有効温度 ET^*

新有効温度 ET^*[2]〔℃〕は，二層モデルと呼ばれる人体の数値モデルに基づいている。図7・9に示すように，評価対象環境の環境側4要素，人間側2要素を用いて，評価対象環境と同一の体表面温度，発汗による濡れ面積率[3]，皮膚表面放熱量を与える相対湿度50%のときの気温（気温はMRTと等しいとする）で定義される。後述するPMVよりも蒸暑環境評価を正確に行うことができると考えられている。

(a) 評価対象環境　(b) 標準環境

図7・9 新有効温度ET^*の意味

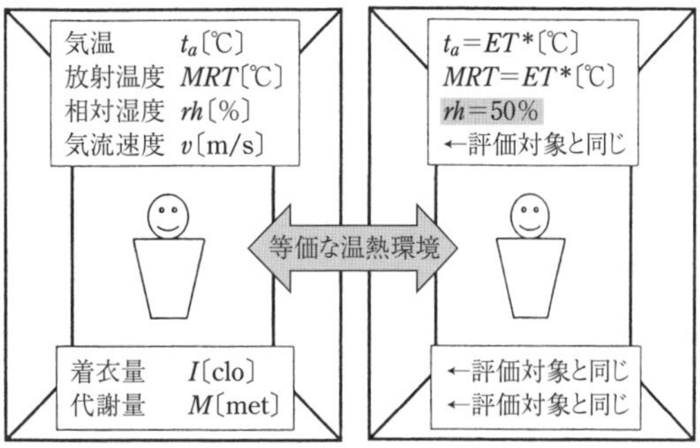

(2) 標準新有効温度 SET^*

ET^*の標準化をさらに進めて，SET^*[4]では，図7・10に示すように，気流：無風（v = 0.1 m/s），着衣量：軽装（I = 0.6 clo），活動量＝軽作業（M = 1.0 met）としたときに，評価対象環境にばく露された評価対象とする着衣量，代謝量の居住者と等価な温熱環境となる相対湿度50%のときの気温（= MRT）と定義される。

(a) 評価対象環境　(b) 標準環境

図7・10 標準新有効温度SET^*の意味

等SET^*線を空気線図上に表したASHRAEの快適線図を図7・11に示す。図では，等SET^*線を点線で，着衣量0.8～1.0 cloの場合の快適範囲を斜線で表している。

例えば，気温25℃，相対湿度70%のSET^*は，図中のA点から点線で示されている等SET^*線に沿って，相対湿度50%との交点Bを求め，そのときの室温を読み取り，25.7℃を得る。SET^*による快適範囲は，22.2～25.6℃であるとされている。

---

1) Corrected Effective Temperature（修正有効温度）
2) ET^*（New Effective Temperature）はイーティースターと発音する。
3) 発汗によって汗で覆われている体表面積の全体表面積に対する割合
4) SET^*（Standard New Effective Temperature）はエスイーティースターと発音する。

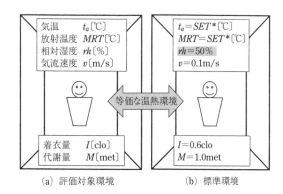

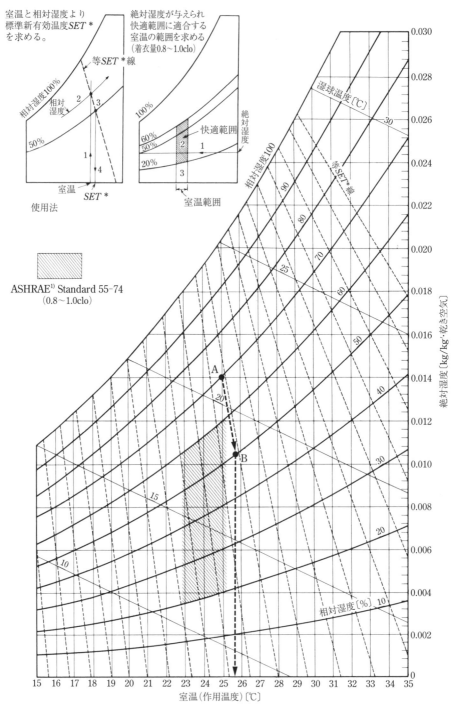

図7・11　SET^*線図と快適範囲

---

1) American Society of Heating Refrigerating and Air-conditioning Engineers（アメリカ暖房冷凍空調学会）

7・2・3 予測平均温冷感申告 PMV

(1) 予測平均温冷感申告 PMV

体感温度は，室温で温熱感覚を代表させる考え方によるものであるが，ファンガーの提案による $PMV^{1)}$ は表7・3に示す［暑い］：＋2,［やや寒い］：－1といった温冷感申告値で環境を直接評価するものである。現在 ET^* と同様，最も広く用いられている温熱感覚指標である。PMV の計算には ET^* と同様，環境側4要素，人間側2要素を用いる。

(2) 予測不満足率 PPD

PMV は多数の居住者の平均的な温冷感申告を表していることに注意すべきで，$PMV=0$ でも全員の温冷感が満足となるわけではない。そこで，居住者の個人差によるばらつきを考慮して，PMV から不満足率を予測する**予測不満足率 $PPD^{2)}$** が提案されている。PMV と PPD の関係を表7・3，図7・12に示す。これによると，$PMV=0$ でも5%の不満足者がいることになる。

PMV と PPD は国際標準化機構（$ISO^{3)}$）における標準的温熱感覚指標として採用されており，$-0.5 \leq PMV \leq 0.5$，$PPD \leq 10\%$ を推奨範囲としている。

7・2・4 局所不快感の評価

全身の温熱感覚は快適とみなされる状態であっても，気温や放射温度の不均一性によって温熱感覚上の不快を招くことがある。

放射環境の不均一性に対する不満足者率の関係を図7・13に示す。不均一となる方向が影響し，暖かい壁面，冷たい天井に関しては不快感は少ない。不均一放射による不快を防ぐため，不均一限界は，不満足者率5％を目安に，天井では＋5℃，窓・壁では－10℃までにとどめる

表7・3 PMVと温冷感

PMV	温冷感	予測不満足者率 (PPD)
＋3	非常に暑い	99%
＋2	暑い	75%
＋1	やや暑い	25%
±0	どちらでもない	5%
－1	やや寒い	25%
－2	寒い	75%
－3	非常に寒い	99%

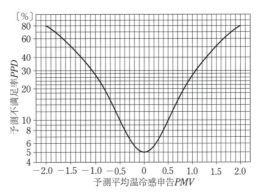

図7・12 PMVとPPDの関係

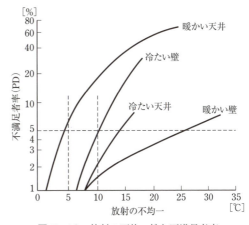

図7・13 放射の不均一性と不満足者率

---

1) Predicted Mean Vote（予測平均温冷感申告）
2) Predicted Percentage of Dissatisfied（予測不満足率）
3) International Standard Organization（国際標準化機構）

べきとされている。

上下の空気温度分布については，頭寒足温がよいが，床上 0.1 m と床上 1.1 m の温度差は 3℃ 以内がよいとされている。

通常の室内では，床表面温度は 19℃ から 26℃ がよいとされ，床暖房の場合は 29℃ 以下にすべきとされている。特に床暖房では，表面温度が体表面温度より高いと低温やけどの危険性があることに注意が必要である。

気流感による不快をドラフトと呼び，平均風速に加えて，気流の乱れや気温も影響するとされている。

コラム 9　サーマルマネキン

人が実際に生活する場では，体の各部位が不均一な環境にさらされており，その温熱環境を室内平均の空気温度，放射温度，湿度，気流速度や着衣量，活動量のみで評価することが困難な場合が少なくない。このような場合には，人と同様の形態，着衣条件，発熱状況が再現できるサーマルマネキンを環境評価に用いることが行われている。サーマルマネキンは体の各部位の発熱条件を任意に設定することが可能で，部位ごとに発熱量，表面温度が測定できる。

図はさまざまな暖房方式をテストすることができる実験室で，体の各部が暴露される環境の評価をサーマルマネキンを用いて行っている状況を示している。

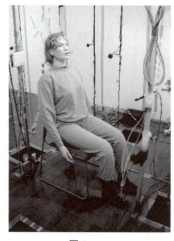

図 1

第 7 章 演習問題

【問題 1】　室内気候に関する次の記述のうち，最も不適当なものはどれか。
(1) 快適な温度の範囲は夏と冬とでは異なる。
(2) 気流の速度によって同じ温度でも体感温度は変化する。
(3) 空気の温度が同じでも室内表面温度が低いと体感温度は低くなる。
(4) 気圧は，温度と並ぶ温熱感覚についての主要な要素である。
(5) 温度が高くても湿度が低いと不快感は少ない。

【問題 2】　温熱感覚に関する次の記述のうち，最も不適当なものはどれか。
(1) PMV の値が大きいほど，暑い環境であることを示している。
(2) ET は相対湿度 100% のときの室温で表される。
(3) ET^* は相対湿度 50% のときの室温で表される。
(4) MRT には室内の空気温度が影響する。
(5) グローブ温度には室内の空気温度が影響する。

第8章

都市・地球環境

8・1　外 界 気 象 ——————150

8・2　都市環境と地球環境 —————156

8・1 外界気象

8・1・1 気温の変動
(1) 気温の日変化と日較差
　屋外の気温は，通常地表面から高さ1.5 m程度の呼吸域の温度で表される。気温に強い影響を与える地表面温度は，日射の影響により1日周期で変動している。地表面温度が最高温度に達する時刻は，地面の熱容量の影響により，日射量が最大となる南中時とは一致せず，時間遅れが生じる。このため，1日の最高気温は南中より1～2時間遅れた午後1:00～2:00となり，また，最低気温は夜明け直前となる。

　図8・1に東京の11月のある1日の気温変化を，天候別に全天日射量と併せて示す。1日の最高気温と最低気温の差を気温の日較差という。日射量の大きい晴れの日に比べて，曇り，雨の日の気温変動は小さくなるので，日較差も小さくなる。日較差は一般に，山間盆地で大きく，岬・島など周囲を海に囲まれた地域で小さくなる。これは，水の熱容量が大きく，熱しにくく冷めにくい性質があることから，気温変動を抑える働きがあるためである。

(2) 気温の年変化と年較差
　図8・2に札幌，東京，那覇における月平均気温と，1日当たりの全天積算日射量の月別平均値の年変化を示す。全天積算日射量は夏至を含む6月頃に最大となるが，気温の日変化と同様，地面の熱容量のために，これより遅れた7～8月に最高気温となる。最低気温も同様で，冬至を含む12月より遅れた1～2月となる。

　地域による違いについては，緯度による相違が明らかで，高緯度地域ほど各月の平均気温は低い。日変化の場合と同様，月平均気温の最高，最低気温の差を年較差という。年較差は，高緯

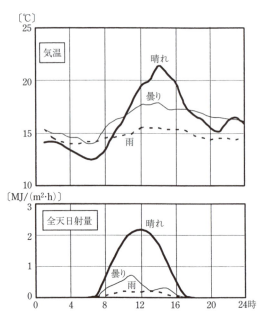

図8・1 天候による気温・全点日射量の日変化
（東京・11月）

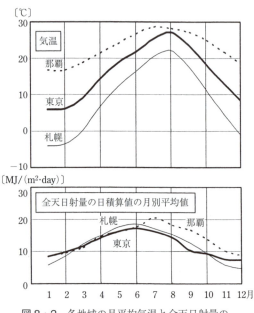

図8・2 各地域の月平均気温と全天日射量の
日積算値の月別平均値

度地域で大きく，低緯度地域で小さくなる傾向がある。これは，図にも示されているように，月平均気温の最高値には，地域による差がさほどないものの，寒冷地の最低気温が著しく低いためである。

8・1・2 相対湿度の変動
(1) 相対湿度の日変化

図8・3に，図8・1に示した晴れの日の気温と相対湿度の日変化を示す。図のように，相対湿度は上昇と下降の傾向が気温と正反対になっており，夜明け前に最高湿度，午後2時頃に最低湿度を迎えている。これは，6・1で学んだように，相対湿度が水蒸気分圧の飽和水蒸気分圧に対する百分率で表されるためである。図には水蒸気分圧の日変化も併せて示しているが，こちらはほとんど変化がない。つまり，1日程度の期間では降雨などの気象変化がない限り，絶対湿度（水蒸気分圧と1対1に対応する）の大きな変化はない。一方，気温の上昇に伴い飽和水蒸気分圧は大きくなるので，気温の上昇が相対湿度の低下を招く。

(2) 相対湿度の年変化

図8・4に，各地域の月平均相対湿度の年変化を示す。図に示したいずれの地域でも，7～8月の夏場の相対湿度は高いが，1～2月の冬場には東京，大阪などでは相対湿度は低いが，札幌，金沢では逆に高くなっている。これは図8・5に示す**季節風**と関係がある。夏場に相対湿度が高いのは，太平洋からの高温の南東風が，湿気を多く含んでいるためである。夏場に高温多湿となるこ

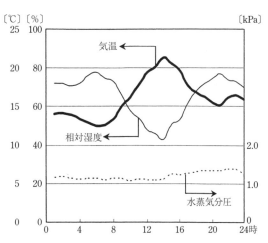

図8・3　相対湿度，水蒸気分圧と気温の日変化（東京・11月）

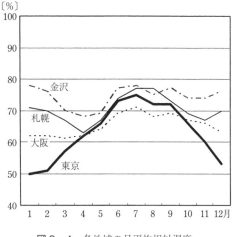

図8・4　各地域の月平均相対湿度

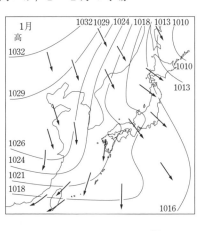
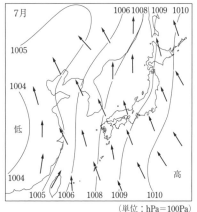

図8・5　日本の季節風

（単位：hPa＝100Pa）

152 第8章 都市・地球環境

とが，日本の夏を過ごしにくくしている大きな要因といえる。

　一方，冬期には日本海側から湿気を含んだ北西風が吹き，これが日本海側各地域の降水（降雪）と中央山脈を越えた後の太平洋側の乾燥の原因となっている。

8・1・3　クリモグラフとデグリーデー（度日）
(1) クリモグラフ

　気候要素の中で，寒暑の感覚を支配する重要な要素である気温と相対湿度について，縦軸に月平均気温を，横軸に月平均湿度を1年間に渡ってプロットしたものをクリモグラフ（気候図）という。図8・6に日本各地のクリモグラフの例を示す。クリモグラフの右上は蒸し暑い環境を表し，左上の乾燥して暑い環境に比べて，同じ気温でもより暑く感じる。左下は乾燥して寒い環境を表し，右下の湿って寒い環境に比べて，より寒く感じる。日本の太平洋側都市の多くは，夏は右上，冬は左下に位置するため，気温以上に暑さ寒さが厳しく，過ごしにくい環境であるといえる。

(2) デグリーデー

　年間暖房消費エネルギーと関連性の深い，地域の気候条件を表す指標にデグリーデーがある。暖房デグリーデーは，図8・7に示すように，日平均気温 t_0〔℃〕が暖房開始温度 t_i'〔℃〕を下回る条件で，暖房設定温度 t_i〔℃〕と日平均気温との差温：$t_i - t_0$ を1年間に渡って加算した値を表す。単位は温度差×日数であるから度日となるが，これを英語読みしたデグリーデーと一般に呼ばれ，$D_{t_i - t_i'}$ などと（$t_i = t_i'$ の場合は D_{t_i}）記号で表される。同様の考え方で，冷

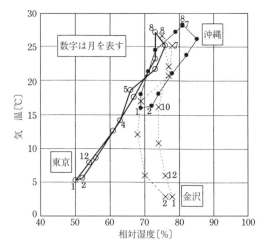

図8・6　クリモグラフの例

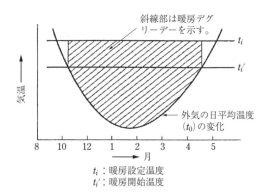

t_i：暖房設定温度
t_i'：暖房開始温度

図8・7　デグリーデーの計算法

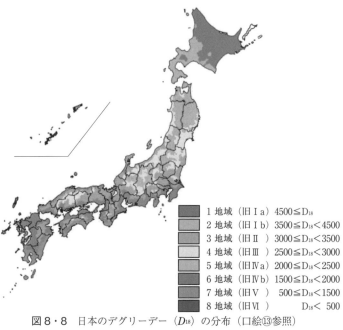

1 地域（旧Ⅰa）	$4500 \leq D_{18}$
2 地域（旧Ⅰb）	$3500 \leq D_{18} < 4500$
3 地域（旧Ⅱ）	$3000 \leq D_{18} < 3500$
4 地域（旧Ⅲ）	$2500 \leq D_{18} < 3000$
5 地域（旧Ⅳa）	$2000 \leq D_{18} < 2500$
6 地域（旧Ⅳb）	$1500 \leq D_{18} < 2000$
7 地域（旧Ⅴ）	$500 \leq D_{18} < 1500$
8 地域（旧Ⅵ）	$D_{18} < 500$

図8・8　日本のデグリーデー（D_{18}）の分布　（口絵⑬参照）
（かっこ内は平成25年基準改正前の旧地域区分）

房デグリーデーも定義される。

住宅の省エネルギー基準では，図8・8（口絵⑬参照）に示すように，D_{18}の値に基づいて全国を1～8地域に区分し，5・3・3で学んだ地域ごとに満たすべき，外皮平均熱貫流率などの建物の熱的性能の基準が定められている。数字の小さい地域ほど寒冷な気候であることを表しており，東京を含む本州の多くの都市は5，6地域に属している。

8・1・4 外 部 風
(1) 風　配

風は気圧の差が原因となって発生し，高圧側から低圧側へと流れる。図8・5に示した季節風は，海洋側に比べて大陸側の熱容量が小さいことが原因となる。冬には海よりも先に陸地が冷えて，これに接する空気を冷却して気圧が高まり，反対に海洋側は相対的に温度が高いので気圧が低下し，いわゆる西高東低の気圧配置となる。海洋側で発生する上昇気流を大陸からの気流が補う形で，大陸側から海洋側へと気流が流れ，夏にはこの逆となる。ただし，地球が自転しているために，気圧の傾斜に沿って流れるのではなく，図8・5の冬のように，北半球で西から東に向かって気圧が下がる場合は，西風が南側に曲げられて北西風となる。同様に，東から西に向かって気圧が下がる場合は南東風となる。これは，北半球では進行方向に対して右に進路をそらす方向にみかけの力（コリオリ[1]の力という）が作用するためである。

ある地域の特定の季節・時刻に吹く風の風向発生頻度を円グラフで表したものを**風配**という。風配は，図8・9に示すように，16方位で表され，円グラフの中心から遠いほど，その風向の風の発生頻度が高いことを表し，主風向となる風のことを**卓越風**という。図に示す東京と

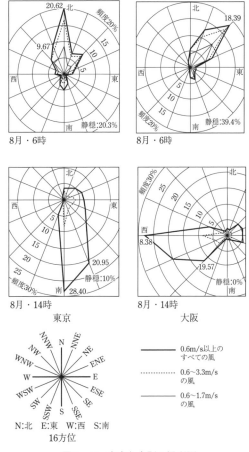

図8・9　東京と大阪の風配図

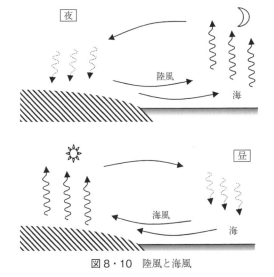

図8・10　陸風と海風

---
1) 19世紀のフランスの科学者

表8・1 日本各地・各月の最多風向と平均風速

地 名	1月		4月		7月		10月		平 均	
	最多風向	平均風速〔m/s〕	最多風向	平均風速〔m/s〕	最多風向	平均風速〔m/s〕	最多風向	平均風速〔m/s〕	最多風向	平均風速〔m/s〕
札 幌	NW	2.9	NW	4	SE	3	SE	2.5	SE	3.1
秋 田	SE	5.2	SE	4.3	SE	2.7	SE	3	SE	3.8
仙 台	NNW	2.2	SE	2.3	SE	1.3	NNW	1.6	NNW	1.9
新 潟	WNW	5.4	WSW	3.7	NNE	2.7	S	3.3	S	3.8
金 沢	SSW	3.1	ENE	2.8	SW	2	ENE	2.2	ENE	2.5
東 京	NNW	2.7	NNW	3.2	S	2.7	NNW	2.5	NNW	2.8
名古屋	NNW	2.7	NNW	3	SSE	2.3	NNW	2.3	NNW	2.6
京 都	WNW	1.7	N	1.9	NNW	1.6	N	1.3	N	1.6
広 島	NNE	2	N	2.1	SSW	1.8	NNW	2.3	NNE	2.1
福 岡	SE	2.9	N	2.6	N	2.4	N	2	SE	2.5
高 知	W	1.9	W	1.7	W	1.3	W	1.6	W	1.6
熊 本	NW	1.6	NNW	1.9	SW	1.7	NNW	1.6	NNW	1.7

大阪の8月の例では，東京・早朝に北風，東京・昼過ぎに南風，大阪・早朝に北東風，大阪・昼過ぎに西風が卓越風となっている。

これは，図8・10に示すように，東京，大阪では海がそれぞれ南側，西側に位置し，夜・早朝は海側の温度が高いので**陸風**が吹き，昼・夕方は陸側の温度が高いので**海風**となるためである。

(2) 風 速

日本各地・各月の平均風速，最多風向を表8・1に示す。季節風のため，冬は全般的に北西風となり，気圧配置が安定しているので強風となりやすい。夏は南東風となる場合が多いが風速は低い。したがって，陸風，海風のような風向の日変化は夏に起こりやすく，冬に起こりにくい。

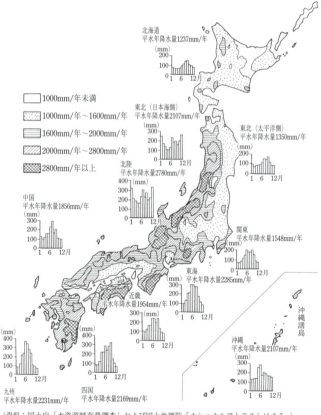

(資料：国土庁「水資源賦存量調査」および国土地理院「ナショナルアトラス」による。)

図8・11 日本各地の降水量

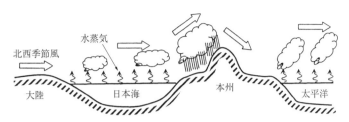

図8・12 冬期の本州における降水条件の相違

8・1・5 雨と雪

雨・雪・あられなどによる降水量はmm単位で表されるが，日本の年平均降水量は1750mm程度で世界有数の降水地域である。日本各地の降水量を図8・11に示す。日本は6月ごろに大陸側の冷たい高気圧を，太平洋側の暖かい高気圧が押し上げようとして本州付近に梅雨前線を形成し，全国的にまとまった量の雨を降らせる。これに加えて，太平洋側では夏の台風，日本海側では冬の降雪の影響が大きく，図中の棒グラフの各月降水量に示されているように，それぞれ夏と冬に降水量のピークがくる。

冬の日本海側の降雪のメカニズムを図8・12に示す。この季節の大陸側からの北西風は，日本海で湿気を吸収して日本に到達するが，本州中央に位置する山脈を上昇する過程で冷やされて，日本海側地方に雪を降らせ，太平洋側を乾燥させる。

住居環境にとって降水は，台風などによる集中豪雨となる場合が特に問題で，1時間雨量50mm，1日雨量200mmを超えると危険である。

8・2　都市環境と地球環境

8・2・1　都市環境
(1) ヒートアイランド

図8・13の上は東京の年平均気温の経年変化を示したものであるが，この例に見られるように，世界の都市では20世紀に入ってから気温の上昇傾向が顕著となっている。特に，同図下に示す熱帯夜の経年変化に示されているように，昼よりも夜の，夏よりも冬の温度上昇が著しい。また，図8・14は東京の夏の地表面付近の気温分布を示したものであるが，都市と郊外の間に明らかな温度差が生じている。都市活動の盛んな地点を中心に島状に高温領域が現れていることから，**ヒートアイランド現象**と呼ばれる。ヒートアイランド現象には，図8・15に示す都市のさまざまな条件が関わっていると考えられている。代表的な原因としては次のものがある。

①　都市表面は凹凸が多いので，日射が多重反射して吸収されやすい。

②　表面の凹凸は風通しを妨げ，熱の拡散を阻害している。

③　都市表面を構成するコンクリート・アスファルト・ガラスなどは，熱伝導率が高く熱容量が大きいので蓄熱しやすい。

④　降雨があっても浸透せず，すぐに乾燥するので水分の蒸発に伴う冷却が乏しい。

⑤　エアコン，車，人間活動に伴う排熱の放出が著しい。

対策としては，排熱放出量の削減が第一に重要で，省エネルギー推進のほか，排熱を下水や地下に放出する，排熱を用いて水を水蒸気に変化させて放出することなどが試みられている。緑地面積の拡大も有効であり，屋上緑化，壁面緑化なども建築で対応可能な対策といえる。

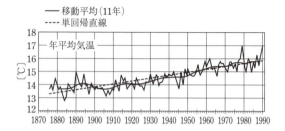
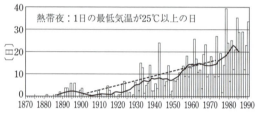

図8・13　東京の年平均気温，熱帯夜の経年変化

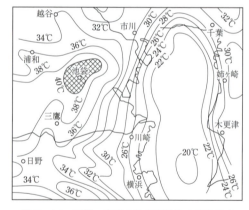

図8・14　夏期・東京の地表面付近の気温分布

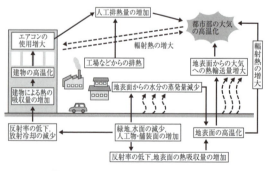

図8・15　ヒートアイランドの原因

(2) ビル風

市街地風の鉛直分布は，図8・16に示すように，地表面の建物，障害物によって変化し，障害物が多いほど，地表面付近の風速が小さくなる。したがって，建物が建ち並ぶ街区などの風速は，上空風速に比べて著しく小さい。しかし，このような街区に他の建物に比べて高層の建物が建つと，その建物周囲に強風域が発生し，**ビル風**が問題となることがある。

高層建物周辺の気流構造の概要を図8・17に示す。街区上空の高速気流が建物に衝突し，一部は建物下方に吹き下ろされる（図のD）。建物側部では，建物によってせき止められた気流が，建物背後に回り込むことなく建物からはく離し，建物隅角部から発生する大きな風速変動を伴う高風速領域を形成する（図のB）。

このようなビル風の影響を評価するには，同じ地点の風速が建設前を基準として建設後にどのように変化したかを示す**風速増加率**が用いられる。風速増加率1.0は建物建設前後で風速変化がないことを表している。図8・18に建物見つけ面積と，風速増加領域の関係を示す。見つけ面積が大きく，風をより多くせき止めるほど，はく離によって風速が増加する領域が大きくなる。また，図8・19に示すように，隣棟間隔が狭くなるほど，風速増加領域は空間的に限定されるが，風速増加率は大きくなる。ビル風を緩和するためには，建物相互配置を工夫する，建物隅角部の面取りを行う，高風速となる建物周囲に防風フェンスや防風用植栽を設ける，などが挙げられる。

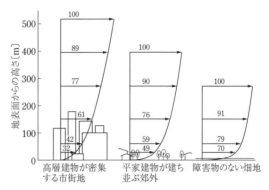

図8・16 高層建物周辺の気流

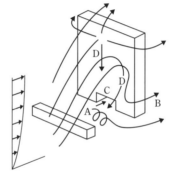

図8・17 高層建物周辺の気流

A：下降流が地上に到達してできる小さな回転流
B：はく離による強風
C：すき間により収束した強風
D：下降流

図8・18 見つけ面積と風速増加領域の関係

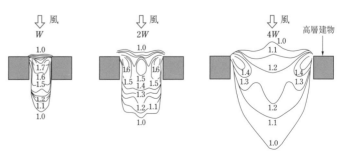

図8・19 隣棟間隔と風速増加領域の関係

(3) その他の都市環境問題

以上のほかに，最近注目されている都市環境問題として，**光害**（ひかりがい），電波障害，電磁波障害などが挙げられる。光害とは，屋外照明の光が周囲に漏れて，まぶしさを感じたり，動植物に悪影響を与えたりすることをいう。過度な照明を控える，時間帯を制限するなどの配慮が必要である。電波障害は，従来のテレビ電波受信に加えて，携帯電話の普及に伴い各種障害が発生するようになっている。また，電磁波障害では，医療機器への影響が指摘されており，電磁遮蔽などの対策が必要となる場合がある。

コラム10　サーモグラフィ

常温の物体からは，赤外線を主体とした放射エネルギーが射出されているが，温度が高ければ高いほど，射出される赤外線は強くなる。そこで，面から発する赤外線の強さを測定することにより，温度分布の測定ができるようにしたものをサーモグラフィという。赤外線の検出には特殊な半導体を使用し，感度と応答性を高めるために，特殊な冷却装置が用いられる。

図1は駅周辺の街並みの昼のサーモグラフィによる熱画像（温度分布に相当）を捉えたものである。日射の当たる建物温度が高く，樹木温度が低いことなどを読み取ることができる。遠隔地から広範囲に渡る温度測定が可能であることから都市気候の研究などに活用されている。

図1（口絵⑭参照）

8・2・2 地球環境

(1) 地球温暖化の原因

図8・20に，19世紀末からの地球の平均気温の変化を示す。20世紀に入ってから工業化の発展とともに上昇傾向にある。図8・21に，各地で測定された大気中の二酸化炭素濃度の変化を示す。1年周期で増減を繰り返しながら，最近では年1.5 ppmの率で増加している。年周期の原因は，北半球では植物が秋・冬に落葉を迎え，春・夏にかけて葉が繁茂するので，二酸化炭素の植物からの排出と吸収が1年周期で起こるためである。地球温暖化の原因は，この二酸化炭素に代表される大気中の**温室効果ガス**（赤外線を吸収する性質のあるガス。二酸化炭素のほか，メタンや一酸化二窒素など）濃度の上昇によるものとされている。図8・22に，**地球温暖化のメカニズム**を示す。太陽からの日射は，大気で一部吸収された後に地表面に到達し，地球を暖める。その結果，地球からは赤外線が宇宙に向けて射出されるが，大気中の温室効果ガスがこれを吸収し，赤外線による宇宙への熱放散を妨げる。人類が大気中に温室効果ガスを大量に排出した結果，地球の熱バランスが崩れたことが，地球温暖化の原因と考えられている。

(2) 地球温暖化防止のための建築の取り組み

いまの状態を放置しておくと，100年後には地球の平均気温が2～3.5℃上昇し，これに伴い南極・北極の氷が融解し，海面が0.15～0.95 m上昇するといわれている。これにより，標高の低い地方の水没，異常気象による農業への影響，水温上昇による漁業への影響が懸念されている。対策として，1997年に開催された第三回気候変動枠組条約締約国会議（地球温暖化防止京都会議，COP3）にて気候変動枠組条約の議定書が採択され，日本は2008年から2012年の温室効果ガスの平均排出量を1990年基準で6%削減する義務を負うこととなった。

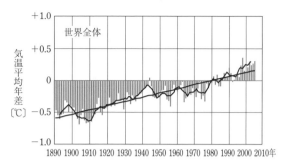

棒グラフ：各年の平均気温の平年との差
太線（曲線）：平年差の5年移動平均
太線（直線）：長期傾向
平年：1971～2000年の30年平均

図8・20　地球の平均気温の上昇

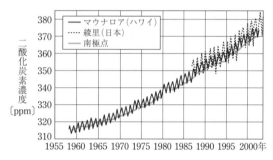

図8・21　二酸化炭素濃度の経年変化

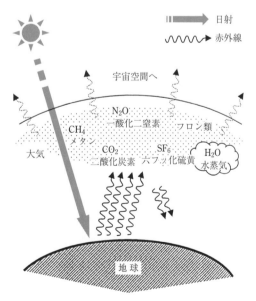

図8・22　地球温暖化のメカニズム

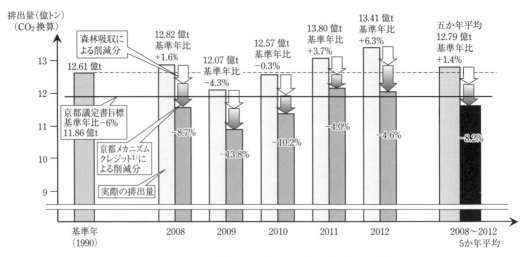

図8・23 日本の温室効果ガス排出量と京都議定書の達成状況

その後の排出量の推移は図8・23となり，平均排出量は1990年比＋1.4%となったものの，森林吸収や京都メカニズムクレジット[1]による削減分を考慮すると−8.2%となる模様で，目標達成は確実な状況にある。しかし，今後も中長期目標を設定し，省エネルギー努力を継続していく必要がある。

日本における二酸化炭素排出量を分野別に示すと図8・24となる。図に見られるように，建築関連が全体の3分の1以上を占めており，その責任は重大である。特に，建設に関わる二酸化炭素排出量に比べて，運用段階のエネルギー消費に関わる排出量が2倍以上となっていることから，いかに省エネルギー性の高い建築を設計し，運用するかが課題となっている。

従来から，建物の建設から運用，解体に至る過程を建物の寿命（ライフサイクル）と捉え，その期間全体に要する経費を算出するLCC（ライフサイクルコスト）評価は行われてきた。最近は，建物の環境負荷に対する関心の高まりを受けて，ライフサイクルにおける総二酸化炭素

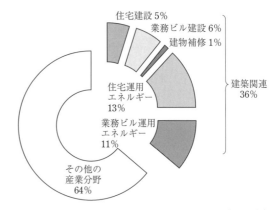

図8・24 日本における二酸化炭素排出割合（1990年）

排出量を算出するLCCO$_2$評価，さらには，地球温暖化問題に加え，後述するオゾン層破壊，酸性雨，大気汚染，エネルギー資源枯渇などの諸問題に対する建築の及ぼす環境負荷を算出するLCA（ライフサイクルアセスメント）評価が行われるようになってきている。

(3) オゾン層の破壊

1980年代終わり頃から，図8・25に示すように，南極の成層圏（高度10〜50km程度）において際だってオゾン濃度が低く，オゾン層に

---

1) 他国に対する省エネ支援によるCO$_2$削減量の一部を自国の排出量削減に組み入れられる仕組みなどを指す。

穴があいたように見えることから，**オゾンホール**と呼ばれる現象が観察され始めた。成層圏に高濃度で存在するオゾン層は，有害紫外線を吸収する性質があるため，これが破壊されると，地表面に有害紫外線が到達し，皮膚ガン，視覚障害の増加などに加えて，海洋生態系や農作物の生長阻害などの悪影響が出ることが懸念されている。

オゾン層破壊のメカニズムは，図8・26に示すように，地表面から放出されたフロンガス[1]が紫外線の強い成層圏に到達することが原因と考えられている。南極上空では極度の低温のため，オゾン層の破壊を緩和する窒素酸化物が凍結して効力を失うため，低緯度地域に比べてオゾン層の破壊が進むと考えられている。

フロンは炭素（C），フッ素（F），塩素（Cl）から構成された自然界にはない人工物質で，極めて安定な性質をもっており，成層圏でエネルギーの大きな紫外線を受けて初めて分解される。成層圏に放出された塩素は，オゾン分子を連鎖的に破壊し，オゾンホール形成の原因となる。

フロンは，エアコンの冷媒や断熱材の発泡剤，精密機器の洗浄剤など，建築との関連も深く，代替物の開発が急がれた。1996年にモントリオール議定書に従い，製造全廃となっており，現在は塩素を含まないHFCやHCFCなどと呼ばれる代替フロンへの移行が進んでいる。しかし，代替フロンは二酸化炭素より数千倍も強力な温室効果ガスであるため，影響の少ないアンモニア，プロパン，二酸化炭素などの**自然冷媒**に関する研究開発が進められている。

(4) その他の環境問題

化石燃料の消費に伴って発生するSOx，NOxなどの物質が大気中で硫酸イオンや硝酸

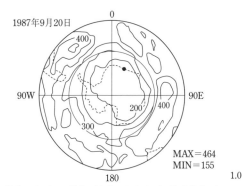

単位：ドブソン単位（大きいほどオゾン濃度が高い）
● は南極昭和基地

図8・25 オゾンホールの観測例

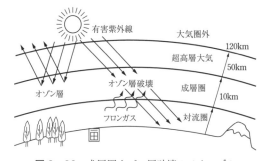

図8・26 成層圏オゾン層破壊のメカニズム

イオンに変わり，強い酸性の雨，霧，雪となって降下する酸性雨が問題となっている。酸性雨は，河川や土壌に降り注いで，水中生物や森林に及ぼす影響，文化財の腐食などが心配されており，国境を越えて影響することから，特に欧州では深刻な問題となっている。日本でも最近は，冬季の季節風により日本海側の硫酸イオン濃度の上昇が観察されており，中国などへの脱硫技術協力が進められている。

同様に，国境を超えた環境汚染として粒子状物質の問題がある。石炭など燃料の燃焼や土壌の風による舞い上がりによって発生し，粒径に応じてSPM[2]（粒子径が $10\mu m = 10 \times 10^{-6} m$ 以下のもの）やPM2.5（微小粒子状物質，粒

---

1) フロンというのは和名で，国際的には構成物質である炭素（C），フッ素（F），塩素（Cl）の頭文字を取ってCFCと呼ばれている。

2) Suspended Particulate Matter（浮遊粒子状物質）

子径が概ね 2.5μm 以下のもの）などがあり，特に後者は呼吸器系疾病に対するリスクが高いとされている。発展途上国で深刻な大気汚染問題となっている他，季節風による我が国への飛来の影響があり，空気清浄機や有効な排ガス対策などが求められている。

第8章 演習問題

【問題1】 環境問題に関する事項とその要因との組合せとして，最も関係の少ないものは，次のうちどれか。
(1) 地球温暖化 ―――――――― 二酸化炭素の増加
(2) ビル風 ―――――――― 建築の高層化
(3) ダイオキシンの発生 ――― 廃棄物の焼却
(4) ヒートアイランド現象 ――― コンクリート建築物やアスファルト道路の増加
(5) オゾン層の破壊 ―――――― 硫黄酸化物の増加

【問題2】 気象・気候に関する次の記述のうち，最も不適当なものはどれか。
(1) 外気温の年較差は，一般に緯度の高い地域のほうが大きくなる傾向がある。
(2) 屋外の相対湿度は，一般に1日のうちでは夜間は低く，日中は高くなる。
(3) 地表面付近の主風向は季節や地方によって異なる場合が多い。
(4) 海岸地方における風は日中は海から陸へ，夜間は陸から海へ吹く傾向がある。
(5) 温湿度の気候特性を表すクリモグラフが右上がりになる地域においては，高温期に湿度が高く，低温期には湿度が低い。

【問題3】 環境全般に関する次の記述のうち，最も不適当なものはどれか。
(1) 外気温の日較差は山間盆地などで大きく，岬などで小さい。
(2) 省エネルギー法の地域区分はデグリーデーに基づいて定められている。
(3) ビル風を緩和するためには，風に対する建物の見つけ面積を大きくするのが効果的である。
(4) オゾン層破壊の破壊に影響の少ない代替フロンは地球温暖化係数が大きい。
(5) 建築物の $LCCO_2$ は，ライフサイクルを通しての二酸化炭素の発生量を示したものである。

第9章 音環境

9・1 音の性質 ——————164

9・2 騒音評価と遮音効果 ——————172

9・3 音響計画 ——————179

9・1 音の性質

9・1・1 音の性質
(1) 音波と音圧
図9・1に示すように，音とは，物体の振動が，気体や固体分子に伝わり，その粗密が空間を伝播していく波動現象である。音を伝える物質を**媒質**と呼び，媒質が空気の場合を**空気伝搬音**，固体の場合を**固体伝搬音**という。音は，その伝搬方向と媒質の振動方向が一致している（音の進行方向に沿って空気分子が前後に振動する）。このような波動を**縦波**，伝搬方向と振動方向が直角の場合を**横波**という。横波の例には，池に石を投げ入れたときに生じる波紋などがある。

媒質中で空気密度が粗の部分の圧力は大気圧より低く，密の部分では高くなり，この圧力変化を**音圧**と呼ぶ。図9・1に示すA点の音圧は，図9・2に示すように時間変化し，1秒間に生じる音圧変化の回数を**振動数**または**周波数**と呼び f〔Hz〕で表す。

(2) 音速と波長
図9・1に示す音圧の空間変化に注目すると，音圧の粗密が一定距離で繰り返されており，これを**波長**と呼んで λ〔m〕で表す。一方，空間の固定された点では，図9・2に示すように，毎秒 f 回音圧の周期変化が観測されることから，1秒間の間に音圧の山または谷が進行した距離，すなわち**音速** C〔m/s〕は式(9・1)で表される。

$$C = f\lambda \quad \cdots\cdots\cdots\cdots\cdots\cdots (9・1)$$

空気中の音速は気温 t_a〔℃〕が15℃のときに340 m/sとなるが，t_a が高いほど速くなる[1]。後述するように，可聴範囲の周波数は20〜20000 Hzとなるので，対応する波長は1.5 cm〜15 m程度となる。

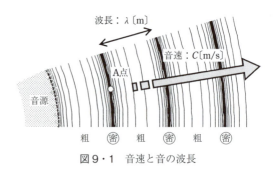

図9・1 音速と音の波長

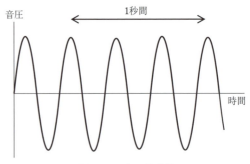

図9・2 音の周波数

(3) 音の波動としての性質
音は波動の一種であるから，光などと類似した性質を示す。図9・3に示すように，音が剛壁に入射すると，一部は反射し，一部は空気と壁内部での音速が空気と異なるために屈折して剛壁に入射する。また，障害物が波長より小さいと，音の影となる背後に音が回り込む回折現象が起きる。集合住宅などで，窓越しに隣家の話し声などが聞こえるのは回折現象によるものである。

---

1) $C = 331.5 + 0.6\,t_a$ と表される。

9・1・2 音の単位

(1) 音の物理的単位

(a) 音響出力 W

音源から発する単位時間当たりのエネルギーであり，単位は W (= J/s) である。

(b) 音の強さ I

音の進行方向に直角な単位面積 $1\,\mathrm{m}^2$ を通過する単位時間当たりの音のエネルギーをいい，単位は $\mathrm{W/m}^2$ である。

(c) 音圧 P

音波による大気圧からの差圧をいい，単位は Pa である。一方向に進行する音波では音圧 P と音の強さ I の間には媒質の密度を $\rho\,[\mathrm{kg/m}^3]$ とおいて，式(9・2)の関係がある。

式より，音の強さは音圧の2乗に比例することがわかる。

$$I = \frac{P^2}{\rho C} \quad \cdots\cdots\cdots\cdots (9\cdot2)$$

(d) 音響エネルギー密度 E

単位体積当たりの音のエネルギーをいい，単位は $\mathrm{J/m}^3$ である。図9・4に示す一方向に進行する波が $1\,\mathrm{m}^2$ の面から入射する場合，音は1秒間に音速 $C\,[\mathrm{m}]$ だけ進行するので，$C\,[\mathrm{m}] \times 1\,\mathrm{m} \times 1\,\mathrm{m}$ の四角柱の空間に存在する音響エネルギーは，音の強さ I に等しく，式(9・3)の関係となる。

$$I = CE \quad \cdots\cdots\cdots\cdots\cdots (9\cdot3)$$

(e) 点音源の場合の音の単位の相互関係

図9・5に示す点音源の音響出力を $W\,[\mathrm{W}]$ とおき，点音源から距離 $r\,[\mathrm{m}]$ の位置における音の強さを $I\,[\mathrm{W/m}^2]$ とする。点音源から発する音は球面状に拡がり，半径 $r\,[\mathrm{m}]$ の球の表面積は $4\pi r^2$ であるから，音の強さ I は $W/4\pi r^2$ となる。さらに，式(9・2)，(9・3)と組み合わせると式(9・4)が得られる。

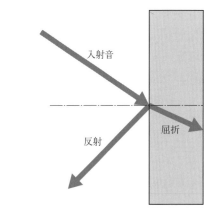

図9・3 音の反射・屈折

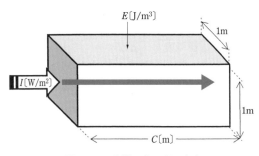

図9・4 音響エネルギー密度

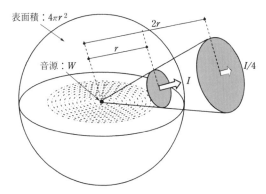

図9・5 点音源と音の単位の相互関係

$$I = CE = \frac{P^2}{\rho C} = \frac{W}{4\pi r^2} \cdots\cdots (9\cdot4)$$

これより，点音源では音の強さ I と音響エネルギー密度 E は r^2 に反比例し，音圧 P は r に反比例することがわかる。

(2) レベル表示

(a) ウェーバー・フェヒナーの法則

物理量である音圧を耳で聞いて音と感じる範囲は，$20\mu\mathrm{Pa}$ から $20 \sim 200\,\mathrm{Pa}$ の範囲[1]とされている。ただし，実際に耳で聞いて感じる音の大きさの感覚は，図9・6に示すように，音圧と直線的な関係にはない。例えば，音圧が2倍になっても音の感覚的な大きさは2倍にはならない。

聞き取れる最低の音圧付近では，わずかな音圧変化に対して感覚が大きく変化するが，ここから離れるにつれて感覚が鈍くなる。このような，物理量と感覚量の対応関係は対数で表すことができ，これを**ウェーバー・フェヒナーの法則**という。物理量 A と感覚量 L の関係を，最低基準値 A_0 [2] としてウェーバー・フェヒナーの法則に基づいて式(9・5)で表したものを**レベル表示**という。単位は dB（デシベル）で表す。

$$L = 10 \log_{10} \frac{A}{A_0} \quad \cdots\cdots\cdots\cdots (9\cdot5)$$

(b) 音の強さのレベル IL〔dB〕

1000 Hz の純音（他の周波数成分を含まない）を聞き取れる最低の音の強さは $I_0 = 10^{-12}\,\mathrm{W/m^2}$ といわれているので，これを最低基準量として音の強さは式(9・6)によってレベル表示される。

$$IL = 10 \log_{10} \frac{I}{I_0} \quad \cdots\cdots\cdots\cdots (9\cdot6)$$

(c) 音圧レベル SPL〔dB〕

最低基準量 P_0 を $P_0 = 2 \times 10^{-5}\,\mathrm{Pa}\,(= \mathrm{N/m^2})$ として，式(9・7)でレベル表示される。

$$SPL = 10 \log_{10} \left(\frac{P}{P_0}\right)^2 = 20 \log_{10} \frac{P}{P_0} \quad \cdots\cdots (9\cdot7)$$

点音源からの音のように，一方向に進行する音波の場合は式(9・2)より $IL = SPL$ [3] となる。

(d) パワーレベル PWL〔dB〕

音響出力は最低基準値を $W_0 = 10^{-12}\,\mathrm{W}$ として，式(9・8)によってレベル表示される。

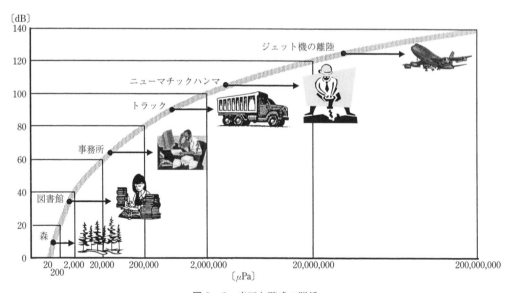

図9・6　音圧と聴感の関係

---

1) $20\,\mathrm{Pa} = 20 \times 10^6\,\mu\mathrm{Pa}$ である。この範囲を超えると痛感が発生し，耳が損なわれる危険がある。
2) $A = A_0$ のとき $L = 0$ となる。
3) Sound Pressure Level の略。

$$PWL = 10\log_{10}\frac{W}{W_0} \quad \cdots\cdots\cdots\cdots\cdots (9\cdot 8)$$

(3) 対数計算[1]とレベルの合成

複数音源がある場合の音圧レベルを，それぞれの音源が単独にある場合の音圧レベルを合成して求める。このとき，図9·7のように，音圧レベルが50 dBの音と50 dBの音を同時に発生させても音圧レベルは50 dB + 50 dB → 100 dBとはならない。レベルどうしは単純に加算ができず，音圧レベルの場合は元の音圧の二乗量にもどして加算すればよい。

いま，音圧 P_1〔Pa〕と P_2〔Pa〕の音圧レベルが，それぞれ L_1〔dB〕，L_2〔dB〕であったとすると，式(9·7)から以下のようになる。

$$L_1 = 10\log_{10}\frac{P_1^2}{P_0^2},\quad L_2 = 10\log_{10}\frac{P_2^2}{P_0^2}$$

音圧の二乗量は次のように表される。

$$P_1^2 = P_0^2\cdot 10^{\frac{L_1}{10}},\quad P_2^2 = P_0^2\cdot 10^{\frac{L_2}{10}}$$

両者を加えた値を音圧レベルで表した結果である L_{1+2} は，式(9·9)のようになる。

$$\begin{aligned} L_{1+2} &= 10\log_{10}\frac{P_1^2+P_2^2}{P_0^2} \\ &= 10\log_{10}\left(10^{\frac{L_1}{10}} + 10^{\frac{L_2}{10}}\right) \\ &= L_1 + 10\log_{10}\left(1 + 10^{\frac{L_2-L_1}{10}}\right) \\ &= L_1 + D \quad \cdots\cdots\cdots\cdots\cdots\cdots\cdots\cdots (9\cdot 9) \end{aligned}$$

なお，ここでは $L_1 > L_2$ を仮定している。つまり，L_1〔dB〕の音と L_2〔dB〕の音を同時に鳴らした場合の音圧レベルは，L_1 にレベルの増加分 D を加えればよく，D は $L_1 - L_2$ の大きさに応じて図9·8のように与えられる。

例えば，50 dBと50 dBの音圧レベルであれば，

・50 dB + 50 dB ⟶ 53 dB（≠100 dB）

・50 dB + 65 dB ⟶ 65 dB（≠115 dB）

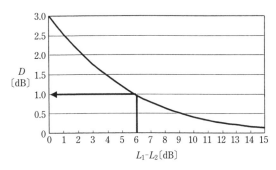

図9・7 レベルの合成

図9・8 レベルの増加分

$L_1 - L_2 = 0$ となるので，図より $D = 3$ dBである。これより，50 dB + 50 dB → 53 dBとなる。

また，50 dBと65 dBであれば，$L_1 - L_2 = 15$ となるが，図より D は無視できるほど小さいので，50 dB + 65 dB → 65 dBとなる。つまり，15 dB違えば小さいほうの音源は無視できる。一方，音圧の二乗量が n 倍になったとき，また，n 分の1になったときの音圧レベルは，以下のようになる。

$$\begin{aligned} L' &= 10\log_{10}\frac{P^2\times n}{P_0^2} \\ &= 10\log_{10}\frac{P^2}{P_0^2} + 10\log_{10}n \end{aligned}$$

$$\begin{aligned} L' &= 10\log_{10}\frac{P^2\times 1/n}{P_0^2} \\ &= 10\log_{10}\frac{P^2}{P_0^2} - 10\log_{10}n \end{aligned}$$

1）対数計算の基礎
$A = 10^L \Longleftrightarrow L = \log_{10}A$
$\log_{10}AB = \log_{10}A + \log_{10}B$，$\log_{10}A^n = n\log_{10}A$
$\log_{10}A/B = \log_{10}A - \log_{10}B$，$\log_{10}1 = 0$

これより，図9・9の関係が得られる。

このようなレベルの合成は，音響パワーレベルや音の強さのレベルに対しても適用できる。

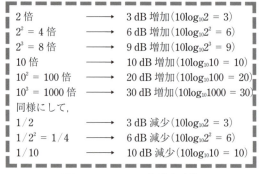

図9・9 レベルの加算と減算

> **例題 1**
> 音圧レベル50 dBの音源が5つある場合の音圧レベルを求めなさい。

【例題解説】

図9・10に示すように，50 dBと50 dBを加算して53 dB，53 dBを加算して56 dB，これと50 dBのレベル合成には，$L_1 - L_2 = 6$ dBとして図9・8より $D = 1$ dB となる。したがって，$56 + 1 = 57$ dB と求められる。

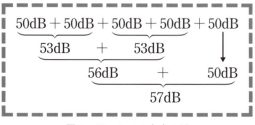

図9・10 レベル合成の例

(4) 距離減衰

点音源の場合，式(9・4)から式(9・10)の関係が得られる。

$$I,\ E,\ P^2 \propto \frac{W}{r^2} \quad \cdots\cdots\cdots\cdots (9\cdot10)$$

つまり，距離が2倍になると，音の強さは1/4に，音圧は1/2になる。また，距離が2倍になると，音の強さのレベル，音圧レベルはいずれも図9・9より6 dB減少する[1]。

---

1) 道路騒音に見られる右図のような線音源の場合の減衰を考える。単位長さ当たりの音響出力を W〔W/m〕とおき，点音源から距離 r〔m〕の位置における音の強さ I〔W/m²〕とする。

点音源から発する音は円柱状に広がり，半径 r〔m〕の円の円周は $2\pi r$ であるから，音響出力を円周で割り，また，式(9・2)，(9・3)を用いると，以下の式となる。

$$I = CE = \frac{P^2}{\rho C} = \frac{W}{2\pi r}$$

これより，以下の関係が得られる。

$$I,\ E,\ P^2 \propto \frac{W}{r}$$

したがって，距離が2倍になると，音の強さは1/2，音圧は $1/\sqrt{2}$，レベルでは3 dB減少する。

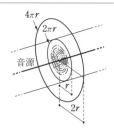

例題2

図9・11(a)に示す，音響出力 W〔W〕の点音源から距離1m離れた地点の音圧レベルが60dBであったとすると，図(b) に示す音響出力 $2W$〔W〕，2mの地点の音圧レベルはいくらとなるか求めなさい。

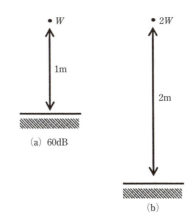

図9・11 距離減衰の例題

【例題解説】

音響出力が2倍，距離が2倍となっているので，式(9・10)より，図(a)の場合の音源と評価地点の距離を r とおけば，$\dfrac{2W}{(2r)^2} = \dfrac{1}{2} \cdot \dfrac{W}{r^2}$ となる。

つまり，P^2 は図(a)の場合の1/2になっている。図9・9より音圧の二乗が1/2となるので音圧レベルは3dB減少となる。よって，60 − 3 = 57 dBとなる。

9・1・3 聴　感

(1) 聴感の基本要素

音を感覚として捉えた場合の心理的属性には，図9・12に示すように，音の大きさ・調子の高低・音色があり，それぞれ音を物理的に捉えた場合の，音圧・周波数・波形に対応している。一方，感覚器官としての耳が知覚可能な音の周波数は 20～20000 Hz といわれており，この可聴範囲から外れた物理量としての音は，感覚として知覚されない。したがって，感覚的な音の大きさは，音圧のみならず周波数も影響を与えている。

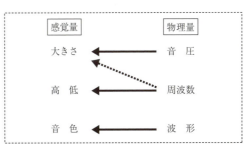

図9・12 物理量・感覚量としての音の対応関係

(2) ラウドネス

同一周波数の音の感覚的な大きさは，音圧をレベル表示することにより表される。ところが，音圧レベルが同じ音でも，周波数が異なると感覚的には同じ大きさには聞こえない。これは，可聴範囲内でも音に対する聴覚感度は一様ではなく，周波数によって変化するためである。周波数が異なる音どうしの大きさを比較するために，感覚的な音の大きさを表した

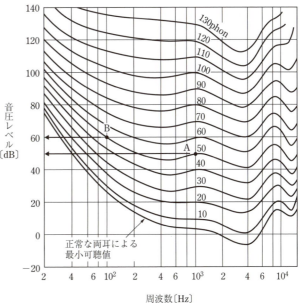

図9・13 等ラウドネス曲線

ものをラウドネスという。ある音の大きさを，感覚的に同じ大きさと感じる1000 Hzの音の音圧レベル値[dB]によって表したものを，その音のラウドネスレベルといい，単位はphon（フォン）である。

等ラウドネス曲線を図9・13に示す。それぞれの曲線が感覚的に同じ大きさと感じる純音の周波数と音圧レベルを表している。例えば，1 kHzで50 dBの音（図のA点）は，定義により50 phonである。ところが，同じ50 phonでも周波数が100 Hzになると，60 dBまで音圧レベルを上げないと同じ大きさの音とは感じられない（図のB点）。

このように，人間の耳は2～4 kHz付近の音を最も大きく感じ，この領域から低周波側にずれても，高周波側にずれても感度が悪くなるため，音圧を大きくしないと同じ音の大きさに聞こえなくなる。

(3) オクターブバンド

音の周波数は感覚的な調子の高低と密接な関係があり，ある音の周波数が他の音の周波数の2倍である場合，前者は後者の音の1オクターブ上の音程という。音楽でいう「ドレミファソラシド」のはじめの「ド」と終わりの「ド」が

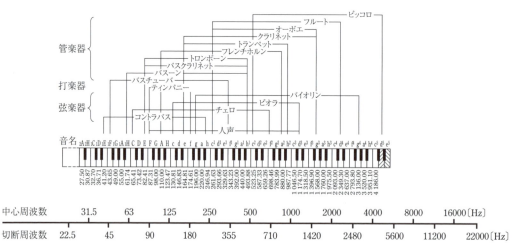

図9・14 1オクターブバンド中心周波数と切断周波数（対応する音程と楽器の演奏範囲を合わせて示す）

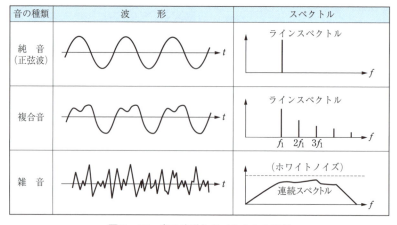

図9・15 音の波形とスペクトルの関係

1オクターブの関係である。この関係を用いて，周波数f_1, f_2〔Hz〕の音の関係をオクターブ数xで表すと，式(9・11)となる。

$$\frac{f_2}{f_1} = 2^x, \quad x = \log_2 \frac{f_2}{f_1} \quad \cdots\cdots\cdots (9\cdot11)$$

音の周波数は感覚としての音の大きさと調子の高低の両方に影響を与えるので，周波数ごとに音を分割してその成分の大きさを検討することがある。この場合，下限周波数f_1〔Hz〕，上限周波数f_2〔Hz〕の関係を$f_2 = 2f_1$にとり，この範囲の周波数ごとに音を取り扱う場合を**1オクターブバンド分析**という。図9・14に1オクターブバンドの**中心周波数**と**上限下限周波数**の範囲を示す。例えば，中心周波数500 Hzの音は，355～710 Hzの範囲の音の周波数成分となる。

(4) 音のスペクトルと音色

非常に狭い範囲の周波数バンドごとに音のエネルギーを表示したものを**スペクトル**という。図9・15に音の時間波形と対応するスペクトルの関係を示す。

単純な正弦波は，単一の周波数成分からなることから**ラインスペクトル**で表され，**純音**と呼ばれる。楽器などの音色は規則的に並んだ純音の複合として表され，**複合音**と呼ばれる。エレクトーンなどでは，この原理から逆に純音を合成して特定の楽器に似せた音を作っている。雑音は一般に音程が感じられず，連続スペクトルとして表される。特に，各周波数で一定のエネルギーを有する雑音のことを**ホワイトノイズ**といい，放送終了後のテレビの騒音などがこれに近い。

人間の聴覚はこのような音のスペクトル特性の違いを正確に聞き分ける能力がある。図9・16に同じ音程の単音を鳴らしたピアノとバイオリンの音のスペクトルの例を示す。両者は4000 Hz以上の成分に違いが見られるが，人間はこのわずかな相違を認識して，演奏される楽

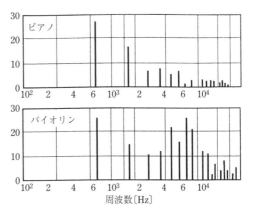

図9・16　ピアノとバイオリンのスペクトル

図9・17　カクテルパーティ効果

器を明確に区別できる。

(5) カクテルパーティ効果

スペクトル特性の微妙な相違の把握のほかにも，人間は着目している音だけを騒音の中でも聞き分ける情報選択能力を備えている。図9・17に示すパーティ会場で，自分の噂を聞き分けられるのは，この能力によるものであり，状況になぞらえて**カクテルパーティ効果**と呼ばれる。人間のもつこの能力は，感覚器としての聴覚だけではなく，脳の働きを含めた高度な認識能力によるものと考えられている。

9・2 騒音効果と遮音効果

9・2・1 騒音の評価法
(1) 騒音レベル

騒音評価の際には，周波数による聴覚特性を考慮する必要がある。このため騒音計では，図9・18に示す，人間の聴覚感度の周波数特性に似せた補正回路が組み込まれている。図の**A特性**は，図9・13に示した，40 phonの等ラウドネス曲線を簡略化して天地を逆にしたものである。感度補正の概念を図9・19に示す。

まず，音圧レベルを周波数別に分解して測定した結果を図の上段に示す。この音圧レベルに対して，A特性による補正を行う。1 kHz周辺は補正なしとするが，低周波にいくほど聴覚感度が鈍るとして音圧レベルを小さく補正する。補正後の周波数別音圧レベルは下段のようになるので，この結果を合成し，**騒音レベル**（またはA特性音圧レベル）を求める。騒音レベルの単位はdB[1]である。

通常の騒音計にはA特性に加えて，図9・18に示すように，可聴範囲についてフラットな**C特性**をもつものが多い。C特性は可聴範囲における音圧レベルを近似的に与える。

(a) 暗騒音

特定できる騒音以外の騒音，または評価対象の音以外の騒音を**暗騒音**という。図9・7に示すように，対象とする音の騒音レベルよりも15 dB以上低ければ，その影響を無視できる。

(b) 等価騒音レベル

騒音によっては，道路騒音など時間的に

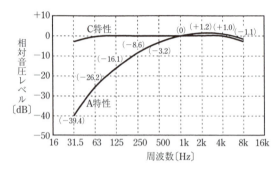

図9・18 騒音計の周波数補正回路特性

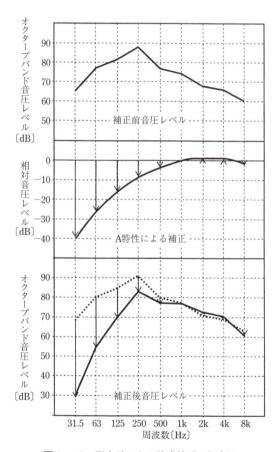

図9・19 騒音計による聴感補正の概念図

---

1) 周波数補正を行わない音圧レベルと区別するため，慣例的にdB(A)やdBAなどを用いる場合があるが，法令やJISで用いられる単位はdBである。

大きく変動するものがある。このような場合は，**等価騒音レベル** $L_{A,eq}$ を騒音評価に用いる。後述する環境基準でも，変動騒音の評価に等価騒音レベルを採用している。等価騒音レベルは図9・20に示すように，

① A特性で補正した瞬時音圧の2乗：p_A^2 を求める。

② 時刻 t_1 から t_2 まで平均した p_A^2 を $\overline{p_A^2}$ とする。

③ p_0 を基準音圧として式(9・12)に代入する。

$$L_{A,eq} = 10 \log_{10} \frac{\overline{p_A^2}}{p_0^2} \cdots\cdots\cdots (9 \cdot 12)$$

このように，変動する音圧の平均を取ることによって平均的な騒音レベルが求められる[1]。

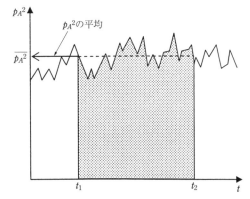

図9・20 等価騒音レベルの計算の概念

(2) NC曲線

騒音に対してより詳細な検討を行う際には，オクターブバンド分析を行って，周波数別音圧レベルを求める場合がある。図9・21に示すNC[2]曲線は，周波数バンドごとに音圧レベルの上限値を与えている。1オクターブバンドレベルの音圧を（補正なしで）求め，その結果をNC曲線上に記入して，すべての周波数の音圧レベルが基準上またはこれを下回る場合に，最小の基準曲線を用いてNC値とする。測定結果が図の黒丸の場合には，NC-45となる。

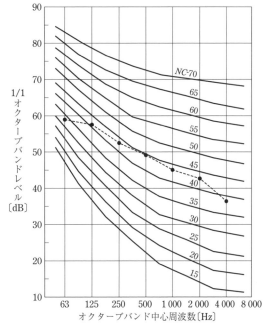

図9・21 NC曲線

(3) 騒音基準

健康で快適な生活を送る上で，静穏な環境の確保は大切であるが，生産活動の活発化や交通の発達に伴って，良好な音環境の維持が困難になってきている。生活環境の保全に資する上で，維持されることが望ましい目標基準として，環境基本法では騒音に係わる環境基準を定めており，その概要を表9・1に示す。

この基準では，都市域において道路に面する地域とそうでない地域，地域のタイプ，時間帯に応じた許容しうる騒音を等価騒音レベル $L_{A,eq}$

---

[1] 一定時間間隔で測定した N 回の瞬時騒音レベル $L_{A,i}$ から，次式により等価騒音レベルを求めることもできる。最近では，このような計算を自動的に行う騒音計も市販されている。

$$L_{A,eq} = 10 \log_{10} \frac{10^{L_{A,1}/10} + 10^{L_{A,2}/10} + \cdots + 10^{L_{A,N}/10}}{N}$$

[2] Noise Criteria（騒音評価）

に基づいて定めている。道路に面する地域についてはやむを得ないとして 5～10 dB の緩和が計られている。残念ながら，現状ではほとんどの都市域で環境基準を守ることができていないが，その主たる原因は交通騒音によるものである。表 9・2 に室内騒音に関する許容値の提案を示すが，これらは設計の目標値として用いられているものである。簡易評価指標としての騒音レベルによる許容値に加えて，音響設計や改修計画に用いられる NC 曲線によるものが示されており，NC 値は，およそ騒音レベルより 10 dB 小さい値となっている。

表 9・1 騒音に係わる環境基準（$L_{A,eq}$ に基づく）（環境省）

地域の類型	基準値〔dB〕 昼間	基準値〔dB〕夜間
AA	50 以下	40 以下
A および B	55 以下	45 以下
C	60 以下	50 以下

注．昼間：AM6：00 ～ PM10：00
　　夜間：PM10：00 ～ AM6：00

AA：療養施設，社会福祉施設等が集合して設置される地域など，特に静穏を要する地域
A　：専ら住居の用に供される地域
B　：主として住居の用に供される地域
C　：相当数の住居と併せて商業，工業等の用に供される地域

※ただし，右に掲げる地域に該当する地域については，上表によらず右表の基準を適用する。

地域の類型	基準値〔dB〕昼間	基準値〔dB〕夜間
A 地域のうち 2 車線以上の車線を有する道路に面する地域	60 以下	55 以下
B 地域のうち 2 車線以上の車線を有する道路に面する地域および C 地域のうち車線を有する道路に面する地域	65 以下	60 以下

※この場合において，幹線道路に近接する空間については上表によらず，特例として次表の基準を適用する。

基準値〔dB〕昼間	基準値〔dB〕夜間
70 以下	65 以下

備考）個別の住居等において，騒音の影響を受けやすい面の窓を主として閉めた生活が営まれていると認められるときは，屋内へ透過する騒音に係わる基準（昼間：45 以下，夜間：40 以下）によることができる。

表 9・2 騒音防止の設計指針

dB（騒音レベル）	20	25	30	35	40	45	50	55	60
NC		10～15	15～20	20～25	25～30	30～35	35～40	40～45	45～50	50～55
うるささ		無音感 ──── 非常に静か ──────── 特に気にならない ──── 騒音を感じる ─ 騒音を無視できない
会話・電話への影響				5m 離れてささやき声が聞こえる	10m 離れて会議可能 電話は支障なし	普通会話(3m 以内) 電話は可能		大声会話(3m) 電話やや困難	
スタジオ	無響室	アナウンススタジオ	ラジオスタジオ	テレビスタジオ	主調整室	一般事務室			
集会・ホール		音楽堂	劇場(中)	舞台劇場	映画館・プラネタリウム	ホールロビー			
病院		聴力試験室	特別病室	手術室・病室	診察室	検査室	待合室		
ホテル・住宅				書斎	寝室・客室	宴会場	ロビー		
一般事務室				重役室・大会議室	応接室	小会議室	一般事務室		タイプ・計算機室
公共建物				公会堂	美術館・博物館	図書閲覧	公会堂兼体育館	屋内スポーツ施設	
学校・教会				音楽教室	講堂・礼拝堂	研究室・普通教室	廊下		
商業建物					音楽喫茶店 宝石店・美術品店	書籍店 銀行・レストラン	一般商店 食堂		

9・2・2 遮　音
(1) 透過損失

外部騒音や床衝撃音を壁によって遮蔽する場合，**透過損失** TL[1] を用いてその効果が評価され，単位は dB である。図 9・22 に示すように，壁への入射音のエネルギーを I [W/m²]，透過音のエネルギーを I_t [W/m²] とおいた場合，音の透過率 τ （タウ）は式(9・13)で表される。さらに，透過損失 TL は透過率 τ を用いて式(9・14)で表される。

$$\tau = \frac{I_t}{I} \quad \cdots\cdots(9\cdot13)$$

$$TL = 10\log_{10}\frac{1}{\tau} \quad \cdots\cdots(9\cdot14)$$

つまり，τ が小さいほど音が透過しないので，透過損失は大きくなる。

(2) 一重壁の透過損失
(a) 質量則

壁に音が入射すると，壁が振動して反対の壁付近の空気に伝わり音が透過する。無限に大きい壁に一方向に進向する音波が垂直入射する場合の透過損失 TL_0 は，壁の単位面積当たりの質量を表す面密度 m [kg/m²]（壁 1m² 当たりの質量），入射音の周波数を f [Hz] として，式(9・15)で表される。

$$TL_0 = 20\log_{10}(m\cdot f) - 42.5 \cdots\cdots(9\cdot15)$$

この式を垂直入射波の場合の**質量則**という。式より面密度，ないしは周波数が 2 倍に増加するごとに，透過損失は 6 dB 増加する[2]。

一重壁における周波数変化による透過損失の実際の変化を図 9・23（点線）に示す。

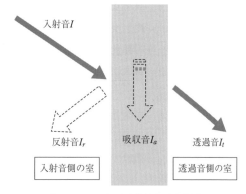

図 9・22　音の透過率と透過損失

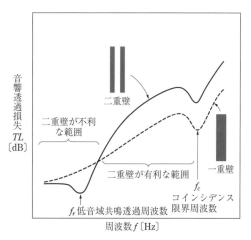

図 9・23　一重壁，二重壁の透過損失

透過損失は式(9・15)によれば，周波数増加により単調に大きくなるが，実際は高周波数域に大きな落ち込みが見られる。これは**コインシデンス効果**と呼ばれる現象によるものである。

---

1) Transmission Loss（透過損失）
2) 実際には垂直入射とは限らないので，入射角 0～78°の場合の平均値を用いて，$TL = TL_0 - 5$ として用いられる場合が多い。

(b) コインシデンス効果

図9・24に示すように、壁に音が斜め入射する場合、壁の屈曲波の周波数と一致する（コインシデンス）と、壁が大きく振動して音が透過する。コインシデンス効果は、壁厚が薄い場合は高い周波数で生じるので影響は少ない。しかし、厚い場合は中低音域まで周波数は下がるので、対策を要する場合がある。

(3) 二重壁の透過損失

壁の遮音性能を高める方法として、壁を二重にすることが考えられる。壁厚を2倍にすると面密度は2倍になるので、質量則によれば透過損失は6dB向上するに過ぎない（TL → TL + 6dB）。一方、独立した二重壁では、理論上はそれぞれの透過損失の和になるので（TL → TL + TL）、大きな遮音性能の向上が期待できる。

ところが、実際は壁の間の中空層や支持材などで壁が構造的・音響的に連結してしまい、期待どおりの透過損失とならないばかりか、同じ面密度の一重壁よりも透過損失が小さくなる場合がある。

図9・23に、一重壁（点線）と比較して、同じ面密度の二重壁（実線）の透過損失を比較して示す。二重壁では、低周波部分で透過損失の著しい落ち込みが見られる。これは、二重壁の間の空気層がバネの役割を果たし、音を透過させる効果によるものである。この現象を**低音域共鳴透過**と呼び、低音域の遮音性能確保の上で問題となる。

図9・25に、二重壁の間にさまざまな材料を充てんした場合の透過損失の変化の様子を示す。多孔質材料を用いた図(a)では、全般的に透過損失は向上する。弾性材を用いた図(b)では、低音共鳴透過が高い周波数で生じている。

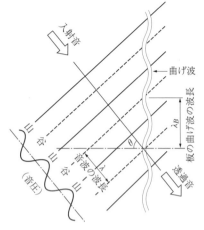

図9・24 コインシデンス効果

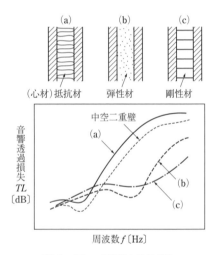

図9・25 二重壁の透過損失

また、剛性材を用いた図(c)では、コインシデンス周波数が低下して中高音域の透過損失が大きく落ち込んでいる。

二重壁の遮音性能を向上させるには、間柱を独立させて構造的に独立にするか、空気層に多孔質材料を用いることなどが有効である。

(4) 各種ガラス窓の透過損失

図9・26に，厚さを合計して6mmとし，面密度を一定とした各種ガラス窓に関する透過損失の比較を示す。一枚ガラスと合わせガラスではほとんど差はない。しかし，複層ガラスでは中音域の透過損失に大きな落ち込みが見られる。複層ガラスでは空気層の密閉度が高く，中音域で共鳴透過現象が生じているためである。同一面密度の一重窓と比べても遮音性能は劣ることから，遮音の目的には適さず，もっぱら断熱などの熱的性能の向上が目的と理解すべきである。遮音性能の向上を狙うためには，二重窓などによる対策が必要となる。

(5) 遮音等級

集合住宅やホテルなどでは，戸境となる壁や床・天井の遮音性能が重要であるため，遮音性能の測定・評価法がJISや日本建築学会推奨規準で定められている。

(a) **室間音圧レベル差に関する適用等級（D_r 値）**

音源室と受音室の間を評価対象の間仕切り壁で仕切り，音源室で発生させたノイズに対し，音源室と受音室の音圧レベルの差をオクターブバンドごとに測定して評価する。例えば，D_r-55のように性能は表示するが，透過損失に基づいているので，遮音等級の値が大きいほうが遮音性能が高いことを意味している。

(b) **床衝撃音レベルに関する適用等級（L_r 値）**

音源室を上階に，受音室を下階となるようにして室を測定対象の床で仕切り，音源

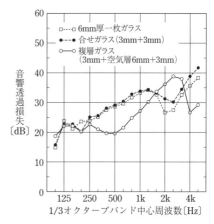

図9・26 各種ガラス窓の透過損失

室に軽量衝撃（靴のかかとなどによる加振）を想定したタッピングマシンと重量衝撃（子供の飛びはね加振）を想定したバングマシンによる人工衝撃を与える（コラム9参照）。下階の受音室における音圧レベルの周波数特性を測定し，例えば，L_r-55のように評価する。標準騒音源に対する受音室の音圧レベルによる評価なので，遮音等級の値の小さいほうが遮音性能が高いことを意味している。

(c) **サッシの遮音等級（T 値）**

サッシの遮音性能はサッシの等価損失に基づきT-1〜T-4までの等級に分類されている。D_r 値と同様に等級の数値が高い方が遮音性能が高いことを示している。

コラム 11　床の遮音性能の測定

床の遮音性能は人工的な床衝撃音を発生させ，受音室の音圧レベルを測定して評価することは本文で述べたが，実際の床衝撃音発生装置を図1に示す。

左はバングマシンと呼ばれ，タイヤを落下させて子供の飛びはねなどの重量衝撃音を模擬している。右はタッピングマシンと呼ばれ，スチール製の5個のハンマーを一定の高さから0.1秒間隔で落下して床を叩き，フォークの落下音などに代表される軽量衝撃音を模擬している。重量衝撃音に対する遮音性能は建物の構造で決まり，床の仕上げとはあまり関係がないが，軽量衝撃音については床材料が大きな影響を与える。

図1

9・3　音響計画

9・3・1　吸　　音

(1) 吸音率

入射音のエネルギー I 〔W/m²〕を分母に，透過音のエネルギー I_t 〔W/m²〕を分子にとった割合を透過率 τ ということは既に述べたが，さらに吸収される音のエネルギー I_a 〔W/m²〕を分子に加えた式(9・16)で表される比率を**吸音率** a（アルファ）という。吸音率は，図9・27に示すように入射音に対して反射してこない音のエネルギー比率を表したものである。しばしば透過率と混同されるので，その違いを明確に理解しておく必要がある。

$$a = \frac{I_a + I_t}{I} = \frac{I - I_r}{I} \cdots\cdots(9\cdot16)$$

極端な例として，図9・28に示す素通しの開口部では，入射した音が吸収も反射もされずに外部に出て行くので，吸音率 a は1となる。

吸音率は，入射音の生じている室側の音場が反射音から受ける影響を問題にしている。これに対し，透過損失では，音が透過した先の室内音場に着目する点が異なる。

(2) 吸音力

天井・壁・床などの内壁表面による音のエネルギー吸収能力を**吸音力** A という。単位は m² であり，これを**メートルセービン**と呼ぶ。室内壁の構成面の面積を S_i 〔m²〕とおき，その面の吸音率を a_i とおくと，その面の吸音力 A_i は，$a_i S_i$ 〔m²〕となる。人体や椅子などでは，一人または1個当たりに直接吸音力 A_j 〔m²〕が与えられる。これより室全体の吸音力 A 〔m²〕は式(9・17)で与えられ，**平均吸音率** $\bar{a}$ は式(9・18)となる。

したがって，逆に平均吸音率が与えられれば，これに室内表面積 S（$S = S_1 + S_2 + \cdots + S_M$）を乗じて，室の吸音力 A 〔m²〕を求めることができる。

$$A = a_1 S_1 + a_2 S_2 + \cdots + a_M S_M \\ + A_1 + A_2 + \cdots + A_N \cdots\cdots(9\cdot17)$$

$$\bar{a} = \frac{A}{S_1 + S_2 + \cdots + S_M} \cdots\cdots(9\cdot18)$$

(3) 各種吸音材料

ホールなど音響性能を重視する建築では，室の吸音特性を制御する必要があり，この目的のために吸音材料が用いられている。吸音材料はその吸音メカニズムにより，音の周波数ごとの吸音特性が異なるが，多孔質材料，共鳴，板震動による吸音機構に大別される。

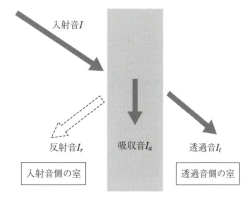

図9・27　音の吸音率

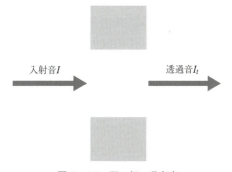

図9・28　開口部の吸音率

(a) 多孔質材料

グラスウール，ロックウールなどの繊維材料を板状に成形したものを用いる。繊維内部で空気が振動する際の摩擦で，音のエネルギーを熱に変えることによって吸音する。図9·29に示すように，剛壁に密着して施工したり，空気層を介して施工する場合が多い。高音の吸音性が特に優れているが，材料の厚みが大きいほど（図の(a)），空気層の厚みが大きいほど（図の(b)），波長の長い低音域まで吸音率が向上する。これは，図に示すように波長の長い低音では壁から離れた場所で空気分子の振動速度が大きくなり，そこに多孔質材料があることが吸音効果を高める上で重要となるからである。

多孔質材料に通気性があることが重要なため，独立気泡型の断熱材（スタイロフォームなど）などは不適となる。表面処理をする場合も，通気性を保持した状態を維持する必要がある。カーテンやカーペットにも同様の効果がある。

(b) 穴あき板

びんなどは共鳴によって特定の波長の音を吸収する作用があるが，図9·30に示すように，剛壁に空気層を介して穴あき板を設置すると，たくさんのびんが並んだ状態になる。びんの口に相当する板の孔から音が入射すると，背後の空気層がばねとなって，孔の部分の空気を振動させ，摩擦によって音のエネルギーを吸収する。中音域の吸音材として用いられ，長いリブとスリットを交互に並べても同様の効果がある。

空気層の厚さを増すほど，低音域の吸音率が向上する。穴の背後に多孔質材料の板などを設置すると，通気抵抗が増大するので吸音率は向上する。

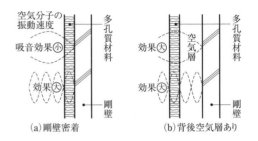

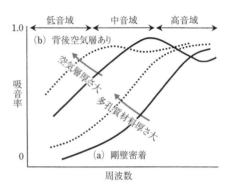

図9·29 多孔質材料の吸音特性

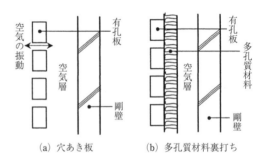

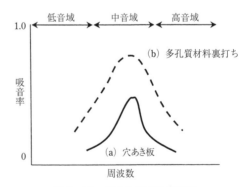

図9·30 穴あき板の吸音特性

(c) 板状材料

図9·31に示すように，剛壁に空気層を

介して板を設置すると，空気層がばねとして働き，共振周波数付近で板が振動し，板の内部摩擦や取付け部の摩擦によって音のエネルギーが減衰する。低音域の共振周波数付近で吸音率が高く，中高音域では小さい。多孔質材料で板を裏打ちすると，全般的に吸音率が向上する。低音域用の吸音材料として効果があるが，中高音域の吸音率はあまり高くない。

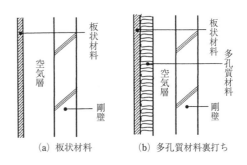

(a) 板状材料　(b) 多孔質材料裏打ち

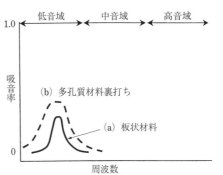

図9・31　板状材料の吸音特性

9・3・2　残響時間

(1) 残　　響

室内の音源から音を連続的に発生させると，壁に入射した音の一部は吸収されるが，残りは反射し，空間全体が音のエネルギーで満たされる。したがって，音の発生を停止させた後でも，室内に残った音のエネルギーが完全に吸収され尽くすまで時間がかかる。楽器の演奏後にしばらく余韻が残ることは，ホールなどで経験されることであり，この現象を**残響**という。音の聴取環境を重視する場では，その内容に応じ，残響を適切にコントロールする必要がある。

(2) 残響時間

図9・32に示すように，時刻 $t=0$ から音を出し始めると，当初は音響エネルギーが小さいので，吸収される音のエネルギーは小さく，場の音響エネルギーは成長し，やがて一定値となる。

その後，音を停止させると，音響エネルギーが減衰していくが，音を止めてから，定常状態の音響エネルギーの 10^{-6} まで減衰するのに要する時間を**残響時間** T 〔s〕という。これをレベルで表すと，音響エネルギー（音圧レベルでも同じ）のレベルが 60 dB 低下するのに要する時間ということになる。

(a) セービンの式

残響時間の予測式の代表的なものはセービンの式である。これは，室容積を V

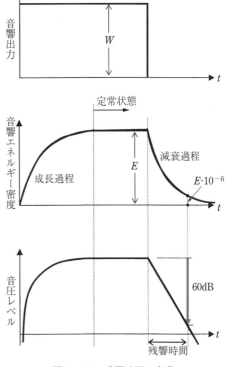

図9・32　残響時間の定義

[m³]として，式(9・19)で表される。

$$T = \frac{0.161V}{S\bar{a}} = \frac{0.161V}{A} \cdots\cdots (9\cdot19)$$

つまり，残響時間は室容積に比例し，吸音率と室内表面積に反比例する。

(3) 最適残響時間

残響は室内の音の響き，広がり感を特徴づける重要な要素である。音楽を快適に聴こうとすれば，ある程度の残響が必要であるが，残響音が多すぎると音が明瞭に伝わらず，話し言葉などの明瞭度が低下する。したがって，室用途や聴取する音の内容によって，最適な残響時間は変化する。

図9・33は，最適残響時間を室用途，室容積別に示したものである。一般に，室容積が大きいほうが長い残響音を必要としている。これは，大きな室では大きな音量が必要となるため，反射音を強くするのが望ましいためである。用途別に見ると，音楽を主体にした室では，音の豊かな響きが重要なので，1.5 s 程度の比較的長めの残響時間が適当である。一方，講演・会話を主体とした室では明瞭度の確保が優先され，1 s より残響時間は短いのが望ましい。

9・3・3 室内音響計画

(1) 音響計画の基礎

(a) 直接音と間接音

室内に音源があると，図9・34に示すように，受音点に直接音がまず到達し，やがて壁や天井・床で反射した反射音が遅れて到達する。

直接音は音源の内容と方向に関する情報を与え，直接音が強いと明瞭度が向上する。直接音に引き続き，概ね50 ms (0.05 s)以内（音楽では80 ms以内）に到達する反射音は，直接音を補強する。初期反射音に遅れて到達する音を残響といい，音の響きを強める

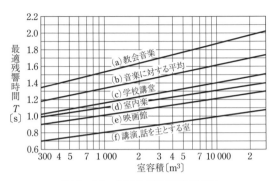

図9・33 室用途別最適残響時間

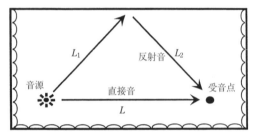

図9・34 直接音と反射音

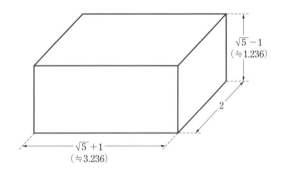

図9・35 黄金比の室

と同時に明瞭度を下げる作用がある。残響を積極的に活用する場合には，音があらゆる方向から到達するように，十分に拡散されている必要がある。初期音から50 ms 以上遅れて大きな反射音が到達すると音が分離して聞こえる場合があり，エコー（反響）という。音速 $C = 340$ m/s として，340 m/s×0.05 s = 17 m となるので，図9・34では直接音と反射音の行路差 $\Delta L = L_1 + L_2 -$

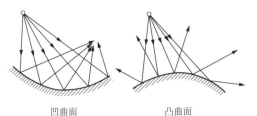

図9・36 曲面による音の反射

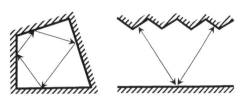

図9・38 フラターエコーを生じる建物形態

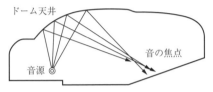

音の焦点が生ずる形(不可)

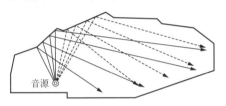

反射音が一様に分布する形(可)

図9・37 音の焦点とその対策

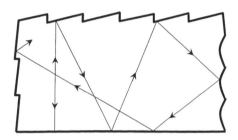

図9・39 フラターエコーを生じない建物形態

Lが，17 m 以上で反射音が強いとエコーとなる可能性がある。

(b) 室形状とブーミング現象

規模の小さい室では，室形状によっては低音域のある特定の周波数の音に対して，室全体が共鳴する**ブーミング現象**が生じて，室内の音圧分布が著しく不均一となる場合がある。これを避けるために，形状が直方体の室では各辺の寸法比が整数となるのをなるべく避けるのがよい。古くから図9・35に示す黄金比，$(\sqrt{5}-1):2:(\sqrt{5}+1)$が推奨されている。

(2) 音の特異現象とその対策

(a) 周壁の形の影響

音の反射には，音の波長が関係し，波長より十分寸法の大きい面では鏡面反射する。したがって，図9・36に示すように，凹面が

あると音が集中する点が生じる。これを**音の焦点**というが，その他の部分では音圧の弱い**デッドスポット**が生じるなど，音の分布が生じて好ましくない。これらは音響障害として避けるべき問題であるが，音の拡散不足を示しているともいえ，音圧分布の均等化を図るためには，凸面や折れ面などで音の反射面を構成し，音を拡散させるよう工夫するとよい。例えば，図9・37の例ではドーム天井を折れ面に変更することで，音響障害が回避される。

(b) フラターエコーとその防止

壁を剛な平行平板で構成すると，音が多重反射してエコーを繰り返す，**フラターエコー**と呼ばれる現象が生じる。日光東照宮本地堂のフラターエコーは有名で，参拝者の拍手が繰り返し反響して天井に描かれた

竜が鳴いているように感じられることから鳴き竜ともいわれている。

図9・38に，フラターエコーを生じやすい建物の形態を示す。反射性の高い床と，音の集中しやすい天井の組合せ，傾斜した反射性の高い側壁などが問題となりやすい。これを避けるには，反射音が一点に集中しないよう壁面の形態に注意を払い，図9・39に示すように，折れ面の繰り返しなどを用いて壁を構成するとよい。

(3) 内装設計の進め方

室形状が概略固まってから行う，内装設計の流れを図9・40に示す。室容積 $V[\mathrm{m}^3]$ と室内表面積 $S[\mathrm{m}^2]$ および，残響時間の設計目標値 $T[\mathrm{s}]$ から，残響時間の予測式を用いて，所要吸音力 $A[\mathrm{m}^2]$ を求める。これから，客席，人による吸音力 $A_f[\mathrm{m}^2]$ を差し引いた残りを，内装材料の吸音力としてもたせなければならない。この際，人間の吸音力は大きいので，人間の数によって残響時間は変動する。この影響を小さくするため，椅子の材質としては吸音力の大きいものを用い，空席時もある程度の吸音力を確保するとよい。また，エコー防止のための吸音構造，拡散体，仕上材料などを検討して，設計値とする。

(a) 拡散体

室内における音の拡散性をよくするために，壁や天井などに用いられる。拡散体の大きさと同程度の波長の音の拡散反射に有効であり，それより波長の短い音（高音）に対しては鏡面反射となり，波長の長い音（低音）に対しては拡散効果は乏しい。

可聴範囲の音の波長は，1.5 cm ～ 15 m と広範囲となるので，大小さまざまなものを用いて拡散効果の及ぶ波長範囲を広く設定するとよい。円筒形，屏風折れ形などさまざまな形態のものが用いられているが，波長に対する寸法が重要なので，図9・41

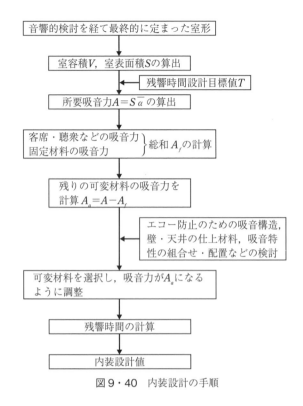

図9・40 内装設計の手順

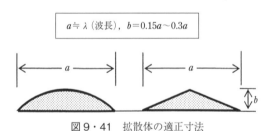

図9・41 拡散体の適正寸法

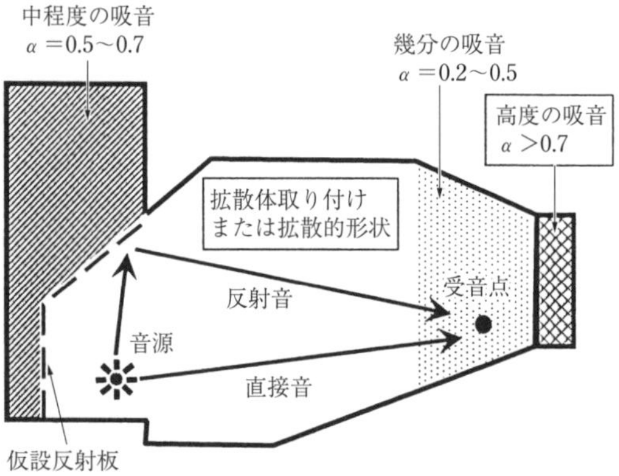

図9・42 ホールの内装仕上げの典型例

を参考に大きさを決めるとよい。

(b) ホール等の仕上げ

図9·42にホールなどの仕上げの典型的な例を示す。舞台側の壁, 天井を反射性とし, 後壁を高度の吸音性とした, **ライブエンド・デッドエンド方式**（ステージ周辺を反射性に, 客席後部側を吸音性にすること）が用いられる。客席前部の壁や天井も反射性を高めて, 客席後部の音が補強されるよう工夫する。この場合, 反射性の側壁面や吸音性の後壁面もできるだけ拡散性とする。

図9·43に, 実際のコンサートホールの天井部分の仕上げの例を示す。ステージ上部には反射板を設置し, 客席への音の補強と演奏者への反射を考慮した配置としている。また, 客席上部には拡散体を設置している。

図9·43 コンサートホールにおけるステージおよび客席上部の反射板と拡散体の例
（建築思潮研究所編「建築設計資料48 コンサートホール」建築資料研究社による）

第9章 演習問題

【問題1】 次の用語と単位の組合せのうち, 最も不適当なものはどれか。
(1) 音　圧 ——————— Pa
(2) 音の強さ ——————— J/m^3
(3) 騒音レベル ——————— dB (A)
(4) 音の強さのレベル ——————— dB
(5) 周波数 ——————— Hz

【問題2】 音に関する次の記述のうち, 最も不適当なものはどれか。
(1) 音響出力とは音源から発生する音のエネルギーをいう。
(2) 気温が高くなると, 空気中の音速は大きくなる。
(3) 音源からの直接音と反射音との時間差によって, 1つの音が2つ以上の音に聞こえる現象を反響という。
(4) 音波が球面状に広がる音源の場合, 音源からの距離が2倍になると音圧レベルは, 約3dB低下する。
(5) 同じ音響出力を有する機械を2台同時に運転したときの音圧レベルが83dBであるとすると, 1台のみ運転したときは約80dBである。

第9章 演習問題

【問題 3】 聴覚・騒音に関する次の記述のうち，最も不適当なものはどれか。
(1) 20歳前後の正常な聴力をもつ人の可聴周波数の範囲は，20 Hz～20 kHz 程度である。
(2) 同じ音圧レベルの場合，1000 Hz の純音より 100 Hz の純音のほうが小さく聞こえる。
(3) 室内騒音の許容値は，住宅よりも屋内スポーツ施設のほうが低い。
(4) 室内騒音の許容値は，住宅の寝室よりも音楽ホールのほうが小さい。
(5) 室内騒音の許容値は，屋内スポーツ施設より美術館のほうが小さい。

【問題 4】 残響に関する次の記述のうち，最も不適当なものはどれか。
(1) 最適残響時間は，講演などの話を主とする部屋より音楽に使用する部屋のほうが長い。
(2) 残響時間を計算する上で，一般に室温は考慮しなくてよい。
(3) 在室者数が多いと，一般に残響時間は短くなる。
(4) 音源から発生した音が停止してから室内の音の強さのレベルが 60 dB 低下するまでの時間を残響時間という。
(5) 室内の平均吸音率が同じならば室容積を大きくしても残響時間は変わらない。

【問題 5】 遮音に関する次の記述のうち，最も不適当なものはどれか。
(1) 一般に，低音から高音になるに従って，壁の透過損失が増加する。
(2) JIS による床衝撃音の遮音等級の数値は，小さいほど遮音性能が優れている。
(3) JIS による間仕切り壁の遮音等級の数値は，大きいほど遮音性能が優れている。
(4) 音をよく吸収する材料は一般に透過率が低いので，遮音効果を期待できる。
(5) 材料の厚さが同じであれば，一般に，密度が高いものほど，透過損失が増大する傾向にある。

【問題 6】 吸音に関する次の記述のうち，最も不適当なものはどれか。
(1) 吸音力とは，材料の吸音率にその面積を乗じたものをいう。
(2) 多孔質材料の吸音率は，一般に，低音より高音のほうが大きい。
(3) 板状材料と剛壁の間に空気層を設けた吸音構造においては，一般に低音域の音を主に吸音する。
(4) 天井や壁の吸音力を大きくすると残響時間は長くなる。
(5) 吸音力が同じであれば，室容積が大きいほど，残響時間は長くなる。

演習問題解答・解説

第1章（p.35）

【問題1】　正解　(5)

図1·28 に示されているように，南向き鉛直面の終日日射量は，夏至が最小で冬期には大きくなるので，(5)の記述は誤りである。

【問題2】　正解　(3)

図1·28 より夏至には東西を向いた鉛直面が受ける日射量のほうが南向き鉛直面より大きくなる。

図1·29 に示されているように，南向き鉛直面に日射が得られる条件では太陽高度が高く，斜め方向からしか日射が当たらないが，東西を向いた鉛直面は日の出直後，日没直前にほぼ正面から日射を受けるので日射量は相対的に大きくなる。

なお，春分と秋分には日の出，日没はそれぞれ真東，真西となるので，北向き鉛直面は春分から夏至を経て，秋分までの6ヶ月間，日射が当たる。

【問題3】　正解　(3)

ロは水平面が受ける日射量である。

なお，図1·29 に示したように，夏至のときに太陽が真東に位置するのが 8:30 頃，真西が 15:30 頃となるので，これらの時刻を境に，北向きの鉛直面と南向き鉛直面で日射が当たる面が入れ替わる。したがって，ニとヘが北，ホが南となる。

【問題4】　正解　(3)

図1·28 より，終日日射量は南向き鉛直面のほうが水平面よりも多い。図1·5 より，夏至の南中高度が 32° であることから，次の図により検討すると，$h = 32°$ として南向き鉛直面の受ける日射成分のほうが水平面よりも大きいことがわかる。

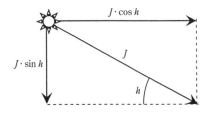

また，(1)で表1·2 より，南面の可照時間は春分・秋分が最大で 12 時間となる。

なお，(2)で $h = 60°$ のときの棒の長さと影の長さの比は $\sqrt{3} : 1$ となる。したがって，棒の長さが 1 m とすれば，

$$\frac{1}{\sqrt{3}} = \frac{\sqrt{3}}{3} \approx \frac{1.732}{3} \approx 0.577 \approx 0.6$$

となるので，およそ 0.6 m と見なしてよい。

第2章（p.63）

【問題1】　正解　(4)

輝度の単位は $cd/m^2 = lm/(m^2 \cdot sr)$ である。

【問題2】　正解　(1)

式(2·2)より光度 I〔cd〕の点光源から距離 r〔m〕離れた点の照度 E〔lx〕は，$E = \dfrac{I}{r^2}$ と表すことができる。したがって，照度は光度に比例し，距離の2乗に反比例する。

【問題3】　正解　(3)

冬期に北向き側窓からは直射光は入らないので，天空のみからの採光となる。この場合，室内の受照点照度は式(2·6)より，全天空照度に昼光率を乗じて求められる。表2·3 より，快晴時の全天空照度 10000 lx に対して，薄曇りでは直射光が散乱して天空光が強く，50000 lx となる。したがって，薄曇りの場合のほうが室内の照度は高くなる。

なお，(4)については，ブラインドは室内照度分布の均一化に有効である。

【問題4】　正解　(3)

演色性は，基準となる特定条件下での色の見え方に関する光源の性質を評価するものであるから，視対象によって変化しない。

【問題5】　正解　(4)

表2·8 に示されているように，蛍光ランプの効率は周囲温度の影響を受け，20℃付近の環境で用いる場合に最も効率が高い。

第3章（p.75）

【問題1】　正解　(4)

図3・13に示すように，補色どうしを並べると互いに彩度が高くなったように見える。なお，補色以外の色相の提示では，互いに色相が離れて見える。

【問題2】　正解　(4)

面積が大きい色は明度・彩度ともに高く見える。

【問題3】　正解　(5)

図3・12に示すように，明度の相対的に高い色の明度はより高く，低い明度の色は明度がより低く見える。

【問題4】　正解　(5)

図3・5のマンセル色立体に見られるように，マンセル表色系での最高彩度は色相によって異なった値をとる。最低0,最高10で評価されるのは明度である。

第4章（p.99）

【問題1】　正解　(1)

窒素は空気の78％の体積比率を占める主要構成要素で無害である。

【問題2】　正解　(2)

通常の居室では酸素濃度低下が人体に直接的な害を及ぼすことはないので，その他の汚染物質の発生量，外気濃度と許容濃度から必要換気量は決定される。

【問題3】　正解　(2)

ホルムアルデヒド汚染を防止するための対策も他の汚染と同様，清浄な外気を取り入れることにより，室空気を外気で希釈することが一般的な対策となる。換気回数を減らすことは逆効果である。

【問題4】　正解　(2)

喫煙に伴う粉じんを表4・6に示す0.15 mg/m³以下に維持するためには，例題2に示したように，毎時1本の喫煙で130 m³/hが必要換気量となる。10〜20 m³/hでは不足となる。なお，(3)の開放型燃焼器具を使用する場合の必要換気量は建築基準法により燃焼廃ガスの40倍と定められている。

【問題5】　正解　(2)

汚染物質の発生する室には室空気を外に漏らさない第3種換気法が適当である。

【問題6】　正解　(1)

温度差換気の場合の自然換気量は，式(4・11)に示すように，開口部の実効面積，内外温度差の平方根，開口部高さの差の平方根に比例する。したがって，取付け高さの差には関係しないとするのは誤りである。

第5章（p.121）

【問題1】　正解　(1)

図5・4に示すように，金属，コンクリート，木材，断熱材といった分類では，密度が大きいほうが熱伝導率は大きくなるので，(1)の不等号は逆である。なお，グラスウールの熱伝導率は，図5・6に示すように，かさ比重が大きいものほど小さい。これは，多孔質系の断熱材と異なり，繊維系断熱材では，繊維を多量に含むことによって空気の流動を抑制しているためである。

【問題2】　正解　(1)

空気と壁の間の対流による伝熱は熱伝達であり，対流熱伝達と呼ばれる。熱貫流とは，壁を隔てた片側の空気から反対側の空気に至る伝熱のことをいう。

【問題3】　正解　(5)

放射伝熱は電磁波による熱のやりとりであるから，熱の移動に空気の介在を要しない。壁が日射を浴びた場合も放射による伝熱が生じるが，太陽と地球の間に空気がなくても熱が伝わることは明らかである。

なお，(1)で室内側の熱伝達率が外気側より小さいのは，放射熱伝達率は建物内外でほとんど差がないが，対流熱伝達率が風の弱い室内側で小さいためである。

【問題4】　正解　(5)

照明器具からの発熱は水蒸気の相変化を伴わないので顕熱である。なお，(2)では，総合熱貫流率が小さくなると自然室温が上昇するので正しい記述である。

【問題5】　正解　(4)

図5・16に見られるように，壁を構成する部材の温度勾配は，その部材の熱伝導率が小さいほど大きくなるので，断熱材の部分での温度勾配が大きくなる。

【問題6】　正解　(2)

表5・9と同様，表形式で計算すると次のようになる。

部位	K [W/(m²·K)]	A [m²]	KA [W/K]
外壁	1.0	20	20.0
窓	3.0	10	30.0
合計			50.0

壁の内側温度差：$\Delta\theta = 25℃ - (-5℃) = 30\mathrm{K}$ となるので，これより壁全体の熱損失：$\overline{q} = 50.0 \times 30 = 1500\mathrm{W}$ となる。

第6章（p.136）

【問題1】 正解 (2)

空気を冷却すると温度が低下して，相対湿度は高くなる。飽和水蒸気分圧は温度が下がると小さくなるためである。

なお，(5)では空気が飽和している状態では乾球温度と湿球温度は同じであるが，相対温度が低いほど水の蒸発が促進されるので湿球温度は低下し，乾球温度との差は大きくなるので，正しい記述である。

【問題2】 正解 (5)

相対湿度は飽和水蒸気分圧に対する，現在の水蒸気分圧の比であり，飽和水蒸気分圧は温度が上昇すると大きくなる。したがって，相対湿度が同じでも，温度の高い空気の水蒸気分圧は大きく，より多くの水蒸気を含んでいる。

なお，(3)で問題としている露点温度は，絶対湿度または水蒸気分圧が決まれば一定となり，温度変化の影響を受けない。

【問題3】 正解 (1)

外気に接する押入れの結露を防止するためには，図6·18に示すように，室内の空気が押入れ内部までよく流通するようなすき間を設けると効果がある。ふすまの断熱性を高めると，押入れ内部の温度がさらに下がるので逆効果となる。

【問題4】 正解 (2)

図6·16に示すように，カーテンの背後は温度が下がってガラスの表面に結露が発生しやすい。カーテン両側にすき間を設けて，室内空気が流通しやすくするか，窓の断熱性能を高めることが有効である。

【問題5】 正解 (4)

防湿層を施工する目的は壁内部に水蒸気が浸透していき，内部で結露するのを防止するためである。表面結露は，壁表面温度が室内空気の露点より低ければ発生するので，防湿層があっても防止効果はない。

なお，(5)でコンクリート構造におけるヒートブリッジとは，次の図のように壁と床の接合部などで内断熱構法とすると，断熱材の回りきらない部分が熱橋になることをいう。外断熱では熱橋ができにくいので，結露が発生しにくい。

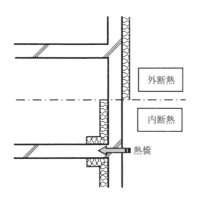

【問題6】 正解 (4)

空気線図より，A点の重量絶対湿度はおよそ4g/kg′，B点はおよそ8g/kg′ であるから加湿は乾燥空気1kg当たり約4gとなる。

なお，(2)でB点の空気の露点温度はおよそ11℃であるから，10℃の壁に触れると結露する。(5)ではB点の空気を冷却して7℃まで下げると，一部の水蒸気が結露して7℃のときの飽和点になる。7℃ - 100%の空気を21℃まで加熱すると相対湿度は約40%となる。

第7章（p.148）

【問題1】 正解 (4)

温熱感覚に影響を及ぼす6要素は，気温，相対湿度，放射温度，気流速度，代謝量，着衣量であり，通常の条件で気圧が温熱感覚に影響を及ぼすことはない。

【問題2】 正解 (4)

MRT は，図7·5に示すように，室内にある物体との放射熱が等価となる，均一な壁表面温度のことをいう。したがって，室内の空気温度とは無関係である。

第8章（p.162）

【問題1】 正解 (5)

オゾン層の破壊の原因は，大気中に放出されたフロンが成層圏まで拡散して分解され，塩素がオゾンを連鎖的に分解することによるものであり，硫黄酸化物とは関係がない。なお，(3)の焼却炉におけるダイオキシン発生の抑制については，燃焼温度管理が重要であり，800℃以上の温度（できれば950℃以上）で連続燃焼させるのが望ましいとされる。

【問題2】 正解 (2)

図8・3に見られるように，降雨などの条件がなければ絶対湿度の変動は少ないので，気温が低下する夜間に相対湿度は上昇し，気温が上昇する日中に低下する。

【問題3】 正解 (3)

図8・18に示すように，風に対する見つけ面積が大きい建物ほど風を広範囲でせき止めるので，地表面付近の風環境への影響は大きくなる。

第9章（p.185）

【問題1】 正解 (2)

音の強さは，その進行方向に直角な単位面積を通過する音のエネルギーであるからW/m²となる。J/m³は音響エネルギー密度の単位となる。

【問題2】 正解 (4)

点音源では，音の強さは距離の2乗に反比例して小さくなる。点音源では音の強さのレベル＝音圧レベルであり，音の強さが1/4になると，音圧レベルは6dB低下する。

【問題3】 正解 (3)

表9・2より，音楽堂：25dB(A)，劇場：30dB(A)，寝室：40dB(A)，屋内スポーツ施設：55〜60dB(A)となる。スポーツ施設はある程度の騒音は許容されている。

【問題4】 正解 (5)

式(9・19)のセービンの式より残響時間は室容積に比例し，平均吸音率×室内表面積に反比例する。平均吸音率を一定とすると，室容積が大きくなれば，残響時間は大きくなるので誤りである。

【問題5】 正解 (4)

図9・27に示すように，吸音率が大きいことは吸音率＋透過率が大きいことを意味し，透過率が小さいとは限らないので誤りである。吸音と遮音を混同しない注意が必要である。

【問題6】 正解 (4)

式(9・19)のセービンの式より，吸音力が大きいと残響時間は短くなる。

なお，(2)については，図9・29に示すように，多孔質材料では一般に高音域の吸音率が大きくなる。

ギリシア文字

大文字	小文字	呼び方	大文字	小文字	呼び方	大文字	小文字	呼び方
A	α	アルファ	I	ι	イオタ	P	ρ	ロー
B	β	ベータ	K	κ	カッパ	Σ	σ	シグマ
Γ	γ	ガンマ	Λ	λ	ラムダ	T	τ	タウ
Δ	δ	デルタ	M	μ	ミュー	Y	υ	ユプシロン
E	ε	イプシロン	N	ν	ニュー	Φ	φ, ϕ	ファイ
Z	ζ	ジータ	Ξ	ξ	クサイ	X	χ	カイ
H	η	イータ	O	o	オミクロン	Ψ	ψ	プサイ
Θ	θ	シータ	Π	π	パイ	Ω	ω	オメガ

(JIS Z 8202-1985 による)

索　　　引

あ
IL ……………………… 166
アクセント色 ……………… 74
アスマン通風乾湿計 …… 125, 143
穴あき板 …………………… 180
αA ………………………… 87
αA の合成 ………………… 88
暗順応 ……………………… 38
暗所視 ……………………… 38
暗清色 ……………………… 69
安全色 ……………………… 74
暗騒音 …………………… 172
アンビエント ……………… 59

い
ET …………………………… 144
ET* ………………………… 145
板状材料 …………………… 180
色 …………………………… 66
色温度 ……………………… 56
色の三属性 ………………… 66
色の連想 …………………… 72
色名 ………………………… 69

う
ウェーバー・
　フェヒナーの法則 …… 166
ウォールウォッシャ ……… 59
海風 ……………………… 154
埋込み照明 ………………… 59

え
エアロゾル ………………… 78
永久日影 …………………… 25
HIDランプ ………………… 58
A特性 …………………… 172
エコー …………………… 182
SET* ……………………… 145
SAT ……………………… 112
SPL ……………………… 166
xy色度図 …………………… 68
XYZ表色系 ………………… 68
NC曲線 ………………… 173

F☆☆☆建材 ……………… 86
F☆☆建材 ………………… 86
F☆☆☆☆建材 …………… 86
MRT ……………………… 143
LED …………………… 58, 63
$L_{A,eq}$ ……………………… 172
LCA評価 ………………… 160
LCC ……………………… 160
LCCO$_2$評価 ……………… 160
L値 ……………………… 177
演色性 ……………………… 56
演色評価数 ………………… 56

お
OT ……………………… 143
オーニング ………………… 33
屋外側熱伝達抵抗 ……… 108
屋外側熱伝達率 ………… 106
オクターブバンド ……… 170
オクターブバンド分析 … 171
オストワルト表色系 ……… 68
オゾン層 ………………… 160
オゾンホール …………… 160
音の焦点 ………………… 183
音の強さ ………………… 165
音の強さのレベル ……… 166
音圧 ……………………… 165
音圧レベル ……………… 166
音響エネルギー密度 …… 165
音響出力 ………………… 165
温室効果 ………………… 113
温室効果ガス …………… 159
音速 ……………………… 164
温度差換気 ……………… 91
温度勾配 …………… 103, 110
温度放射 …………………… 56
温熱環境6要素 ………… 141

か
回折現象 ………………… 164
外断熱 …………………… 109
開放型燃焼器具 ………… 83
拡散体 …………………… 184

各室給排気方式 …………… 97
カクテルパーティ効果 …… 171
可視光, 可視光線
　　　　　　　… 30, 38, 66, 113
可照時間 …………………… 22
ガス状物質 ………………… 78
片側採光 ………………… 42, 52
可聴範囲 ………………… 164
かび ……………………… 135
加法混色 …………………… 67
ガラスの透過率 ……… 49, 113
ガラスブロック …………… 33
換気 ……………………… 78
換気回数 …………………… 80
換気天井システム ………… 98
換気熱損失 ……………… 115
乾球, 乾球温度 ………… 125
環境基準 …………………… 79
桿状体 ……………………… 38
間接照度 …………………… 47
間接照明器具 ……………… 59
間接昼光率 ………………… 47
乾燥空気 ………………… 124
寒暖感 ……………………… 70
カンデラ …………………… 39
cd ………………………… 39
貫流熱損失 ……………… 115
貫流熱流 …………… 102, 108

き
キーボード照度 …………… 44
器具間隔 ……………… 60, 62
器具の保守率 ……………… 60
椅座安静時代謝量 ……… 141
基準昼光率 ………………… 47
季節風 …………………… 151
基調色 ……………………… 73
輝度 ……………………… 39
輝度対比 …………………… 42
輝度比 ……………………… 44
吸音材料 ………………… 179
吸音率 …………………… 179

吸音力	179	
強制対流	105	
強制対流熱伝達	105	
京都議定書	160	
局所換気	96	
局部照明	58	
局所不快感	147	
許容濃度	78	
距離減衰	168	
均時差	19	
均せい度	42, 52	
均等拡散面	41	

く

空気線図	126
空気伝搬音	164
空気密度	87, 115, 124, 130
グラスウール	104
クリモグラフ	152
グレア	43
clo	142
クロ	142
グローブ温度	143
クロマ	67

け

蛍光水銀ランプ	58
蛍光ランプ	56
経時対比	71
系統色名	69
軽量衝撃	177, 178
夏至	18
結露	126, 130
顕色系	67
建築化照明	59
顕熱	95, 117
減法混色	67

こ

コア部	140
コインシデンス効果	176
高圧水銀ランプ	58
高圧ナトリウムランプ	58
恒温適応域	160
光源色	66
硬質ウレタンフォーム	104
格子ルーバー	33
降水量	155
降雪	155
光束	39

光束発散度	39
光束法	59
公転軸	18
光度	39
興奮感	70
光幕反射	39
効率	56
コーブ照明	59
コールドドラフト	105
越屋根	53
固体伝搬音	164
コファ照明	59
コリオリの力	153
混色系	68

さ

サーマルマネキン	148
サーモグラフィ	158
採光	46
採光補正係数	54
最適残響時間	182
彩度	66
彩度対比	71
作業面	42
作業面照度	60
作用温度	143
残響,残響時間	181
三原色	67
産熱	141
サンスクリーン	33

し

CIE	44, 68
CET	145
CFC	161
CO_2 濃度	81
CO 濃度	84
COP3	160
C 特性	172
シェル部	140
紫外線	30
色光	66
色彩調和論	72
色彩の調和	72
色相	66
色相対比	71
色調	69
色名	69
色料	66

時刻	19
子午線	19
視細胞	38
次世代省エネルギー基準	118
自然室温	116, 119
自然対流	105
自然対流熱伝達	105
自然冷媒	161
室温変化	119
湿球,湿球温度	125, 126
シックハウス	85
実効面積	87
室指数	60
室内側熱伝達抵抗	108
室内側熱伝達率	106
室内環境基準	79
室内空気汚染	78
室内空気質問題	78
室内水蒸気発生量	130
質量則	175
至適温域	140
自転軸	18
視認性	71
シバリング	140
島日影	25
湿り空気	124
湿り空気線図	126
遮音性能	178
遮音等級	177
終日日影	24
終日日射量	31
修正マンセル表色系	67
修正有効温度	145
住宅の省エネルギー基準	118, 153
周波数	164
秋分	18
重量感	70
重量衝撃	177, 178
重量濃度	79
重力換気	91
受照点照度	46
寿命	56
純音	171
純色	67
順応	38
春分	18

索　引　**193**

省エネルギー基準
　　　　　　……… 111, 118, 153
省エネルギー法…… 111, 118, 153
照度基準……………………… 44
照度の逆二乗則……………… 40
照度の余弦則………………… 40
照明率………………………… 60
照明率表……………………… 60
上限下限周波数…………… 171
植栽…………………………… 32
シルエット現象……………… 44
親近性の原理………………… 72
人工光源……………………… 56
進出・後退感………………… 70
真太陽時……………………… 19
振動数……………………… 164
新有効温度………………… 145

す

水蒸気分圧………… 124, 151
錐状体………………………… 38
垂直ルーバー………………… 33
水平フィン…………………… 33
水平ルーバー………………… 33
スウェディッシュウィンドウ… 33
すだれ………………………… 33
ステラジアン, sr …………… 39
スペクトル………………… 171

せ

セービンの式……………… 181
赤緯…………………………… 19
赤外線………………… 30, 113
設計用全天空照度…………… 46
絶対湿度…………………… 124
ZEH（ゼロエネルギーハウス）… 10
全天空照度…………………… 46
全天日射量…………………… 30
潜熱………………… 95, 117
全熱交換器…………………… 95
全般換気方式………………… 95
全般照明……………………… 58

そ

騒音基準…………………… 173
騒音レベル………………… 172
総合熱貫流率……………… 116
相対湿度…………… 124, 151
相当外気温度……… 111, 112
相当開口面積………………… 87

ソーラーチムニー…………… 93

た

第1種換気方式……………… 94
体温調整機構……………… 140
体感温度…………………… 144
大気透過率…………………… 31
大気放射……………………… 30
第3種換気方式……………… 94
代謝量……………………… 141
体積濃度……………………… 79
代替フロン………………… 161
第2種換気方式……………… 94
対比…………………………… 71
太陽位置図…………………… 20
太陽高度……………………… 19
太陽光発電…………………… 34
太陽定数……………………… 30
太陽方位角…………………… 19
対流………………………… 102
対流熱伝達………… 102, 105
対流熱伝達率……………… 105
高窓…………………………… 53
卓越風……………………… 153
ダクト式熱交換換気方式…… 97
多孔質材料………………… 180
タスク・アンビエント照明… 59
縦型ブラインド……………… 33
縦波………………………… 164
タバコ………………………… 82
断熱材……………… 103, 104, 134
断熱性……………………… 119
暖房デグリーデー… 118, 152
暖房負荷…………………… 117

ち

地球温暖化………………… 159
地球環境…………………… 159
逐点法………………………… 59
地表面放射…………………… 30
着衣量……………………… 142
中間色………………………… 69
中央標準時…………………… 19
中空層……………………… 107
昼光光源……………………… 46
昼光率………………………… 47
中心窩………………………… 38
中心周波数………………… 171
中性温域…………………… 140

直射日光……………………… 46
聴感………………………… 169
頂光…………………………… 53
頂側窓………………………… 53
直接グレア…………………… 43
直接照度……………………… 46
直接照明器具………………… 59
直接昼光率…………………… 47
直達日射……………………… 30
直達日射量…………………… 31
直列合成……………………… 88
沈静感………………………… 70

つ

通気構法…………………… 135
通気輪道……………………… 90
通風…………………………… 78

て

DI ………………………… 143
TL ………………………… 175
D値 ……………………… 177
低温域共鳴透過…………… 176
定常状態…………………… 102
デグリーデー……………… 152
dB, デシベル……………… 166
dB (A) …………………… 172
デッドスポット…………… 183
点音源……………………… 165
天球…………………… 18, 19
天球の赤道…………………… 19
天空光………………………… 46
天空日射……………………… 30
天空輝度分布………… 46, 48
伝導……………… 102, 103
天窓…………………………… 53

と

同化…………………………… 71
透過色………………………… 66
等価騒音レベル…………… 172
透過損失…………………… 175
透過率………………… 41, 175
冬至…………………………… 18
等時間日影線………………… 24
同時対比……………………… 71
透湿防水シート…………… 135
等ラウドネス曲線………… 169
トーン………………………… 69
都市環境…………………… 156

な

内断熱 …………………………… 109
内部結露 ………………………… 134
内部発熱 ………………………… 116
ナノメートル …………………… 38
軟質ウレタンフォーム ……… 104
南中 ………………………………… 19

に

日影 ………………………………… 22
日影時間図 ………………………… 24
日影図 ……………………………… 23
日較差 …………………………… 150
日影曲線 …………………………… 23
日射吸収率 …………………… 32, 111
日射遮蔽係数 …………………… 113
日射侵入率 ……………………… 113
日射熱取得 ………………… 113, 116
日射熱取得率 ……………… 112, 113
日照 ………………………………… 22
日照時間 …………………………… 22
日照図表 …………………………… 28
日照率 ……………………………… 22

ね

熱貫流抵抗 ……………………… 108
熱貫流率 ………………………… 108
熱橋 ……………………………… 132
熱線吸収ガラス ………………… 113
熱線反射ガラス ………………… 113
熱損失係数 ……………………… 116
熱抵抗 …………………… 107, 108
熱伝達 …………………………… 102
熱伝導 …………………………… 102
熱伝導抵抗 ……………………… 108
熱伝導率 ………………………… 103
熱容量 …………………………… 119
年較差 …………………………… 150
燃焼器具 ………………………… 83

の

濃度指針値 ……………………… 85
鋸屋根 ……………………………… 53

は

配光 ………………………………… 59
配合色 ……………………………… 73
白熱電球 …………………………… 56
％ ………………………………… 79
波長 ……………………………… 164
バリュー ………………………… 67
ハロゲン電球 …………………… 56
パワーレベル …………………… 166
反響 ……………………………… 182
反射グレア ………………………… 43
反射率 ……………………………… 41
半密閉型燃焼器具 ………………… 83
半密閉中空層 …………………… 107

ひ

PMV ……………………………… 147
PCCS ……………………………… 69
PWL ……………………………… 166
ヒートアイランド ……………… 156
ppm ………………………………… 79
PPD ……………………………… 147
ppb ………………………………… 79
光害 ……………………………… 158
光ダクトシステム ………………… 55
光天井 ……………………………… 53
光梁 ………………………………… 59
庇 …………………………… 31, 33
日ざし曲線 ………………………… 27
日ざしすい面 ……………………… 28
比視感度曲線 ……………………… 38
必要換気量 ……………………… 80
比熱 ……………………………… 118
ヒュー ……………………………… 67
標準新有効温度 ………………… 145
標準日射熱取得 ………………… 113
表色系 ……………………………… 67
表面結露 ………………… 130, 132
表面色 ……………………………… 66
ビル風 …………………………… 157

ふ

VDT ………………………………… 44
風圧係数 …………………………… 89
風速増加率 ……………………… 157
風配 ……………………………… 153
ブーミング現象 ………………… 183
phon ……………………………… 170
不快指数 ………………………… 143
不感蒸せつ ……………………… 141
不完全燃焼 ……………………… 83
吹抜け ……………………………… 90
複合音 …………………………… 171
複層ガラス ………… 107, 111, 177
物体色 ……………………………… 66
フラターエコー ………………… 183
プルキンエ現象 …………… 38, 70
フロン …………………………… 161
粉じん ……………………………… 82

へ

平均吸音率 ……………………… 179
平均太陽時 ………………………… 19
平均放射温度 …………………… 143
並列合成 …………………………… 88
ベネシャンブラインド …… 33, 54
ベルマウス ……………………… 87
ベンチレーション窓 …………… 120

ほ

ポイント …………………………… 42
防湿層 …………………… 133, 134
放射 ……………………………… 102
放射熱伝達 ……………… 102, 105
放射熱伝達率 …………………… 105
法線面直達日射量 ………………… 31
膨張・収縮感 ……………………… 70
飽和曲線 ………………………… 126
飽和状態 ………………………… 124
飽和水蒸気分圧 ………………… 125
飽和絶対湿度 …………………… 124
ホール …………………………… 184
保温板 …………………………… 104
保守率 …………………… 49, 60
補色関係 …………………………… 67
補色残像現象 ……………………… 71
補色対比 …………………………… 71
ホルムアルデヒド ……………… 85
ホルムアルデヒド発散速度 …… 85
ホワイトノイズ ………………… 171

ま

間仕切り壁 ……………… 103, 177
マンセル色立体 …………………… 67
マンセル記号 ……………………… 68
マンセル色相環 …………………… 67
マンセル表色系 …………………… 67

み

水廻り排気方式 ………………… 97
見つけ面積 ……………………… 157
密閉型燃焼器具 ………………… 83
密閉中空層 ……………………… 107

む

ムーン・スペンサー ……………… 72
無彩色 …………………… 66, 68

め

明視の4条件 …………………… 42
明順応 ……………………………… 38
明所視 ……………………………… 38
明清色 ……………………………… 69
明度 …………………………… 66, 70
明度対比 …………………………… 71
明瞭性の原理 …………………… 72
メートルセービン ……………… 179
メタルハライドランプ ………… 58
met ……………………………… 141
面積効果 …………………………… 70

も

モデリング ……………………… 43

や

夜間放射 ………………………… 30

ゆ

有効温度 ………………………… 144
有効開口面積 …………………… 87
有効採光面積 …………………… 54
有効面積比率 …………………… 49
有彩色 ……………………… 66, 68

よ

誘目性 ……………………………… 71
床衝撃音 ………………………… 178

容積比熱 ………………………… 118
横波 ……………………………… 164
予測不満足率 …………………… 147
予測平均温冷感申告 …………… 147

ら

ライトシェルフ ………………… 54
ライブエンド・
　デッドエンド方式 ……… 185
ライフサイクルアセスメント … 160
ライフサイクルコスト ……… 160
ラインスペクトル ……………… 171
ラウドネス ……………………… 169
ラウドネスレベル ……………… 170
ラドルクス ……………………… 39

り

陸風 ……………………………… 154
立体角 …………………………… 39
立体角投射率 ……………… 48, 49
流量係数 ………………………… 87

両側採光 ………………………… 53
理論空気量 ……………………… 83
理論廃ガス量 …………… 83, 84
隣棟間隔 ………………………… 157
隣棟間隔係数 …………………… 22

る

類似性の原理 …………………… 72
ルミネセンス …………………… 56
ルーメン ………………………… 39
ルクス …………………………… 39

れ

冷房負荷 ………………………… 117
レベルの合成 …………………… 167
レベル表示 ……………………… 166

ろ

low-E複層ガラス …………… 114
労働環境 ………………………… 79
露点温度 ………………………… 126

【引用・参考文献】

（序章）
1) 日本建築学会編　「建築設計資料集成［環境］」，丸善
2) 田中俊六他　「最新建築環境工学［改訂第二版］」　井上書院
3) 文部科学省　気象庁　環境省　「日本の気候変動とその影響」
   http://www.env.go.jp/earth/ondanka/rep091009/full.pdf
4) 日本エネルギー経済研究所計量分析ユニット編　「EDMC/エネルギー・経済統計要覧（2010年版）」財団法人省エネルギーセンター
5) 住環境計画研究所編「家庭用エネルギーハンドブック（2009年版）」財団法人省エネルギーセンター
6) 内閣府　「高齢社会白書（平成14年版）」
   http://www8.cao.go.jp/kourei/whitepaper/w-2002/pdf-moku.html
7) 厚生労働省　「平成21年度不慮の事故死亡統計の概況　人口動態統計特殊報告」
   http://www.mhlw.go.jp/toukei/saikin/hw/jinkou/tokusyu/furyo10/dl/gaikyo.pdf

（口　絵）
1) 藤井修二他　「建築環境デザインと設備（第二版）」第3章口絵　市ヶ谷出版社
2) 日本建築学会編　「建築の色彩設計法」丸善
3) 次世代省エネルギー基準解説書編集委員会　「住宅の省エネルギー基準の解説」㈶建築環境・省エネルギー機構

（第1章）
1) 日本建築学会編　「建築環境工学教材　環境編」技報堂
2) 田中俊六他　「最新建築環境工学［改訂2版］」井上書院
3) 日本建築学会編　「建築設計資料集成1　環境」丸善
4) 環境工学教科書研究会編著　「環境工学教科書　第二版」彰国社
5) 日本建築学会編　「建築設計資料集成2」丸善
6) 日本建築学会編　「建築資料集成　総合編」丸善
7) 国土交通省国土技術政策総合研究所，独立行政法人建築研究所　「自立循環住宅への設計ガイドライン　エネルギー消費50％削減を目指す住宅設計」㈶建築環境・省エネルギー機構

（第2章）
1) 日本建築学会編　「建築環境工学教材　環境編」技報堂
2) 環境工学教科書研究会編著　「環境工学教科書　第二版」彰国社
3) 中村　洋他　「建築環境工学」森北出版
4) 日本建築学会編　「光と色の環境デザイン」オーム社
5) 日本建築学会編　「建築設計資料集成1　環境」丸善

6) 日本建築学会編 「シリーズ地球環境建築・専門編2 資源・エネルギーと建築」彰国社
7) 日本建築学会編 「採光設計」日本建築学会
8) 伊藤克三他 「大学課程建築環境工学」オーム社

(第3章)
1) 日本建築学会編 「建築環境工学教材 環境編」技報堂
2) 環境工学教科書研究会編著 「環境工学教科書 第二版」彰国社
3) 千々岩英彰 「色彩学概論」東京大学出版会
4) 日本建築学会編 「建築の色彩設計法」丸善

(第4章)
1) 日本建築学会編 「建築環境工学教材 環境編」技報堂
2) 松下エコシステムズ カタログ
3) 日本産業衛生学会 許容濃度勧告値
4) 建築学大系編集委員会編 「新訂建築学大系22 室内環境計画」彰国社
5) 空気調和・衛生工学会 「換気規格 SHASE – S102-2003」
6) 国土交通省住宅局建築指導課，㈶日本建築設備・昇降機センター編 「2005年版換気・空調設備技術・同解説」㈶日本建築設備・昇降機センター
7) 日本建築学会編 「建築設計資料集成2」丸善
8) 池田耕一 「室内空気汚染の原因と対策」日刊工業新聞社
9) 日本建築学会編 「設計計画パンフレット18 換気設計」彰国社
10) 空気調和・衛生工学会編 「わかりやすい住宅の設備 換気」オーム社
11) ヴィンボック・ジャパンホームページ

(第5章)
1) 日本建築学会編 「建築設計資料集成1 環境」丸善
2) 国土交通省国土技術政策総合研究所，独立行政法人建築研究所 「自立循環住宅への設計ガイドライン エネルギー消費50％削減を目指す住宅設計」㈶建築環境・省エネルギー機構
3) 斉藤平蔵 「建築気候」共立出版
4) 次世代省エネルギー基準解説書編集委員会編 「住宅の省エネルギー基準の解説」㈶建築環境・省エネルギー機構
5) 宿谷昌則 「数値計算で学ぶ光と熱の建築環境学」丸善
6) 次世代省エネルギー基準解説書編集委員会編 「住宅の次世代省エネルギー基準と指針」㈶建築環境・省エネルギー機構
7) 日本建築学会編 「建築環境工学教材 環境編」技報堂

(第6章)
1) 日本建築学会編 「建築設計資料集成1 環境」丸善
2) 田中俊六他 「最新建築環境工学［改訂2版］」井上書院
3) 藤井正一 「住宅環境学入門」彰国社

(第7章)
1) 空気調和・衛生工学会 「快適な温熱環境のメカニズム 豊かな生活空間をめざして」丸善
2) 紀谷文樹他 「建築環境設備学」彰国社
3) 山田由紀子 「建築環境工学［改訂版］」倍風館
4) 日本建築学会編 「建築設計資料集成2」丸善
5) 日本建築学会編 「建築環境工学教材 環境編」技報堂

(第8章)
1) 国立天文台編 「理科年表 平成17年版」
2) 日本建築学会編 「建築設計資料集成1 環境」丸善
3) 藤井修二他 「建築環境のデザインと設備（第二版）」市ヶ谷出版社
4) 日本建築学会編 「シリーズ地球環境建築入門編 地球環境建築のすすめ」彰国社
5) 日本建築学会編 「建築環境工学教材 環境編」技報堂
6) 新建築学体系編集委員会編 「新建築体系8 自然環境」彰国社
7) 気象庁 「気候変動レポート」
8) 国土交通省監修 「省エネルギーハンドブック」㈶建築環境・省エネルギー機構

(第9章)
1) 日本建築学会編 「建築環境工学教材 環境編」技報堂
2) 環境工学教科書研究会編著 「環境工学教科書 第二版」彰国社
3) 日本建築学会編 「建築設計資料集成2」丸善
4) 前川純一 「建築・環境音響学」共立出版
5) 日本建築学会編 「建築設計資料集成1 環境」丸善

初学者の建築講座 編修委員会〔建築環境工学〕

[監　　修]　長澤　泰　Yasushi NAGASAWA
　　　　　　1968年　東京大学工学部建築学科卒業
　　　　　　1978年　北ロンドン工科大学大学院修了
　　　　　　1994年　東京大学工学系研究科建築学専攻 教授
　　　　　　2011年　工学院大学副学長，建築学部長
　　　　　　現　在　東京大学　名誉教授，工学院大学　名誉教授，工学博士

[専門監修]　安孫子義彦　Yoshihiko ABIKO
　　　　　　1968年　東京大学工学部建築学科卒業
　　　　　　現　在　株式会社ジエス代表取締役，
　　　　　　　　　　設備設計一級建築士，建築設備士

[執　　筆]　倉渕　隆　Takashi KURABUCHI
　　　　　　1982年　東京大学工学部建築学科卒業
　　　　　　現　在　東京理科大学工学部建築学科教授，博士（工学）

初学者の建築講座　　建築環境工学（第三版）
2006年10月23日　　初　版　発　行
2011年10月25日　　第 二 版 発 行
2016年 2月 2日　　第 三 版 発 行
2021年 2月10日　　第三版第 8 刷

監　修　長　澤　　　泰
専門監修　安　孫　子　義　彦
執　筆　倉　渕　　　隆
発行者　澤　崎　明　治
　印　刷　廣　済　堂
　製　本　三省堂印刷

発行所　株式会社市ヶ谷出版社
　　　　東京都千代田区五番町 5
　　　　電話　03-3265-3711（代）
　　　　FAX　03-3265-4008
　　　　http://www.ichigayashuppan.co.jp

Ⓒ 2016 KURABUCHI　ISBN978-4-87071-024-5

初学者の建築講座 編修委員会

〔編修委員長〕　　長澤　泰（東京大学 名誉教授，工学院大学 名誉教授）
　　　　　　　　大野　隆司（元　東京工芸大学 教授　故人）

〔編修・執筆委員〕(50音順)

　　安孫子義彦（株式会社ジエス 代表取締役）　　鈴木　洋子（鈴木アトリエ 共同主宰）
　　五十嵐太郎（東北大学 教授）　　　　　　　砂田　武則（鹿島建設）
　　大塚　貴弘（名城大学 准教授）　　　　　　瀬川　康秀（アーキショップ 代表）
　　大塚　雅之（関東学院大学 教授）　　　　　角田　　誠（東京都立大学 教授）
　　倉渕　　隆（東京理科大学 教授）　　　　　中澤　明夫（アルマチュール研究所）
　　橘高　義典（東京都立大学 教授）　　　　　中村　成春（大阪工業大学 准教授）
　　小山　明男（明治大学 教授）　　　　　　　藤田　香織（東京大学 准教授）
　　坂田　弘安（東京工業大学 教授）　　　　　宮下　真一（東急建設）
　　佐藤　考一（金沢工業大学 教授）　　　　　元結正次郎（東京工業大学 教授）
　　杉田　宣生（ハル建築研究所 代表）　　　　河村　春美（河村建築事務所 代表）

〔初学者の建築講座〕

- **建築計画**(第三版)
  佐藤考一・五十嵐太郎 著
  B5判・200頁・本体価格2,800円

- **建築構造**(第三版)
  元結正次郎・坂田弘安・藤田香織・
  日浦賢治 著
  B5判・192頁・本体価格2,900円

- **建築構造力学**(第三版)
  元結正次郎・大塚貴弘 著
  B5判・184頁・本体価格2,800円

- **建築施工**(第三版)
  中澤明夫・角田　誠・砂田武則 著
  B5判・208頁・本体価格3,000円

- **建築製図**(第3版)
  瀬川康秀 著
  A4判・152頁・本体価格2,700円

- **建築法規**(第四版)
  塚田市朗専門監修，河村春美・
  鈴木洋子・杉田宣生 著
  B5判・216頁・本体価格2,800円

- **建築設備**（第四版）
  大塚雅之 著
  B5判・216頁・本体価格3,000円

- **建築環境工学**（第三版）
  倉渕　隆 著
  B5判・208頁・本体価格3,000円

- **建築材料**（第二版）
  橘高義典・小山明男・中村成春 著
  B5判・224頁・本体価格3,000円

- **建築構造設計**（第二版）
  宮下真一・藤田香織 著
  B5判・216頁・本体価格3,000円

市ヶ谷出版社
「初学者の建築講座 建築環境工学(第三版)」付録

パリ協定とカーボンニュートラル

1 気候変動と災害の甚大化

　世界の気温は上昇している。図1に示すように，100年あたり0.74℃のペースで上昇を続けている。気温の上昇による直接的な影響として，北半球の積雪面積や海氷面積の減少が観測されている。また，降水の多い地域と少ない地域の差が拡大し，海面水位の上昇と海面水温の上昇が続いている。日本の温度上昇は世界平均よりも高く，猛暑日や大雨の頻度が高くなっているのは，日常的に実感されるところである。

　気候変動は，図2に示すようにさまざまな面で我々の生活に影響を及ぼしている。農林水産業については穀物収穫量が低下し，水稲，果樹の品質低下を招いている。家畜においても乳量の低下，繁殖成績や肉質の低下が報告されている。また，気候の変化は自然生態系に影響を及ぼしている。サクラの開花日が早くなり，ブナ林の衰退，サンゴの白化などが報告されている。

　洪水，内水，高潮などの水害の発生頻度が世界的に増えている。水害はがけ崩れや土石流などの原因となり，最近の日本では，毎年のように甚大な土砂災害が発生している。熱波が発生し熱中症による死亡者が発生している。また，温暖化によりさまざまな感染症のリスクが増えている。このような状況を緩和するとともに，適応策を講じていくことが求められている。

　このような地球温暖化による気候変動リスクに関しては，2013〜2014年に公表された気候変動に関する政府間パネル(IPCC)第5次評価報告書により予測が行われている。この報告書によれば，二酸化炭素を始めとする温室効果ガスを原因とする気候システムの温暖化は疑う

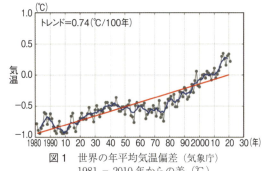

図1　世界の年平均気温偏差(気象庁)
　　　1981－2010年からの差(℃)

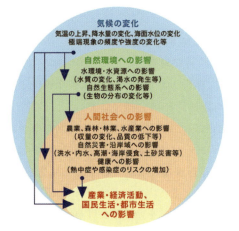

図2　気候変動から産業・経済活動，国民生活・都市生活への影響の流れ

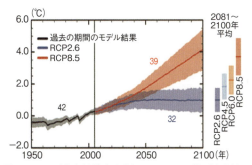

図3　RCP(代表的濃度変化)シナリオに基づく世界の年平均温度の将来変化予測

余地がないとしている。今後，温室効果ガスの排出が最も多いシナリオ（RCP8.5）を想定した場合，図3に示すように，21世紀末までの世界気温の上昇幅は2.6～4.8℃の範囲に入る可能性が高いとされている。

一方，1℃の気温上昇によって，熱波，極端な降水，沿岸域の氾濫などの極端な現象のリスクが高くなり，2℃の上昇では，適応能力が限られている生物種や北極海氷，サンゴ礁生態系が非常に高いリスクにさらされ，3℃を超えると，大規模で不可逆的な氷床の消失により，海面水位が上昇する可能性があるとされている。このように，気候変動は人類の存在基盤である環境に重大な影響を及ぼし，長期間に渡る取り返しのつかない変化を与える恐れがあるとしている。

2 パリ協定とSDGs

この問題に対処するため，2015年フランス・パリで開催されたCOP21（気候変動枠組み条約第21回締結国会議）において，COP3（京都議定書）以来18年ぶりとなる新たな法的拘束力のあるパリ協定が採択された。パリ協定はIPCC報告書などによる科学的知見を踏まえ，国際条約として表1に示すように，「世界的な平均気温の上昇を産業革命以前に比べて2℃より十分下方に抑えるとともに，1.5℃に抑える努力をすること」と「今世紀後半の温室効果ガスの人為的な排出と吸収の均衡（カーボンニュートラル）」を掲げている。協定加盟国は5年ごとにNDC（自国が決定する貢献）を提出・更新する仕組みを取り入れている。

パリ協定は採択の翌年に早くも発効され，日本も同年国会承認を得た。2017年3月末現在で，条約締結国の温室効果ガス排出量は全体の82.5％に達している。先進国のみに排出量削減の義務を課した京都議定書値とは大きく異なり，ほとんど全ての排出国が努力義務を負う画期的なものとなっている。

パリ協定採択と同年の2015年に，国連サミットで持続可能な開発のための2030アジェンダが採択された。これは，2030年までの国際目標を示すものでありSDGs（Sustainable Development Goals）と呼ばれ，先進国，途上国を問わず適用される普遍性が特徴となっている。17のゴールの多くは環境問題であり，建築分野では「ゴール11：住み続けるまちづくりを」や「ゴール12：つくる責任つかう責任」が密接に関連している。

パリ協定の履行はSDGsの実現に深い係わりをもち，近年急速に拡大している財務状況以外で，企業が追求すべき価値である環境（E）・社会（S）・ガバナンス（G）を重視したESG投資を

表1 パリ協定（COP21）の概要

目的	世界共通の長期目標として、産業革命前からの平均気温の上昇を2℃より十分下方に保持。1.5℃に抑える努力を追求。
目標	上記の目的を達するため、今世紀後半に温室効果ガスの人為的な排出と吸収のバランスを達成できるよう、排出ピークをできるだけ早期に抑え、最新の科学に従って急激に削減。
各国の目標	各国は、貢献（削減目標）を作成・提出・維持する。各国の貢献（削減目標）の目的を達成するための国内対策をとる。各国の貢献（削減目標）は、5年ごとに提出・更新し、従来より前進を示す。
長期低排出発展戦略	全ての国が長期低排出発展戦略を策定・提出するよう努めるべき。（COP決定で、2020年までの提出を招請）
グローバル・ストックテイク（世界全体での棚卸ろし）	5年ごとに全体進捗を評価するため、協定の実施状況を定期的に検討する。世界全体としての実施状況の検討結果は、各国が行動及び支援を更新する際の情報となる。

図4 SDGs（持続可能な開発目標）

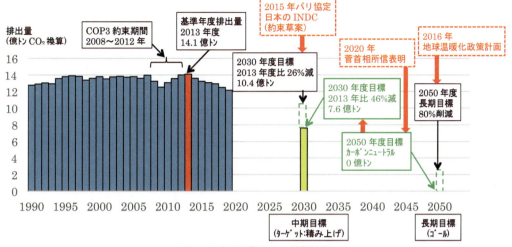

図5 日本が目指す中・長期目標

通して，企業活動に影響を及ぼしている。

3 日本の目標とカーボンニュートラル

日本は，パリ協定策定時のINDC（約束草案）において，図5に示すように，2030年の中期目標として2013年比26%の削減目標を提示し，その後，2016年に2050年に実現すべき長期目標として80%の削減を打ち出した。

一方，IPCCは2018年に特別報告書を提出し，温度上昇が1.5℃と2.0℃ではその影響に有意な違いがあることを明らかにし，各国が提出した2030年の排出量目標では，1.5℃に抑制することはできないこと，1.5℃を大きく超えないためには，2050年時点で世界の実質排出量をゼロにすることが必要とされている。これを受けて，2050年のカーボンニュートラル実現を目指す動きが国際的に広まり，日本でも2020年の10月の臨時国会で菅首相がカーボンニュートラル宣言を行い，2021年1月時点で世界124か国と1地域が同様の意思表明を行っている。

日本では，これと整合を取るために，2030年の中期目標としての2013年比の削減目標を26%から46%に上方修正した。この目標は，産業分野，運輸分野などの分野別省エネ努力の積み上げによって達成する必要がある。建築に

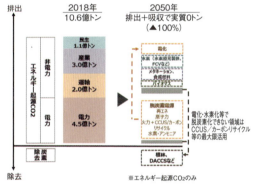

図6 カーボンニュートラルへの転換目標

関わりの深い家庭分野，業務施設などを含む業務その他分野では，二酸化炭素排出量が全体の3分の1以上を占めているが，省エネルギー余地が残されているとして，それぞれ66%，50%（暫定値）という高い削減目標が想定されている。この目標達成のためには，住宅・建築物の計画・設計・施工・運用・保全・改修・解体の全工程で省エネ努力を行うことが求められる。また，建物に太陽光発電などを組み込むことによって，建物が消費するエネルギーを自ら生産し，正味消費エネルギーをゼロとするZEB（ゼロ・エネルギー・ビル）やZEH（ゼロ・エネルギー・ハウス）の普及が必要である。

また，2050年のカーボンニュートラル実現

のためには，図6に示すように，大幅な温室効果ガスの排出削減が必須となる。このためには，非化石系の電源として再生可能エネルギーや安全な原子力，水素，アンモニアを用いた電源開発の他，非化石系の燃料としての水素，メタネーションによるメタンの合成，バイオマスの開発や二酸化炭素の回収・貯留技術であるCCUSや大気直接回収技術であるDACCSの開発など，新たなイノベーションが必要であり，将来ビジョンとしての目標と位置づけられている。

新型コロナウイルス感染症と換気

2019年の12月に中国の武漢で原因不明の肺炎患者が確認されて以降，新型コロナウイルス感染症[1]の世界規模でのまん延が始まった。日本では，感染が本格化する前の2020年2月までの感染者の追跡調査を行ったところ，密閉空間であることが集団感染を起こす要因となることを突き止めた。この調査結果を踏まえて，首相官邸は，図7に示す三つの密が感染リスクを高める条件として注意喚起を行い，その一番目に「換気の悪い密閉空間」を取り上げた。

ウイルスや細菌による感染症の感染経路は，図8に示すように，感染者の発するせきやくしゃみによる飛沫を粘膜に浴びることによる飛沫感染，病原体の付着した物体表面に触れた後，目や鼻，口に触れることによる接触感染，飛沫が蒸発して飛沫核という微粒子となり，飛沫核を含む空気を吸引することによる空気感染がある。

飛沫感染は，飛沫を浴びないために感染者との距離を1～2m確保すること，接触感染は，感染者が触れる物体表面や手指の殺菌消毒が対策となる。新型コロナウイルス感染症は，空調などを通じて飛沫核を含む空気が長距離を運ばれて感染する空気感染は起こらないとされているが，換気の悪い空間では，数μmまで蒸発によって縮小した飛沫が1～2mを超えてしばらくの間空気中を漂い，少し離れた距離まで感染が広がるマイクロ飛沫感染が生じるとされている。換気の悪い空間に多くの人が在室していると，ウイルスを含むマイクロ飛沫を吸引することによって集団感染のリスクが生じる。厚生労働省では，換気の悪い密閉空間を避けるための換気量として，空気感染する結核の院内感染リスクに関する調査結果に基づき，在室者一人当たり$30m^3/h$の換気を確保することを推奨している。これは，特定建築物と呼ばれる規模の大きな公共的空間に適用される二酸化炭素濃度1000ppmの基準を守るための換気量に相当する。

図7　密を避けて外出しましょう（チラシ）

図8　感染症の感染経路

---

1) 正式名称はCOVID-19であり、その原因となるウイルスはSARS-CoV-2と呼ばれる。